前　言

当前，我国高等教育步入普及化发展阶段，其发展矛盾正由总量性矛盾转为结构性矛盾，人民群众由“有学上”需求转向对优质高等教育资源的个性化、多样化需求，经济社会发展对高等教育人才的要求也逐渐由数量向结构质量转变。高等教育全球化与普及化给高校人才培养、科学研究与社会服务高质量发展带来一系列新机遇与新挑战。“人才培养”作为大学根本任务，其质量高低深刻影响着高质量教育体系的建构和人民满意大学的建设。

目前，高等教育质量保障体系处于深度变革时期，正在从以学校和学术为本位向以社会需求和学生发展为本位转变，更加关注利益相关者的需求。高等院校的生存与发展取决于高等教育质量与社会声誉能否满足学生的发展需要。在这样的形势发展下，高校内部开始转变办学思路，树立“以学生为本”的办学理念，关注学生发展诉求，注重学生信息收集，尝试开展学生满意度测评，以此了解办人民满意教育的状态及成效。

本课题研究立足于高等教育人才培养之根本——本科专业教学，坚持“学为中心”理念，面向即将毕业的大学四年级学生开展专业教学满意度测评。大四学生属于一个独特群体，他们对大学四年的专业学习有充分的了解，同时，他们正处在即将毕业的特殊时期，可以摆脱人学评价的权利与利益冲突，能够更加理性地回望并感知母校本科专业教学供给能力与供给水平。从这个意义上来说，他们的测评客观、可信。针对毕业生开展的满意度测评，既可以推动院系从强调以学生为主体的高等教育质量评估理念，转向注重以学生为主体的质量评估实践，又可以将学生对专业教学的主观感知客观化、定性评价定量化、零碎意见集中化、测评数据智慧化，进而通过大数据循证决策，主动改变与创新教学理念、技术、方法及现代大学制度，为学生提供契合需求愿望的教育。

课题组从 2014 年开始在全校范围进行毕业生专业教学满意度调查，至今已经连续开展了 7 年，测评模型、指标和体系日渐成熟，调查影响力不断扩大。本书选取了测评体系相同的 2017 年至 2019 年连续三年的数据作为分析样本，构建专业教学满意度测评数据库，经过历时性评价，判断教师的教学行为和学生的学习行为，查找教育教学实践中的问题，提出持续改进措施，促进教学相长，切实推进本科教育教学改革和质量保障体系建设。

本书分为7章。第1章是专业教学满意度测评的背景、目的、意义。第2章是研究综述。明确本研究的核心概念界定、理论基础，并就相关研究进行文献述评。第3章是专业教学满意度测评研究。通过提炼影响教学质量的关键因素构建测评模型及指标体系，设计专业教学满意度调研问卷。第4章到第6章分别介绍了2017年至2019年的专业教学满意度测评情况。主要包括专业教学总体满意度，目标定位、课程设置、课堂教学、实践教学、毕业设计、课程考核、师资队伍、管理服务等环节的满意度，以及从文管类和理工医类专业等角度对本科生专业教学满意度进行比较和分析。第7章是三年测评情况的比较及实践应用。分析了专业教学满意度各方面的变化趋势，并展示了测评结果的实践应用。

本书既是课题组近年来在大学生专业教学满意度方面研究成果的汇集，也是我们对近几年研究的一次反思。希望本书的出版能够引起更多高校对学生满意度研究的重视，寻求提升高校质量保证的内生动力，激发自我反思的质量文化自觉，创新以人为本的教学质量保障体系建设，从而促使高校不断提升教育教学质量。

课题组对大学生专业教学满意度的调查研究虽然已经历时7年之久，但是整体而言，学生专业教学满意度的相关研究还有待深入，例如在指标体系中评价学生学习行为的指标略显不足等。由于研究者自身能力有限，书中难免存在不足之处，还望读者不吝批评指正。

江苏大学专著出版基金资助出版
本书为江苏省教育科学『十三五』规划立项课题——大学教学同行评价：优势、困境与出路（课题号：D/2016/01/100）的研究成果

大学生专业教学满意度测评研究与实践

胥桂宏　黄澄澄　张菁菁　著

江苏大学出版社
JIANGSU UNIVERSITY PRESS
镇　江

图书在版编目(CIP)数据

大学生专业教学满意度测评研究与实践 / 胥桂宏，黄澄澄，张菁菁著. — 镇江 ：江苏大学出版社，2021.12

ISBN 978-7-5684-1730-3

Ⅰ. ①大… Ⅱ. ①胥… ②黄… ③张… Ⅲ. ①高等教育－教育质量－调查研究－中国 Ⅳ. ①G649.2

中国版本图书馆 CIP 数据核字(2021)第 261598 号

大学生专业教学满意度测评研究与实践

Daxuesheng Zhuanye Jiaoxue Manyidu Ceping Yanjiu yu Shijian

著　　者/胥桂宏　黄澄澄　张菁菁

责任编辑/柳　艳

出版发行/江苏大学出版社

地　　址/江苏省镇江市梦溪园巷 30 号(邮编：212003)

电　　话/0511-84446464(传真)

网　　址/http://press.ujs.edu.cn

排　　版/镇江市江东印刷有限责任公司

印　　刷/广东虎彩云印刷有限公司

开　　本/710 mm×1 000mm　1/16

印　　张/20.25

字　　数/380 千字

版　　次/2021 年 12 月第 1 版

印　　次/2021 年 12 月第 1 次印刷

书　　号/ISBN 978-7-5684-1730-3

定　　价/60.00 元

目录
contents

目录
contents

第 6 章　2019 年专业教学满意度测评实践

第1章 × 绪论

1.1 研究背景

1.1.1 高等教育进入普及化与现代化发展新时代

随着我国高等教育的不断发展，到2020年，全国共有普通高校2738所，高等教育在学人数总规模为4183万人，高等教育毛入学率为54.4%。按照美国著名社会学家马丁·特罗提出的“接受高等教育者占适龄人口的比例在15%以下的为精英教育阶段，15%~50%的为大众化教育阶段，50%以上的为普及化教育阶段”的标准，我国高等教育已经进入了普及化阶段。

党的十九大对国家现代化进行了总体安排，即以2020年全面建成小康社会为基础，到2035年基本实现社会主义现代化，在基本实现现代化的基础上，到2050年建成社会主义现代化强国。2019年2月，党中央、国务院印发《中国教育现代化2035》，提出推进教育现代化的指导思想，明确指出：“培养德智体美劳全面发展的社会主义建设者和接班人，加快推进教育现代化、建设教育强国、办好人民满意的教育。”在教育现代化的总体目标部分，指出：“到2035年，总体实现教育现代化，迈入教育强国行列，推动我国成为学习大国、人力资源强国和人才强国，为到本世纪中叶建成富强民主文明和谐美丽的社会主义现代化强国奠定坚实基础。”这一国家的战略布局标志着我国高等教育进入现代化发展新阶段，同时强调和凸显了教育在国家现代化发展中的基础性、先导性和全局性地位，为我国未来教育改革与发展指明了前进方向。高等教育作为我国教育的重要组成部分，其现代化程度对国家总体教育现代化水平具有极其重要的影响。

在高等教育普及化与现代化背景下，更加强调遵循“以德为先、全面发展、面向人人、终身学习、因材施教、知行合一、融合发展、共建共享”的八大基本理念，更加注重转变教育发展观，高等教育更加重视本科教育的重要性。2018年，教育部召开新时代全国高等学校本科教育工作会议，发布《一流本科教育宣言》，提出把本科教育放在人才培养的核心地位，努力培养德智体美全面发展的社会主义建设者和接班人，加快建设高等教育强国。2019 年，教育部进一步提出“建设一流本科、做强一流专业、推出一流课程、打造一流师资、实施一流质保、培养一流人才”六个“一流”策略。因此，在高等教育普及化与现代化时代，学生既是高校的“顾客”，又是高校的“产品”，双重身份使学生成为高校教育质量最直接的感知者。推进高等教育普及化与现代化发展，高等教育的价值更多地体现在学生培养上，应将学生中心理念作为高等教育发展的核心理念，真正做到“一切为了学生”“为了学生一切”，更加关注学生的多元化需求，坚持“学为中心、产出导向、持续改进”，切实从学生的角度系统客观地评价服务质量，重视学生对高校的满意程度，采取基于学生需求的“自下而上”的管理模式，使高校管理层和决策者能够及时发现问题，有效解决问题，提高办学水平，加快推进教育现代化，办好人民满意的教育。

1.1.2　高等教育进入高质量与内涵式发展新时期

2012 年 11 月，党的十八大报告首次正式提出“推动高等教育内涵式发展”，五年后的 2017 年 10 月，党的十九大报告又进一步提出了“实现高等教育内涵式发展”的更高目标与要求。两次党代会，从“推动”到“实现”，发出动员令，标志着中国高等教育已从过去的外延式发展时期进入了内涵式发展的新阶段。2018 年 5 月，习近平总书记在北京大学考察时再次深刻指出，当前我国高等教育办学规模和年毕业人数已居世界首位，但规模扩张并不意味着质量和效益增长，走内涵式发展道路是我国高等教育发展的必由之路。党的十九届五中全会通过了《中共中央关于制定国民经济和社会发展第十四个五年规划和二〇三五年远景目标的建议》，明确了“建设高质量教育体系”的政策导向和重点要求。由此可见，进入中国特色社会主义新时代，坚持内涵式发展、建设高质量教育体系，已经成为高等教育的基本方针。

当前，我国高等教育办学规模和年毕业人数已居世界首位，高等教育内涵式发展不再追求传统的“规模效益”，而是追求内涵更加丰富的“质量提升”，聚焦高等教育内涵式发展是新时代发展高等教育的需要。从立德树人的教育目标来看，通过开展教学改革等手段改善高等教育质量，落实健全质量评估和反馈机制，保障高等教育质量，是保障学校教育治理水平、改善教育质量内涵的重要举措之一，也是实现教育高质量发展的关键，是持续推进教育内涵式发展的基础。总而言之，结合我国高校自身内涵式发展的要求，以及高等教育国际化进程加快等趋势，我国高校应该更加重视对学生满意度的研究，将学生满意度调查作为高校坚持内涵式发展、建设高质量教育体系的切入点和检验点。

1.1.3　高等教育质量评估进入改革与创新发展新阶段

2020 年 10 月，中共中央、国务院印发了《深化新时代教育评价改革总体方案》，对高等学校评价、学科评估、国际交流合作评价、高校教师科研评价及大学生学业评价等都提出了改革的方向及相关原则性要求。这足以表明，尽管经过多年的探索实践，目前我国各类教育评价制度与体系得以逐步建立和完善，但其存在明显的短视与功利取向，已经对高校发展、人才培养、理论创新及国家需求的重大技术突破带来了某些不良效应，因此教育评价的改革势在必行。《中国教育现代化 2035》重点部署了面向教育现代化的战略任务，指出要“推进教育治理方式变革，加快形成现代化的教育管理与监测体系，推进管理精准化和决策科学化”，要求“积极参与全球教育治理，深度参与国际教育规则、标准、评价体系的研究制定”。

20 世纪 80 年代以来，美国等西方发达国家就一直关注本科教育的质量保障与提升。1984 年美国高等教育卓越状况研究团队发布了名为《参与学习：实现美国高等教育的潜力》的报告。1998 年美国卡耐基教学促进委员会发布了《重塑本科教育：美国研究型大学发展蓝图》，2001 年又发布了《重塑本科教育：博耶报告三年回顾》。2006 年美国高等教育未来委员会提交了《领导力的考验：美国高等教育未来规划》报告。2018 年美国政府推出高等教育改革提案《繁荣昌盛法案》，采取积极方式推进质量保障体系建设，例如，开展大学生满意度调查——“全美大学生学习投入调查”（NSSE）、“澳大利亚课程体验问卷调查”（CEQ）、“英国大学生满意度调查”（NSS），以学生为主体开展满意度测评，满足学生的学业发展与个体成长需要，以此支撑本科教学质量保障体系，最终提升学生学习成效。我国的高等教育研究机构也正在开展相关调查研究，如清华大学教育研究院开展的“全国大学生学习性投入调查”（CCSS）、厦门大学高等教育质量与评估研究所自 2011 年开始实施的“国家大学生学习情况调查”（NCSS）。综上，以学生为主体开展满意度测评，已经成为当今高等教育质量评估的一个新趋势。

在我国世界一流大学与一流学科建设监测指标、全国高校发布的教学质量报告及多省市对所属高校绩效管理考核指标中，均将大学生对学校的满意度作为考核评价学校教学质量的指标之一。在坚持以学生为主体的基础上，对学生的学业发展和学校的办学质量进行评估和判断，是提升高等教育质量的关键所在。高等教育质量评估的主体是学生，应该从学生的角度和立场出发来设计评价指标，以学生的学习效果和收获为评价的重要内容，才能真正发挥高等教育质量评估对提升教学质量的重要促进作用。因此，学生满意度调查已成为高等教育质量评估中重要且不可或缺的方面。通过开展大学生满意度等调查，进行高等教育质量评估，进而提升教育评价质量保障的专业化与科学化水平，可有效促进教育教学评价改革的创新。

1.2　研究意义

课题组通过对大学生专业教学满意度的理论基础、研究背景、调查内容、调查方法、结果分析、调查效果和影响等方面的研究，明确影响大学生专业教学满意度的要素，构建专业教学满意度模型及指标体系与权重，在此基础上设计编制一套用于在校大学生专业满意度调查的标准化问卷。同时，以课题组所在高校——一所综合性大学连续3年的本科毕业生专业教学满意度调查数据为依据，通过追踪分析，了解大学本科毕业生对专业教学满意度的现状、问题及原因，进一步明晰影响教学满意度的内在结构和关键因素，进而全面反思学校本科教学质量保障现状，并以此构建“学为中心”的本科教学质量保障体系，推动专业教学满意度调查在高等教育管理中的应用。

（1）有利于牢固树立以人为本的教育发展观

改革开放40周年之际，习近平总书记在全国教育大会上发表重要讲话，从“培养什么人”的教育首要问题入手，强调办好人民满意的教育，牢牢地把握住人的现代化是实现新时代中国特色社会主义教育事业的核心，是办好人民满意教育的宗旨与动力源。时代变化发展伴随着教育不断变革与更新，教育的主要特征也发生了变化，过去以保障教育投入为主，现阶段更加强调以满足多样需求、促进公平、提高质量为基本要求的优先发展战略。新时代赋予了“办好人民满意的教育”新内涵，就是让人民在教育发展改革中享有更多的获得感，让人民获得实在的利益，其核心追求是全面提高教育质量、实现教育公平、走内涵式发展的道路。大学生专业教学满意度调查正以实际行动践行新时代人民对满意教育的需求，主要测评本科生对专业教育教学工作的满意程度。其调查的主体是学生，体现了高校教育以学生为主体的教育理念，以此推动教育工作的人本价值回归，更加关注人本身的素质教育和人的自由完整发展，从而建立一个完全从学生角度出发的评估体系，使高校评估体系更加客观、公平，能从学生发展视角发现教育教学的优势及薄弱环节，合理调配资源，使之适应社会的需求和学生发展。

（2）有利于推进高等教育评估理论与方法创新发展

近几年，全国各高校已纷纷采取了各种评估措施，以检验自身的教育质量，并寻找不断改进的空间。随着人们对高等教育质量问题日益关注，如何衡量和评估高等教育质量成为讨论的焦点。龚放（2012）认为大学质量评价必须聚焦大学的教与学，必须将学的“投入度”和教的“满意度”纳入质量评价体系。而学生作为高等教育服务过程的参与者，对教育服务质量有着最直接的感知，学生满意度调查也就成为各高校教育评估或绩效评价的重要手段之一。专业教学满意度测评完全站在学生的角度去评估高校的教育教学质量和服务质量，通过高校内部教学评价第三方（教育教学研究与评估中心）、教学组织者、教学实施者及教学服务对象等多主体参与，构建相关利益者“全面参与、共同协商”的教学评价协商机制，依据顾客满意度理论、期望理论、利益相关者理论、学科专业教学论等相关理论，探索建立专业教学满意度理论与模型，在定性研究与定量分析相结合的基础上，不断形成“理论研究—实践应用—理论创新”良性循环，实现对测评“事实”的无限接近，契合高等教育评估理论与方法的创新发展。

（3）有利于探索新型教育教学质量评价体系的构建

专业教学满意度测评是毕业生对大学阶段教与学的行为的回望。在摆脱管理者、教师、学生等主体权利博弈与利益合谋的大学场域后，测评主体即将离开母校前，更加理性、更加深沉的质量感受，显现评价更具客观性、专业性、公正性与独立性等特征。该项目倡导绿色评估，强调动态生成性评价，在“无声”中寻找教育教学活动的璀璨与黯淡之处，逐步成为高校内部教学评价体系的重要力量，同时也符合当前中国高等教育评价改革与发展趋势。其独特的协商建构理念和基于可靠数据的循证分析与应用方式不囿于传统的教学评价模式，正在积极推动学校内部教学评价体系改革，构建教学相长、平等协商、公正文明、多主体参与的网状立体式多维度教学质量评价体系。

（4）有利于提升院系大数据及循证决策的能力

专业教学满意度测评属于数据驱动的监测评估范畴，通过问卷、观察、访谈等方法获得个体的态度、动机、感知、体验等方面的主观数据，从微观层面刻画教育教学活动。调查数据具有“一手性”特点，在高等教育活动中具有重要的应用价值，是院系研究的重要财富。通过数据采集、挖掘分析，从而凝练智慧，可以有效支持多元判断、科学决策与持续改进。近几年来，在大数据决策理念下，专业教学满意度测评的海量数据为大学领导循证决策提供了重要支撑，极大地提升了院系及学科专业治理能力。

第2章 × 专业教学满意度测评研究理论

2.1 核心概念界定

2.1.1 顾客满意度

顾客满意度是指顾客对产品质量、性能及服务本身，内在的或明确表达出来的需求与期望被满足的程度，是消费者的内心期望获得满足后的内心感受。20世纪80年代初，美国电话电报公司首先尝试实施顾客满意度调查，以了解顾客对目前企业所提供服务的满意情况。到80年代中期，美国政府建立了以顾客满意度调查为基础的“马尔科姆·鲍德里奇国家质量奖”。90年代中期，顾客满意度调查在中国的跨国公司中得到迅速而广泛的应用。绝大多数企业高管都认为顾客管理是影响企业成功和竞争力的最重要因素。他们认为只有充分了解不同顾客群体的满意度影响因素，才有可能实现100%的顾客满意这一目标。

2.1.2 大学生满意度

大学生满意度是建立在顾客满意度研究基础上的，指的是大学生群体在高等教育过程中对高校生活质量的感知及其对学校期望的对比而产生的满意程度及反应。了解大学生满意度，不仅能把握大学生的思想和心理动态，还能看出大学生对学校整体教育、管理、服务的满意程度，及时发现并解决问题，从而更好地提高高校教书育人的质量。

2.1.3 大学生专业教学满意度

大学生专业教学满意度是指大学生对高校提供的专业教学和服务产品的实际感知与其自身对专业教学期望的对比而产生的满意程度及反应。了解学生专业教学满意度，不仅能了解大学生思想和心理动态，还能看出大学生对专业设置、专业培养目标、专业教学内容和方式、教育过程质量状况、专业整体发展等的满意程度，及时发现并解决问题，以便更好地提高专业教学和育人质量。

2.2　基本理论

2.2.1　期望理论

期望理论是著名心理学家和行为科学家 Victor H. Vroom 在管理心理学与行为科学领域提出的一种激励理论。该理论认为个体的主观积极性被调动程度取决于个体目标达成的期望值与实际达到的目标对满足个体需要价值的乘积。亦即，一个人对目标的把握越大，估计达到目标的概率越高，被激发的动力越强烈，积极性自然就越大。

将此理论运用在大学生教育教学管理实践中，就是要有效调动学生的主动性和创造性，必须让学生明白以下道理：学习活动能给他们提供真正想要的东西，而这些和学习绩效密切相关。只要努力学习就能提高他们的学习绩效。至于如何让激发达到最好水平，Victor H. Vroom 提出了期望理论模型：个人努力→个人成绩（绩效）→组织奖励（报酬）→个人需要。用该理论指导大学生教育教学管理工作时，必须引导大学生正确理解绩效价值的内涵，努力做到个人的绩效价值和单位（学校）的绩效价值、社会的绩效价值相吻合，使每个学生都能成长为对社会有用的人。

2.2.2　态度理论

态度由认知、情感和行为倾向三部分组成，反映了个体对特定对象所持的一种肯定或者否定的心理倾向，是个体长期的、稳定的内在心理结构。态度理论包括态度形成理论、态度转变理论和态度测量理论。其中态度形成理论是态度理论的核心，该理论认为个体的态度形成主要受外界环境影响。在个体与环境交互的过程中，个体会因为外界环境变化而不断接收新信息，逐渐形成新认知，原有的态度就会逐步发生改变。然而，在教育过程中，学生个体态度的改变经常会遭遇认知与情感、行为三者失衡的状况。如有时候，学校教育改变了学生的认知，却无法使学生产生情感认同；有时候，学生情感有了改变，但认知却没有跟上；有时候是学生的行为在外界压力下发生了改变，但认知和情感都没有跟上……这些都属于认知失调。认知失调会影响教育效果。

为避免认知失调，促进认知平衡，需采取认知说服。这就形成了态度改变理论。该理论认为，在教育过程中，要改变受教育者的态度，需要外部“刺激”+

“沟通”+“情境”共同作用。所谓“刺激”指教育者通过信息传递和自己认知共同作用于受教育者。而“沟通”指通过新的信息内容和传达方式引起受教育者的态度发生改变。“情境”指教育环境。良好的教育环境，再加上教育者通过恰当的刺激和有效的沟通，能使大学生的态度朝着教育者希望的方向转变。掌握该理论，对于教育者的教育理念实施有较好的启发作用。

2.2.3 需要理论

需要理论主要有：马斯洛的“需求层次论”、阿尔德弗的“生存、关系、成长”理论、麦克利兰的成就需要理论，以及马克思的需要理论。

马斯洛的“需求层次论”把人的需要分为五个层次：生理需要、安全需要、归属和爱的需要、尊重需要和自我实现的需要。该理论在一定程度上反映了人类需要的基本规律，对现实生活中激发人的积极性具有重要作用。马斯洛虽然划分了层次，但并未给出明确的划分标准，且将需要层次由低到高直线划分过于绝对。此外，该理论还忽视了社会实践对人的需要的制约作用，以及自我实现与社会需要的关系，因此，这个理论有一定的局限性。

另一位心理学家阿尔德弗认为，生存、关系和成长是人的需要中缺一不可的因素，人们任何时候对这三种需求的满足不分主次。因此，阿尔德弗在马斯洛理论基础上，提出了生存需求、关系需求及成长需求，简称 ERG 需要理论。阿尔德弗的理论更符合人类需求的实际情况。

后来，麦克利兰又提出成就需要理论，认为人们的需要包括成就、亲和和权力三种需要，即“三种需要理论”。其中，权力需要指每个人心理都渴望能控制别人、影响别人，且能对别人负责。亲和需要指个人渴望与他人有良好的交流互动。成就需要强调一个人在完成某件事时，希望自己能快速、有效地建立更好的人际关系，以便能高效完成任务。

再后来，马克思根据个体需要与个人活动的关系，将人的需要划分为自然需要、社会需要和精神需要三类，并按由低到高分为生存需要、享受需要和发展需要三个层次。

由上可知，需要是人类思想和行为的源泉。随着生产力的发展和人类社会历史的进步，人们的需要层次不断提升。一旦人们的基本需要得到满足就会追求更高层次的需要。大学生接受大学本科专业教育就属于大学生群体对更高层次的精神需要、发展需要、成就需要的追求，专业教育教学如果能满足在大学生成长中的需要，就能提高他们的满意度。

2.2.4　顾客满意度理论

顾客满意度理论由美国营销专家劳特朋教授提出。它以消费者需求为导向，设定了市场营销组合的四个基本要素：消费者（Consumer）、成本（Cost）、便利（Convenience）和沟通（Communication）。该理论要求以消费者为中心实施有效的营销沟通。该理论以追求顾客满意为目标，强调企业应把追求顾客满意放在第一位，然后再努力降低顾客购买成本，并充分注意顾客购买过程中的便利性。

后来，一些学者将顾客满意度理论应用到高等教育领域。他们认为大学生、家长、教师和用人单位等是高等教育的直接或潜在“顾客”，这些人把自己对高等教育预期和实际接受教育后的感觉比较后所产生的满足程度就是高等教育满意度。故高校应当树立以“顾客”为中心的管理理念，用营销思维，努力满足学校教育“顾客”尤其是直接服务对象——大学生的需求，提升学校“顾客”的满意度，促进教育质量不断提升。

2.2.5　利益相关者理论

利益相关者理论认为，任何一个企业的发展都离不开各利益相关者的投入或参与，企业应该追求利益相关者的整体利益。

不少学者将该理论应用到高等教育管理领域，尝试从高等教育的各类利益相关者的角度来研究高等教育问题。他们认为教师、学生、学校行政管理人员和项目单位是直接的利益相关者，而用人单位、政府部门、校友、捐赠者、社区、家长、公众等为间接的利益相关者。学生是主要直接的利益相关者，关注他们的教育收获与满意度对于高校教育质量提升至关重要。

2.2.6　教学论

教学论作为教育科学体系中的一门重要学科，对教学活动的开展具有实践性与规范性的作用，与学校教育教学联系最为紧密。教学论作为研究教学现象、解析教学问题、明晰教学经验、揭示教学规律的学科，对教学活动的开展具有实践性与规范性的基础作用。鲍良克（Vladimir Poljak）在其著作《教学论》中有这样的论述：“教学论”是研究“教养”规律的学科；“教养”是知识和能力两个方面的统一。知识包括记忆性知识、再认性知识、运用性知识、创造性知识等，能力则包括感知觉能力、实践能力、表达能力、智慧能力。因此，在学理上，学科教学论研究应超越专业学科知识传授与技能训练的技术性传统，确立学科教育育人为本的研究价值取向。

国外教学论发展中“人”的地位变化，经历了漫长的探索、总结与提升过程，从古希腊苏格拉底的“产婆术”、柏拉图的问答式和提问式教学到亚里士多德的理性培养和德智体美发展的教学思想，再到古罗马昆体良提出的发现式和问题式教学主张及重视教师在教学中重要作用的教学思想。20 世纪中叶以后，教学论流派进一步多样与分化，并逐渐形成了“科学主义”“经验主义”和“人本主义”三大阵营。其中人本主义教学论强调“人”在教学过程中的主体作用和教学必须以满足人的需要、激发人的潜能、突出人的自主发展和自我实现为根本指向，彰显了教学本质的价值回归。人本主义教学论站在“人”的角度看待教学过程，认为人（学生）是教学的出发点和目的，教学应以人为本、以学习者为中心，要突出教学中“人”（学生）的主体性和目的性。我国的教学论研究在 20 世纪早期主要从日本引进以赫尔巴特为代表的欧陆传统教学理论；1919—1949 年主要从美国引进以杜威为代表的新大陆现代教学论；中华人民共和国成立以来很长一段时间从苏联引进以凯洛夫为代表的传统教学论；直至 20 世纪 80 年代以来，我国教学论研究重心才开始逐渐转向教学实践，向关注教学实践的具有开放性的现代教学论发展，将重点指向实践中的“问题解决”。

2.3 文献综述

2.3.1 顾客满意度国外研究现状

2.3.1.1 顾客满意度理论研究

自从 1965 年 Cardozo 首次将顾客满意度的观点引入营销领域以来，不少学者和实际工作者对顾客满意度给企业带来的影响进行了长期的研究和探索，取得了许多研究成果。这些研究表明，顾客在消费企业提供的产品或服务的过程中，会产生一种自己的要求是否被满足的心理感受或认知，顾客的这种心理感受或认知直接反映了对产品或服务是否满意。而顾客满意与否对企业的生存和发展会产生巨大的影响。对于顾客满意度的定义，国外很多学者从不同角度提出了多种理解和认识，但总的来说，大致可以分为两种不同视角的观点，第一种是状态视角出发，认为顾客满意度是顾客购买服务或产品之后的一种感受，这种感受是在消费过程中产生的；

另一种是从过程的角度出发，认为顾客满意度是顾客在消费并体验服务或产品之后，对自身消费行为的一个评价。无论从哪种视角去定义顾客满意度，它都体现了以人为本的重要观念。这是经济发展的必然结果，也是企业不懈追求的目标。

顾客满意度理论研究大致经历了四个发展阶段：

第一阶段（1965—1980 年）：1965 年，Cardozo 首次将顾客满意度的观点引入营销领域，提出只要顾客满意就会带动购买行为。这个时期，学者们从行为学的角度来研究顾客满意度与顾客行为意愿的关系，奠定了顾客满意度的理论基础。

第二阶段（1980—1990 年）：进入 20 世纪 80 年代，人们开始关注顾客满意度与顾客忠诚之间的关系，通过理论和实证分析证明了顾客满意度和顾客忠诚间存在显著的相关性。

第三阶段（1990—2000 年）：进入 20 世纪 90 年代，人们对顾客满意度与顾客忠诚之间关系的研究更加深入，并引入顾客价值概念。此时，顾客满意度理论在世界范围内得到了广泛的应用，顾客满意度测评成为全面质量管理（TQM）中的一项核心内容。

第四阶段（2000 年—）：进入 21 世纪，顾客满意度研究在研究方法上有了新的突破，把准实验研究方法引入顾客满意度的研究，并从时间序列分析满意度及其相关变量之间的关系。在衡量顾客满意度时，不同学者在不同的时空背景下提出不同看法，有些学者认为顾客满意度是一个整体性、概括性的概念，仅以整体满意程度来衡量。也有学者认为顾客满意度是对多重项目的衡量，即综合性尺度，先衡量对产品各属性的满意程度，再加总求得整体的满意度。此外，ISO9000 认为顾客满意度就是顾客对自己要求被满足程度的一种主观感受。

综上所述，国外研究认为，顾客满意度是指顾客对产品质量、性能及服务本身，隐含的或明确表达出来的需求与期望被满足的程度，是一种消费者的内心期望被满足后的主观感受。

2.3.1.2　顾客满意度模型研究

顾客满意度指数模型由顾客期望、质量感知、价值感知、顾客满意、顾客抱怨、顾客忠诚等指标组成，其中顾客期望、质量感知、价值感知为顾客满意的原因变量，顾客抱怨、顾客忠诚为顾客满意的结果变量。学者们对上面的各指标间的影响关系持不同意见，因此，便形成了几个不同的顾客满意度指数模型。

（1）瑞典顾客满意度晴雨表模型

瑞典顾客满意度晴雨表（SCSB）模型（见图 2-1），是瑞典统计局于 1989 年在美国密西根大学国家质量研究中心帮助下构建的。它是第一个顾客满意度指数测评模型，包括顾客期望、感知表现（价值感知）、顾客满意、顾客抱怨、顾客忠诚 5 个隐变量。

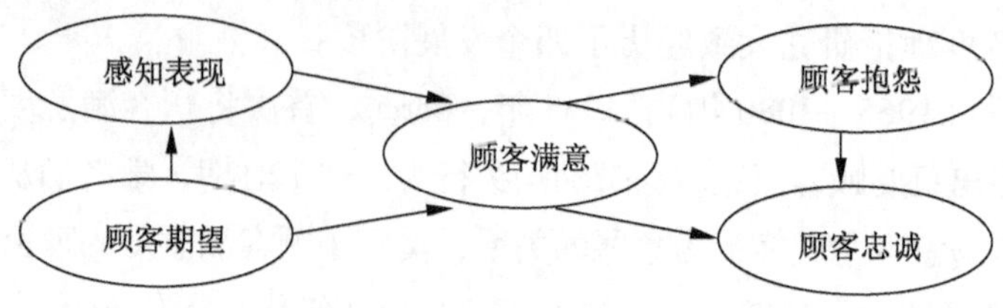

图 2-1　SCSB 模型

（2）美国顾客满意度指数模型

美国顾客满意度指数（ACSI）模型（见图 2-2），是在 SCSB 模型的基础上构建的，是目前被广泛采用和借鉴的顾客满意度指数测评模型。模型包括顾客期望、质量感知、价值感知、顾客满意、顾客抱怨、顾客忠诚 6 个隐变量。目前该模型广泛用于美国一些行业企业的顾客满意度指数测评。

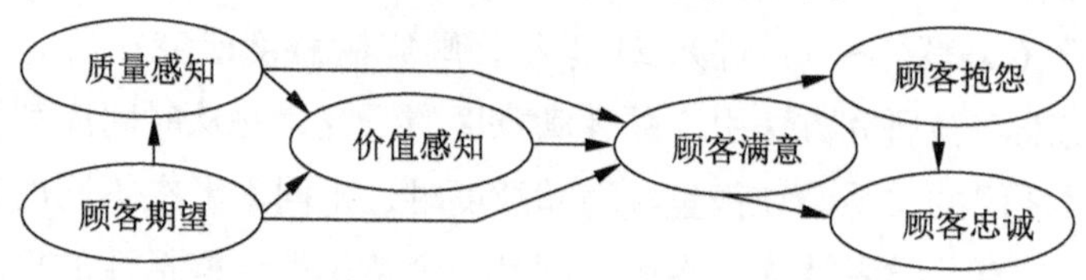

图 2-2　ACSI 模型

（3）欧洲顾客满意度指数模型

欧洲顾客满意度指数（ECSI）模型（见图 2-3），是在 ACSI 模型的基础上构建的，包括企业形象、顾客期望、质量感知、价值感知、顾客满意、顾客忠诚 6 个隐变量。该模型主要用于 12 个欧盟国家的顾客满意度指数测评。

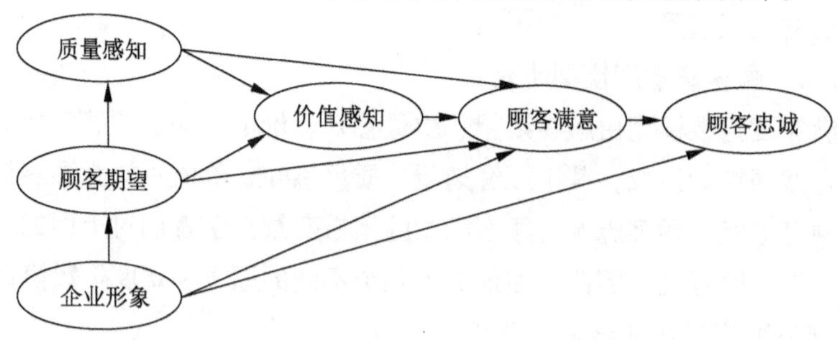

图 2-3　ECSI 模型

（4）Kano 模型

日本 Kano 教授认为顾客满意度受“当然质量”“期望质量”和“迷人质量”共同影响，如图 2-4 所示。“当然质量”指产品或服务自身应有质量；“期望质量”指顾客对产品或服务质量的期盼与要求，最能影响顾客的满意程度；“迷人质量”指出乎顾客意料的产品或服务质量。

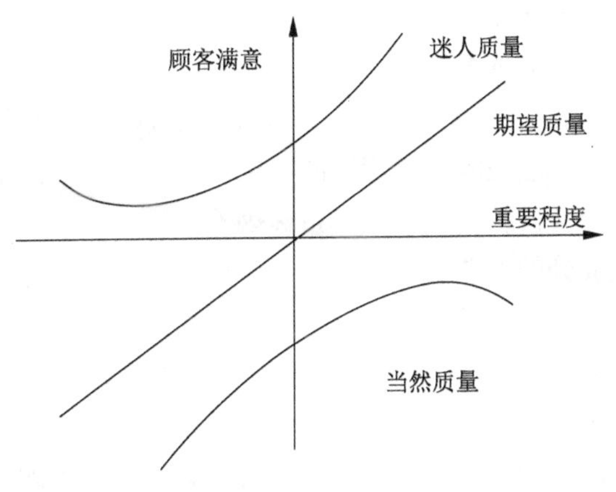

图 2-4　Kano 模型

综上所述，前三个模型均从探索因素之间的关系，促进企业发展。但 ACSI 模型在 SCSB 模型的基础上，不仅增加了一个隐变量——质量感知，同时还增加了三个显变量——总体质量感知、个性化质量感知、可靠性质量感知来反映质量感知。ECSI 对 ACSI 主要做了以下修正：删去了一个隐变量——顾客抱怨；增加了一个隐变量——企业形象；将质量感知分为硬件质量感知和软件质量感知。而 Kano 模型由满意度和重要度入手，用于帮助企业寻找影响顾客满意度的因素的切入点，只能作为前期工作的辅助模型。

2.3.1.3　顾客满意度计算方法

顾客满意度计算主要是为了探索如何识别顾客满意度影响因素，其方法有线性回归分析法、交叉分析法、主成分分析法、层次分析法和模糊综合评判法、专家评判法等。

（1）线性回归分析法。又称多元回归。在确定满意度影响因素时，一般运用普通最小二乘法对原始数据直接进行参数估计，根据估计的参数值大小来确定各指标对顾客满意度的影响程度，以找出影响顾客满意度的主要因素。它要求数据必须满足四个基本假设：自变量对因变量有显著影响，且有紧密的线性相关；自变量与因变量间的线性相关真实；自变量间的相关度不应高于自变量与因变量间的相关度；自变量应具有完整的统计数据，其预测值容易确定。若现实中数据不完全满足这些条件，很有可能得不到与实际相符的估计参数值。

(2) 交叉分析法。又称立体分析法。它是在纵向、横向分析的基础上，从交叉、立体视角由浅入深、由低到高的一种分析方法。在确定满意度影响因素时，通常同时将两个有一定联系的影响变量及其值交叉排列在一张表格内，使各变量值成为不同变量的交叉结点，形成交叉表，以分析其变量间的关系，从而判别各变量对满意度的影响程度。

(3) 主成分分析法。它通过对影响总满意度的众多指标因素进行数据分析，找到原始指标的样本方差矩阵及该矩阵的特征根和特征向量。根据累计贡献率的大小，提取几个新变量代替原有的众多指标因素，而这些新变量必须是原变量的线性组合。选用主成分的方差贡献率作为各主成分的权重，然后结合各因子得分综合评价各因子对总满意度的影响情况。

(4) 层次分析法。这是一种多目标评价决策方法。它既可以作为一套测评体系用于顾客满意度测评，也可以作为一种计算权重的方法，应用于其他测评体系。在确定满意度评价指标体系时，它主要将问题分解为影响顾客满意度的不同因素，通过聚类分析，确定关键指标，构建递阶层次结构模型。针对上一层次的某个测评指标，对本层次与该指标有关的所有测评指标构建两两比较的判断矩阵。在顾客满意度测评中，测评指标及其相应权重确定后，结合顾客评分结果，就可计算顾客总满意度。

(5) 模糊综合评判法。又称多级评价模型。在进行满意度影响因素分析时，首先把影响总满意度的多个因素列出构成评价指标体系，并建立评价等级；然后根据评价等级对评价指标体系中每一个指标因素进行模糊判断，确定每个指标在评价体系中对各个评价等级的隶属度的大小，构成模糊矩阵；继而对指标体系中每个指标赋予不同权重，构成权重向量；进而得出最后的评判结果（胡守忠、顾建勤，1995）。

(6) 专家评判法。又称德尔菲法（Delphi Method）。为提取满意度影响因素，首先，根据调查目的拟订专家访谈提纲；然后，选定业内专家，以通信方式发出征询意见调查表；接着，收集意见并归纳综合、定量统计分析后再寄给有关专家，如此三四轮，意见比较集中后，进行数据处理，并得出综合结果。

顾客满意度模型和评判方法在餐饮、金融、房地产、汽车、互联网、交通运输、邮政、公共管理、社会组织等行业领域都有运用。

2.3.2 国内顾客满意度研究

我国对顾客满意度的研究相较于西方国家起步较晚。顾客满意度研究在我国总体上经历了借鉴、国内模型构建、实际应用几个阶段（何华兵，2012）。

2.3.2.1　国内外比较与理论借鉴

国内的顾客满意度研究，最初主要是在介绍国外满意度理论、模型、方法的基础上，提出构建中国顾客满意度体系、模型和方法。有的研究者利用国外顾客满意度理论，构建了中国顾客满意度测评体系、测评方法，设计了中国顾客满意度指数测评系统，并在实践中加以应用；有的在对比分析国外几种顾客满意度模型的基础上，构建中国顾客满意度指数（CCSI），分析顾客满意度评价方法；有的基于美国顾客满意指数模型，分析影响中国顾客满意的诸多因素，并根据中国市场情况，提出新的测评模型并实证验证；有的从顾客让渡价值的角度，分析各个因子重要性和满意度及不同背景消费者对各个因子的差异性，建立顾客总体满意度的回归模型；有的从评级指标体系、评价方法与如何提高顾客满意度入手，梳理了中国顾客满意度测评相关的研究成果及热点问题；有的归纳分析各种顾客满意度评价方法的利弊，分析顾客忠诚度的影响因素并构建顾客忠诚度测评指标体系和评价模型；有的根据客户资产确定顾客的权重，对层次分析模型进行改进，并建立了 CS 指标值的数学优化模型；有的针对目前关于顾客满意度隐式测评研究还比较匮乏的问题，建立网上顾客对卖家满意度隐式测评模型及测评方法；也有的结合国内外顾客满意度指数模型构建及应用现状，对我国建立政府顾客满意度指数模型进行可行性分析，并提出建议；等等。

同时，国内很多学者也对中国顾客满意度指数进行了研究，提出了多种顾客满意度指数模型。

2.3.2.2　行业指标体系、模型构建、实证与应用

（1）中国顾客满意度指数模型（CCSI 模型）

CCSI 模型根据中国市场的实际情况，以 ACSI 模型为基础，吸收了 ECSI 模型的相关特点，成为中国国内首个比较完善地对顾客满意度进行测评的模型。该模型中主要包含 6 个结构变量，这 6 个结构变量建立了 11 个相互关系。CCSI 模型将企业的品牌形象进行了细化，同时指出，企业的品牌形象与顾客满意度有着直接的影响关系，具有很大的突破性；同时该模型也根据 ECSI 模型，将感知质量细分为感知软件和硬件质量两部分，以 ACSI 模型为基础将两部分合并为一个大的整体，并指明其与预期质量也存在直接的联系。

（2）模型的构建

清华大学中国企业研究中心在 ACSI 和 ECSI 指数模型的基础上，构建了包含 6 个潜变量的 CSI 模型：品牌形象、预期质量、感知质量、感知价值、顾客满意和顾客忠诚，结构模型如图 2-5 所示。

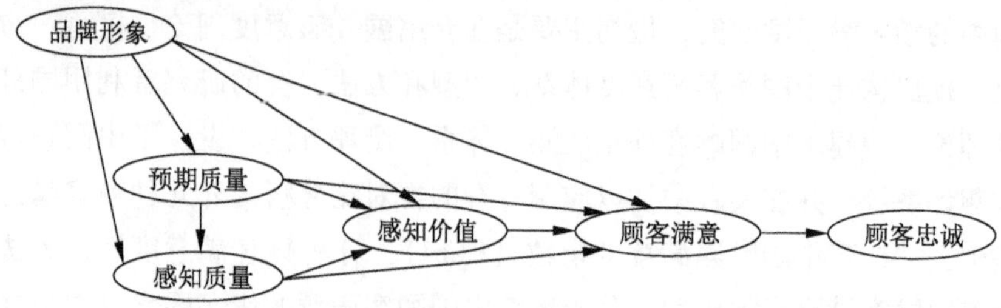

图 2-5 清华大学中国企业研究中心构建的 CSI 模型

梁燕构建的 CSI 模型包括产品感知质量、服务感知质量、总体感知质量、感知价值、顾客满意、企业形象、顾客关系、顾客忠诚和顾客抱怨共 9 个潜变量，如图 2-6 所示。

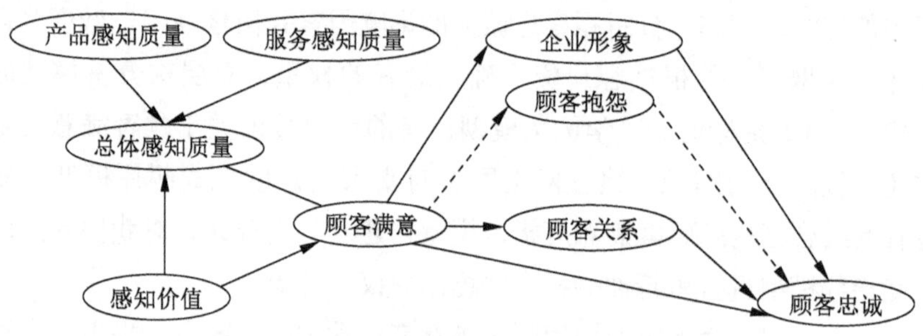

图 2-6 梁燕构建的 CSI 模型

（3）实证与应用

上海质量管理科学研究院用户评价中心采用 ACSI 模型开展了上海市出租汽车、公交、轮渡、地铁、上海超市、上海假日旅游环境、上海市区家庭住宅物业管理、上海白猫股份有限公司系列产品、上海柴油机股份有限公司柴油机等产品或服务的顾客满意度指数测评，介绍了顾客期望、质量感知、价值感知、顾客满意、顾客抱怨和顾客忠诚的内涵，给出了满意度指数测评指标、测评问卷和测评报告实例。该评价中心还介绍了提高顾客满意度三个基本途径：实施顾客满意度战略、开展让客价值分析、推行顾客关系管理，给出了它们的内涵、实施途径与意义。清华大学中国企业研究中心给出了几个调查问卷实例，介绍了人员访谈法、邮寄问卷法、电话访谈法、在线访谈法 4 种顾客满意度调查方法及其优缺点。此外，还介绍了改进顾客满意度的三个基本战略：全面赶超优势企业战略、减少顾客不满意战略和顾客满意差异化战略；介绍了企业竞争战略的三种基本形式：成本领先战略、差异化战略和集中化战略，以及它们与改进顾客满意度战略的关系；介绍了顾客心理导向、专家意见导向、企业投资效率导向、企业营销导向的顾客满意度改进策略。

此外，随着科技的发展，大数据、人工智能、5G 技术等在生活中的应用越来越广泛，顾客的消费过程也发生了巨大的转变，逐渐变为线上与线下融合，甚至从线下转到线上，这种新的消费模式对顾客的满意度也有很大的影响。在数智化时代背景下，企业更注重顾客体验。顾客可以得到交互、性能、感官等体验，顾客体验不仅能促进顾客在消费过程中的互动，同时也能够提升顾客的满意度和忠诚度。仇力（2020）对互联网顾客满意度进行研究发现，在顾客参与虚拟消费体验的过程中，对消费的便利性感知与互联网顾客满意度有着显著的正向关系。刘馨等（2020）对“互联网+实体行业”与顾客满意度进行了研究，发现网络购物和实体店购物对顾客满意度的影响因素不同，实体店的人员服务和购物环境是影响顾客满意度的主要因素；而在网购中，商品的价格、商店的规章都是影响顾客满意度的重要因素。可见，数智化背景下影响顾客满意度的因素更加丰富，同时也与传统顾客进店消费过程中影响顾客满意度的因素有着较大的不同。

值得注意的是，目前许多研究通常使用网络分析法、层次分析法和德尔菲法等方法来测评顾客满意度，这些方法的优点是操作简便，但评价信息大多都是决策者主观给出的，评价结果主观性强且难以保证评判信息的一致性。信息公理是公理设计中的一个重要公理，是指在所有方案中，信息量最小的方案为最优方案。

2.3.3　国外大学生满意度研究现状

美国是世界上最早开展大学生满意度研究的国家，拥有众多的测评体系和调查机构，既是该领域理论研究的领导者，又是测评技术的领跑者。英国大学生满意度研究晚于美国，但在英国政府的大力支持下，英国在大学生满意度测评和教学评估、国际学生满意度测评方法等诸多方面有独到之处，值得学习。

2.3.3.1　美国大学生满意度研究

1966 年，Cooperative Institutional Research Program（CIRP）对美国全国大学

新生进行测评，这是美国大学生满意度测评的起点。1995 年，Noel-Levitz 公司开始了“大学生满意度测评”（SSI）工作。该公司开发的测评工具量表被公认为是目前美国规模最大、最具影响力的测评体系，常年为高等教育服务。

美国大学生满意度调查所采用的“大学生满意度量表”既包括学生对大学经历满意度的评价，也包括学生对大学经历重要性的看法。该量表由 70 多个项目组成，涵盖大学生在学校经历的各个方面。调查对象根据要求对每项的重要性和满意度打分，分值区间为 1~7。每项有 3 种得分：重要性得分、满意度得分及绩差（重要性得分减去满意度得分）。量表中的 70 多个项目经过统计学和概念化分析，被提炼为学术咨询效果、学术服务、校园气氛、校园生活、校园支持服务、对个体的关心、教育效果、招生和经济援助效果、注册有效性、对学生多元化的反应、安全与保卫、服务卓越性、学生中心等指标体系。每个指标体系提供一个综合分数，通过这个综合分数能对这类指标的满意度水平有一个总体了解。此外，问卷还包括三个概括性问题：一是对教育经历的总体满意度；二是期望满足的程度；三是若重新选择学校，是否还会到该校就读。美国大学生满意度调查涵盖了大学生学习经历的各个方面，调查量表的设计方式有助于发掘影响学生满意度的核心内容。

此外，美国大学生满意度测评常常与大学排行榜紧密联系，大多数都是通过问卷调查进行，分为纸质问卷和网络问卷，同时也采取访谈方式进行满意度测评。测评结果一是按教育环节的重要程度与学生满意度程度来分析，二是对差值进行分析。测评结果将重要性和满意度分开考虑，从不同视角考察了学生对同一问题的不同认识。

由此可知，周期性开展的美国大学生满意度调查，已涵盖大学生学习经历的各个方面。这种以自下而上的方式开展的满意度调查，着眼于通过了解学生满意度而推进顶层利益诉求机制的优化和完善，并以此影响高校办学经费的划拨。

2.3.3.2 英国大学生满意度研究

英国大学生满意度调查始于 1999 年某高校内部大学生满意度调查工作，其后，英国其他高校也陆续开展这项工作。由政府组织的全英国范围大学生满意度调查 National Student Survey（NSS）始于 2005 年。调查对象主要是应届大学本科毕业生，目的是得到有关学生课程学习的信息，以此来监测各高校教学质量，并对未来学生选择高校和课程学习提供帮助。

英国大学生满意度调查所采用的调查量表多种多样，既有针对全英高校和教育机构的国家量表，也有针对具体高校的量表。内容主要是大学生对大学经历满意度的评价，其中也包括学生对大学经历或某些服务的重要性的看法。调查者通过问卷分析可以看出学生认为哪些教育项目对自己的成功较为重要，对哪些项目满意或不满意。如 NSS 满意度测评所使用的《大学生满意度量表》有课程教学、评估与反馈、学术支持、组织与管理、学习资源、个人发展等 6 个指标体系，以及一个主观性概括性的个人经历问题。这些指标体系每年都会有所调整。

调查过程及报告撰写由英国 Ipsos MORI 调查公司负责。调查一般通过网络在线方式，调查结果发布在英国教学质量信息网站上，为高校自身研究及高校间的横向比较提供依据。这项调查是英国高校全面提高教育服务质量的自觉管理行为，各高校可以根据自己的需要决定是否参加，若参加也由高校自己组织调查。高校通过调查可以了解学生满意或不满意的项目，能够比较准确地找出学校在教学或其他服务中存在的问题和不足。

与参加全英大学生满意度调查相比，许多英国高校更重视自己组织的本校学生参加的满意度测评，便于决策者和管理人员更有效地发现本校的问题，进而解决问题，提高教育服务质量。

2.3.4　国内大学生满意度研究现状

我国大学生满意度测评起步较晚，20 世纪末以来，大学生满意度调查逐步受到我国一些高校和研究者的关注，一些实验性的大学生满意度调查研究开始进行，总体上可以分以下几类：

2.3.4.1　大学生满意度整体性研究

一些研究者或通过介绍顾客满意度测评的一般理论，提出高校满意度测评的指标体系，阐述如何确定满意度指标权重、计算及更好地利用满意度测评结果；或通过对美国大学生满意度调查法评介，进行中美比较研究；或介绍学生满意度调查在英国大学管理中的作用；或借鉴国内外相关研究，以国内某类高校为案例，探索影响大学生满意度的因素，并提出具体改进建议。

（1）国内不同类型高校满意度研究

尤海燕等（2005）比较了不同批次大学生对影响满意度的各个因素的认可程度。王斌等（2007）等对独立学院学生满意度影响因素展开分析，进行独立学院学生对学校满意度实证研究。常亚平等（2008）通过实证研究，探究独立学院与国立大学学生满意度因素差异度。

张兴等（2009）对新建本科院校转型期本、专科学生求学满意度进行差异分析。汪雅霜（2012）通过“国家大学生学习情况调查”网上调查平台，对全国14所高职院校学生进行了满意度调查。蒋杨永（2012）设计了独立学院学生满意度评价指标体系，构建了独立学院学生满意度评价模型，并进行实证研究。李振祥等（2012）通过全国高职院校大学生抽样调查数据，分析我国高职院校大学生满意度的特点及影响因子。

钟秉林等（2012）对中外高等教育合作办学机构和项目的学生进行了抽样调查，对服务质量的满意度、影响因子及其与学生特征变量之间的关系进行了定量分析。杨院（2016）通过实证研究探索高职院校学生满意度整体情况及其影响因素。杨晓平等（2018）运用实证研究从不同维度探讨国际学生来京留学的感知与体验，剖析国际学生对北京高校留学环境的满意度状况。

杨清明等（2003）通过对重庆市4所高校大学生的调查，研究当前大学生对家庭、自身、学校和社会满意度的特点；傅真放（2004）对高等学校大学生满意度进行实证分析研究；张倩等（2009）利用2008年“首都高校学生发展调查”本科高年级学生数据对高等教育质量评价和学生满意度进行了分析；陈敏等（2009）选取三所不同类型高校本科生进行问卷调查；赵军（2013）以湖北三所高校为例，分别从性别、年级、大学类型等层面对高校本科教学质量学生满意度进行了扫描和深度剖析；文雯等（2013）以北京地区五所高校来华留学生为调查对象，使用“基于满意度的来华留学生就读经历调查问卷”，全面了解他们留学全过程的经历和体验；李硕豪等（2014）从不同方面对甘肃省13所全日制本专科院校部分学生进行了满意度测评研究；汪雅霜等（2015）通过“国家大学生学习情况调查”网络调查平台，对我国11所高水平大学的部分本科生进行了满意度调查。

（2）大学生满意度指标体系、模型、影响因素研究

刘丽娜等（2016）等探索影响学生满意度的关键因素，并进行了实证研究。杨兰芳（2012）等学者探索大学生求学满意度调查指标体系，研究设计调查问卷或大学生满意度测评量表，构建大学生满意度的指标体系和评价模型，并通过实证研究分析影响大学生满意度的主要因素及对总满意度的影响程度。吉文昌等（2014）研究教育满意度的指标构建与策略。陈洪涛（2005）探索大学生满意度指数在大学评估工作中的应用。李德全（2005）探索以“顾客”为关注焦点的高校满意度测评机制。刘俊学等（2013）基于社会交换理论，探索大学生求学满

意度与关系规范之间的内在关联。舒忠梅等（2014）从学习分析视角对大学生满意度结果进行解释，探索学生特征及学习经历对满意度影响程度。鲍威（2014）通过实证数据和双因素理论，研究考察了相关变量和学生自我汇报能力发展与学生院校满意度之间的关联性。郑雅君等（2016）考察了高校学生满意度研究的历史背景和观念预设，探索“高校学生满意度”的外延定义，厘清“高校学生满意度”与其他相近概念间的联系，并探索家庭背景与“985”高校学生满意度关系。李玉倩（2017）运用 2015 年的 CCSS 数据，建立高等教育学生满意度指数模型。邱文教等（2018）从任课教师、课程内容、教学方法、课程考核和课程效果 5 个维度 17 个影响因素对学生满意度评价进行了实证分析。刘星浩（2019）通过理论研究得出新的学生满意度模型，为学生满意度研究提供新的理论，为学校教学改善提供新的方向。朱连才等（2020）基于学生的教学体验视角，对开展大规模在线教学过程中的学生学习满意度进行调查研究，在此基础上，结合期望确认理论对在线教学满意度的影响因素进行考察。谢印成等（2021）运用 SPSS 和 AMOS 统计软件，探索验证了大学生手机个性化学习满意度结构方程理论模型（SEM）。

2. 3. 4. 2　教学满意度研究

（1）理论研究

张蓓等（2014）构建了大学教学满意度模型，分析了学生期望、课堂教学质量、实践教学质量和自主学习质量四个前因变量对教学满意度的影响。王运武等（2015）研究认为，年级和学科差异都对理论教学满意度有所影响，并深入探讨了影响高校理论教学满意度的关键因素。侣秋玉等（2016）通过构建我国高校大学生满意度测评指标体系发现，影响大学生满意度较显著的因素是学校形象、专业构建、教学辅导、自学环境、社交实践等。邢磊等（2017）探讨教学行为与学生对教学的满意度之间的关系。王芳（2018）分析了大学生教学满意度的影响因素。王利伟（2019）从学生满意度视角出发，对当前我国本科教学质量现状进行了简要分析，并从学生满意度视角对如何提高当前本科教学质量提出了若干建议。邹茂扬等（2020）从教学行为视角出发，通过调查问卷、访谈、在线听课的方式，从设计和组织教学、直接指导、提供资源、促进参与 4 个方面，研究大规模在线教学的学习满意度，并对在线教学提出改进建议。方俊涛等（2021）构建了混合式教学的模型，分析了学习环境、学习效果、学习模式及学习资源 4 个自变量对于混合式教学满意度的影响。

（2）实践应用研究

徐杰华（2010）以会计学专业学生为对象，实证研究课堂教学质量学生满意度。张芝花等（2011）对大学英语多媒体教学过程的满意度进行了实证分析。吕林海等（2012）以五所一流高校的学生为对象，调查了解大学生通识课程满意度。孙启芝（2014）研究构建了大学公共体育课教学学生满意度的评价指标体系及方法。李硕豪等（2015）以东、中、西部 3 个层次 9 所高校为样本，构建高校理科教学满意度模型，分析教学态度、教学技能、教学内容和教学方法 4 个潜变量对高校理科教学满意度的影响，及各潜变量下置观测变量产生的影响。吴薇等（2016）以厦门某独立学院中外合作办学项目的学生为对象，探索影响教学质量及其各个维度的满意度等。程淑平等（2017）对安徽省高校大学生进行实证调研，构建了结构方程模型，分析了归因、师生互动与大学生实践教学满意度之间的关系。吴亮等（2018）采用问卷对学生进行了调查，并将移动互联网下的翻转课堂教学与传统的教学方式进行了对比分析，发现“蓝墨云班课”移动平台的应用对提高教学质量和教学效果具有积极作用。范春梅等（2019）根据目前实践教学中存在的问题，从学生满意度出发，提出了以学生为中心、满足能力达成和社会需求的实践教学体系构建策略。同时，以某水利类专业的实践教学体系为基础，提出以学生满意度为核心的实践教学体系需从学生诉求、学生评价体系、实践教学反馈系统和基于能力达成的层次化体系入手来构建。肖淑梅（2020）运用 DID 模型对新冠肺炎疫情期间某高校 2017 级金融工程专业学生线上教学模式的教学效果进行实证分析，发现防疫期间采用翻转课堂线上教学模式对教学满意度影响显著，但对课程小测验成绩及教学质量评价影响较低，原因在于线上学习过程中，学生的学习自主性及学习环境较差。邵雪梅（2020）通过发放问卷形式，结合教务管理系统的数据，对宁波财经学院数字技术与工程学院的学生教学满意度进行了数据采集和分析，随机发放 809 份问卷，利用逐步模糊聚类分析法对学生的教学满意度进行了评估。张瑞玲（2021）运用问卷调查法对某地方应用型本科高校的 286 位本科生进行了调查，探讨了教学环境、教学方式和与课堂教学满意度之间的关系。

2.3.4.3　管理服务满意度研究

（1）理论研究

雷育胜等（2012）研究了高校就业服务学生满意度指数模型。朱文珍等（2013）探索揭示了我国高校学生对奖助学金政策满意度的影响因素。姚远等

（2014）设计了学生工作学生满意度测评的指标体系。贾灵充（2014）提出高校学生工作绩效满意度测评的实践路径选择建议。潘炳如（2017）等学者分别研究大学生对高校学生工作、高校图书馆、高等教育服务质量、辅导员工作、创新创业教育政策的满意度状况。祝军等（2015）实证分析了大学生参与基层就业项目的意愿和影响因素，以及已参加基层就业项目大学生对项目的满意度。宁德鹏等（2017）通过实证研究，从税收优惠政策、创业环境政策、金融支持政策和配套措施政策等 4 个维度探究了当代大学生对我国创业政策的满意程度，并研究了人口统计学特征会如何影响大学生的创业政策满意度。周印东等（2018）构建了高校创业教育学生满意度模型并进行了实证研究。孔苏（2019）以顾客满意度理论、马克思主义认知论为理论基础，强调服务教学满意度调查问卷设计需将工作职能、规章制度与专家咨询相结合，从教育学、管理学等视角分析问卷结论，以管理职业化、人性化和去行政化为手段实施管理策略。廖思傲（2020）采用质性研究与量化研究相结合的混合研究方式，将来华非洲留学生接受的教育服务划分为教学服务与管理服务，并由此制定《来华非洲留学生教育服务满意度问卷》，从教学服务（课堂教学、教师素养、课程设置、其他教学服务）与管理服务（后勤保障、校园文化建设、其他管理服务）两大维度共计 7 项指标着手，对 D 大学来华非洲留学生进行问卷调查和质性访谈。

（2）实践应用研究

唐点权（2002）通过对全国 35 所高校在校大学生的抽样调查，了解他们对当前高校教学管理制度与执行情况满意度，并提出改进对策。唐清云（2003）调查了解大学生对目前高校管理现状的评价，分析了影响因素，指出问题及发展趋势，并提出改进建议。刘婷婕等（2006）调查了杭州高教园区大学生对校园环境满意度及需要解决的问题。洪彩真等（2007）以福建省几所公办、民办高职院校为例，进行学生管理满意度测评。欧阳河等（2008）对湖南 34 所本专科院校 2008 届毕业生进行高效服务质量满意度测评。杨晓明等（2010）设计了高等学校教育服务满意度的评价指标体系，编制测度量表，对某高校 2009 届本科毕业生进行满意度测评，并分析主要影响因素，提出改进建议。袁昆明（2010）构建了在校大学生对高校服务满意度测评指标体系，并调查了南昌地区 5 所省重点高校的本科学生满意度情况。夏小华（2013）通过对地方高校学生工作服务质量与学生满意度测评量表的研究设计和抽样调查，分析影响学生服务质量因素及各因素对学生工作的整体满意度的影响程度。罗铭杰等（2017）对广东 10 所高校的大学生对辅导员工作的满意度进行调查，结果显示学生对辅导员工作总体上表示满意。王丽等（2019）通过南京医科大学康达学院2018年11月期间的学生对食堂就餐满意度调查问卷的结果分析，查找目前后勤食堂管理软硬件建设中存在的问题并提出相应改进建议。武桐等（2020）基于CCSI模型构建了顾客满意度评价指标体系，测算南京林业大学在校生对校园快递服务的满意度，通过KANO模型及四分图对其满意度与重要度进行了服务差异分析。

2.3.4.4　生活、学习等满意度研究

王宇中等（2003）研究编制适用于中国大学生的个人生活满意度评定量表。李湘萍（2017）等学者分别对大学生学校生活满意度及大学生校园住宿环境满意度进行实证研究。陈丽娜等（2004）探索大学生的一般生活满意度及其与自尊的关系。蔡曙光（2006）从主观方面探究大学生校园生活满意度影响因素。辛勇等（2007）探究大学生群体对生活的满意度和相关的影响因素。何丹阳等（2007）探究不同批次大学生生活满意度影响因素。梁三才等（2017）探讨尽责型人格特质、正念、积极情绪对大学生生活满意度的影响。贾士昱等（2018）探讨自尊和心理弹性在正念与生活满意度之间的中介作用。刘鑫逸（2019）运用t检验、方差分析等统计方法，探究了大学生家庭教养方式、心理弹性与生活满意度的关系。周惠玉等（2020）探究了社会支持、自尊在生活满意度与大学生网络成瘾之间的中介作用。

张志杰等（2004）探索了大学生时间管理倾向与学习满意度关系。胡元林（2018）基于学生自我学习效能评价视角，认为教学水平、教学关系、学习氛围等是影响地方本科高校学生学习满意度的主要因素。黄天慧等（2017）探索了绩点和满意度、深度学习体验三者之间的关系。文静（2016）介绍了美国大学生学习满意度测评理论与机制。史秋衡等（2013）基于大学生学习满意度测评结果，从不同层面构建大学生学习满意度测评逻辑模型，分别具体分析与研究个人发展、群体收获、项目管理和制度建设条件下的大学生满意度。蔡立丰等（2013）通过对广东地区高校学生满意度的实证研究，探索学生满意度的组成及影响因素，进而提出改进建议。魏海苓等（2013）运用“大学城学生文化需求结构量表”，调查研究广州大学城学生的文化需求满意度及其影响因素。李淑娜等（2014）构建大学生学习满意度测评模型。文静（2015）研究认为大学的“教”与“学”、学习氛围会较大程度地影响学生的学习满意度，且院校类型对大学生的满意度体验和重要性认知构成了影响。穆兰兰等（2015）探索了学生满意度与学习结果之间的关系。黄雨恒等（2016）研究发现，大学生成长和收获满意度调查可以反映学生成长过程中的核心需要及促进学校帮助学生发展最有价值的工作。吕林海等（2016）对比研究中美研究型大学本科生学习经历的满意度，认为两国大学生在整体学术经历满意度和整体社交经历满意度上的差距最为显著。而“师生互动”是影响学习经历满意度的最关键因素。陈惠惠（2017）提出在线课程学习满意度的评估指标——课程满意度和学习效果满意度，以及影响在线课程学习满意度的关键因素——学习者因素、教师因素、课程因素和环境因素。宋丹等（2018）通过问卷调查收集数据，采用结构方程模型方法，考察“第二课堂、学习满意度和大学生核心竞争力”之间的关系，构建并实证检验了“第二课堂—学习满意度—大学生核心竞争力”模型。孙丽娜（2019）对混合式学习环境下的大学生小组协作学习满意度的影响因素进行分析，并构建了以学习者特征、学习动机、小组互动、社会临场感、技术环境和教学设计为自变量的协作学习满意度的影响因素结构方程模型。李莹莹等（2020）基于顾客满意度理论、学习条件理论及教学系统要素理论，结合专家意见与高校网络教学实施情况，构建大学生网络学习满意度理论模型，编制调查问卷并在上海 15 所高校展开调研，基于 SPSS24. 0 软件进行模型检验综合探讨疫情期间大学生网络学习满意度及影响因素。陈富等（2021）采用专业化测评工具对某省属重点师范大学本科生的学习满意度进行了测评。

2. 3. 4. 5　专业满意度研究

（1）理论研究

吴迪等（2015）研究构建预防医学本科生专业满意测量初始量表，并通过预试验和验证性因素分析，形成正式量表后进行信效度检验，量表信效度均良好。彭文波等（2015）通过系统梳理大学生专业满意度的测量方式和研究现状，指出未来研究需要进一步探索大学生专业满意度更具信效度的测量方法，并对影响因素进行分析。

张志乔（2012）等人研究认为学生对专业的喜好和认同度与就业前景、就业满意度正相关。张宇（2010）研究发现专业满意度对新生适应状况影响显著。张长海（2015）研究构建了档案学本科专业满意度扩展模型，并探索专业满意度影响因素。刘选会等（2017）提出了大学生专业满意度与学习投入度和学习效果之间的关系模型及有关假设，并进行实证分析，结果表明学生性别、生源地、年级等对专业满意度具有一定影响，专业满意度与学习投入度和学习效果之间正相关。贾若莹等（2018）对河北某综合大学327名在校本科生的学业拖延情况进行问卷调查，运用相关分析、回归分析及中介效应检验等方法对学业自我效能、大学生专业满意度与学业拖延三者的关系进行了探究。郭玲霞等（2019）对咸阳师范学院学生进行抽样调查，获取486份样本数据，建立Logistic回归模型，分析影响专业满意度的因素。张萍等（2020）以东北三省500名冰雪专业大学生为被试对象，采用专业满意度、专业学习投入、学业收获量表进行测试，建构三者的中介关系模型。

（2）实践应用研究

樊明成（2011）等人调查研究大学生的专业满意度，认为当前我国大学生的专业满意度不高。樊明成（2012）对全国132所本科院校大学新生的调查显示，我国大学新生的专业满意度受到学生的个人特性及其专业选择、家庭背景与高中（中职）经历、高校类型与专业自身等方面共16个因素的显著影响。王菁等（2013）通过调查全国八所综合性大学的非师范类思想政治教育专业学生的专业满意度和就业态度，探索影响该专业满意度的关键因素。张东等（2014）研究探索了师范院校科学教育专业本科生的专业满意度状况及择业意向。王孝莹等（2016）研究认为高校毕业生整体满意度不高，其中，满意度最低的是职业待遇与职业发展因子。王芸等（2017）基于江西省部分高校学生对会计学专业满意度进行实证研究表明，学生感知质量、专业软硬件感知和学生预期对会计学专业满意度有显著影响。刘选会等（2018）通过对陕西某高校的实证调查，探索学生专业实习满意度的影响因素及如何提高实习满意度。逄伟（2019）采用专业满意度量表、大学生学习倦怠量表及社会支持评定量表对882名大学生展开问卷调查，研究分析了影响大学生使用手机上网的主客观因素。李卫祥（2020）针对地方高校农科大学生的专业满意度进行调查，通过问卷调查的方式，从10个维度考察了农科大学生专业满意度状况，并据调查结果对农科大学生就读专业满意度的情况做了分析，在强化涉农专业改造、改革课程体系设置、实施创新创业教育、加大专业设施投入、重视师资队伍建设、开展职业发展指导6个方面提出了相应的建议。

2.3.5 研究现状总结

从研究渊源和范围看，大学生满意度研究源自顾客满意度研究，大学生专业教学满意度则是大学生满意度研究的一个分支。从研究对象看，顾客满意度研究是将购买商品及服务的顾客作为对象，测量其对所提供产品和服务的感知态度，目的是用于改进企业产品及服务质量。大学生满意度研究将大学生作为购买高校教育产品的“顾客”，测量大学生对于高校执行国家教育方针所提供服务和教育的感知态度，涵盖了生活环境和学习环境的方方面面，是从全局对高校教育水平的测评，目的是用于评价高校的综合实力；而专业教学满意度只度量学生对于该学校某专业教育培养的满意与否、程度如何，侧重评价高校服务产品的专业教育方面，目的用于改善不合理的专业培养模式或教学模式、方式方法。由此，专业教学满意度更具有目的性和针对性。

在高等教育领域的满意度研究中，学生满意度研究理论和方法相对成熟和完善。但是，大多数学者只是将“专业满意度”“教学满意度”作为学生满意度的一个方面来考量，专门的研究文献相对较少，尤其是将“专业教学满意度”结合起来研究的文献很少。目前仅有的“专业满意度”研究编制的问卷只代表某个专业或某个领域，不涉及所有在校大学生，没有很强的代表性。现有文献资料基本是将其视作学生满意度的一个方面考量，简单地套用学生满意度相关模型，对调查研究结果的使用也未给予足够重视，因而专业教学满意度研究方面还存在以下不足：一是现有相关文献并没有对专业教学满意度概念及研究意义作明确界定。部分文献只是笼统地将其作为学生满意度来研究，未能认真区分专业满意度与学生满意度的异同。二是目前还没有系统的关于专业教学满意度量表、指标体系建立、影响因素分析等方面的研究。三是研究结果没有很好地应用于专业人才培养质量和教学管理的持续改进。

当前我国大学生学习其专业的热情度普遍不高，不同专业之间差异非常明显，专业教学满意度不高的学生期望能够转换自己的专业，以适应自己的成长发展需求。随着大学生结构性失业形势越发严峻，高校培养模式与社会人才需求不对口的矛盾持续增加，专业培养模式和教学模式、教学方法改革势在必行。作为教育服务的主体顾客——学生对专业教育的评价可以为高校专业教学改革提供十分有用的建议。因此，基于学生视角开展专业教学满意度研究，构建基于专业教学满意度的人才培养质量保障体系十分必要。

故本课题组建立了常态化的多主体评价机制，为了促进人才培养质量的持续改进，拟采用文献研究、问卷调查、访谈法等确定本科毕业生专业教学满意度的基本评价项目，运用因子分析确定本科毕业生专业教学满意度的基本结构，并在此基础上编制出一套适合应届毕业生的专业教学满意度标准化调查问卷，每年通过“某大学毕业设计（论文）智能管理系统”，组织全校各专业应届毕业生，在网上提交学位论文前，先填写“专业教学满意度测评问卷”。测评结束后，本课题组根据学生测评数据，对学校所有参评学院及专业的本届毕业生专业教学满意度现状进行分析，形成《××届毕业生专业教学满意度分析报告》，用于帮助学校教学管理和专业教学的持续改进。以此为基础，针对毕业生不满意因素及原因，分析教育质量管理中存在的问题，构建“以学为中心”的教学质量保障体系。

2.4 研究方法

2.4.1 文献研究法

文献研究法主要指通过对文献的搜集、鉴别、整理及研究，形成对事实科学认识的方法。它首先提出课题或假设：依据现有的理论、事实和需要，对有关顾客满意度、大学生满意度等相关文献进行分析整理或重新归类研究的构思；其次是研究设计，将课题或假设内容设计成具体、可操作、可重复的文献研究活动；最后再通过各种途径进行文献搜集与整理、分析鉴别，对一定时期内关于满意度的研究成果和进展进行系统、全面的叙述和评论，为本研究奠定理论基础。

2.4.2 问卷调查法

通过问卷调查法，探究大学生专业教学满意度的真实状态、结构并分析其影响因素，是揭示大学生专业教学满意度的有效方式。问卷调查法是设计者以问题的形式，运用统一设计的问卷向被调查者了解情况或征询意见、收集信息的调查方法。根据载体不同，问卷调查一般分纸质调查和网络调查两种。本研究把所要研究的事项，做成“问题”，利用校园网络载体组织应届毕业生填写，从而获取真实可靠的第一手数据，以测量应届毕业生对本科阶段的专业教学满意程度。

2.4.3 统计分析法

通过问卷调查获得的数据，采用统计方法对其进行处理，对大学生专业教学满意度进行实证研究。实际研究过程中，将根据具体的研究内容和目标，采用不同的统计方法进行分析。在对大学生专业教学满意度的基本状态进行分析时，将主要采用描述性统计方法。在对专业教学满意度的影响因素进行分析时，则主要使用方差分析法进行差异性检验。在构建专业教学满意度框架模型时，将采用多元回归分析的统计方法。

2.4.4 访谈研究法

除了使用量化分析方法来研究大学生专业教学满意度的基本状态、结构及影响因素之外，还将使用访谈法等质性研究方法。访谈法收集信息资料是通过研究者与被调查对象面对面直接交谈方式实现的，具有较好的灵活性和适应性。本研究将对不同类型、具有一定代表性的高校教育工作者（管理者、专家、不同职称的教师等）及学生进行访谈，通过当面提问、交谈，搜集影响本科教学质量的因素，以及影响大学生专业教学满意度指标系数的客观的、不带偏见的材料。通过质性研究来加深对专业教学满意度相关研究结论的理解和认识，探究隐含在结果背后的真正原因。

第3章 × 专业教学满意度测评研究设计

“专业教学满意度”是从学生满意度研究中延伸出来的分支，将视角集中在专业教学上，针对性更强。由于以前大家对反映学生态度的专业教学满意程度的重要性认识不足，其相关研究最近几年才开始兴起，该研究本土化的理论基础相对较少。因此，本课题组在构建专业教学满意度测评模型和设计测评量表时，第一步，通过调研，从人才培养过程视角提炼影响大学生满意度的主要因素；第二步，借鉴我国大学生满意度模型，结合大学生满意度主要影响因素研究结果，构建符合现实的专业教学满意度研究模型；第三步，根据模型拟定专业教学满意度测评指标体系和测评量表。

3.1 专业教学满意度影响因素研究

这部分研究主要通过问卷调查的方式，了解管理者、学生和教师等不同群体对教学过程中影响学生满意度的主要因素的看法，以此作为依据来提炼影响专业教学满意度的主要因素。

3.1.1 设计调研问卷

本课题组在大学生满意度代表性观点研究的基础上，征求校内外教育评估专家的意见，从本科人才培养过程中影响大学生满意度视角拟定 46 项因素作为预选的指标集（见表 3-3 至表 3-5 中的“影响学生专业教学满意度因素集”），并据此设计问卷调查表。

在设计问卷时，努力做到以下几点：

第一，问卷的内容指标尽量做到同一层次的各项指标相互独立，不互相重叠和包含，不存在因果关系。比如同为考察教师教学情况的指标，“教学态度”“教学内容”“教学方法”都属于同一层次，各指标间互不重复、包含。

第二，问卷的内容指标尽量做到具体完备，所罗列的指标由人才培养全过程的主要因素构成。如由学校人才培养总目标到教学计划、教学管理，由教师教学到学生学习，由课堂教学到实践教学等构成因素，尽量不遗漏反映人才培养过程的重要因素。

第三，问卷的内容指标尽量做到描述清楚，使调研对象容易理解，简单易操作。这一点从调查表就可以看出，各个指标表述的含义很清楚。

调查问卷主要按“影响学生专业教学满意度因素集”与其“在影响学生专业教学满意度中的重要性”两类分列，其中“影响学生满意度因素集”按预选的 46 个指标分行排列，每个指标按其在影响学生专业教学满意度中的重要程度设“非常重要”“重要”“较重要”“不重要”4 个分列。

本研究以某大学的师生员工为调查对象，虽然取样范围小，但某大学作为一所省属地方性以工科为主的综合型大学，其办学层次、规模、教学与管理状况等能在一定程度上折射出我国地方院校的现状，其教职员工对教学与管理常规的认识也应该具有一定的代表性。通过对某大学学生满意度的影响要素分析，可以反观其他地区同类院校师生员工的态度与看法，能够起到见微知著的效果。

3.1.2　调研对象

调研对象为某大学的教师、学生和教学管理人员。课题组人员将设计好的问卷随机发放给调查对象，通过问卷调查对预选指标集进行筛选。本次调查对教师对象发放调查表 130 份，回收 126 份，有效问卷 126 份，回收有效率 100%。对学生对象发放问卷 100 分，回收 100 份，回收率 100%，有效率 100%。对教学管理人员发放调查表 50 份，回收有效问卷 50 份，回收有效率 100%。有效问卷中具体人员构成见表 3-1。

表 3-1　有效问卷调研对象构成情况表

<table>
<tr><th>人员身份</th><th colspan="2">构成情况</th><th>人数</th><th>比例</th></tr>
<tr><td rowspan="9">教师</td><td rowspan="3">职称</td><td>副高以上</td><td>63</td><td>50%</td></tr>
<tr><td>讲师</td><td>50</td><td>39%</td></tr>
<tr><td>助教</td><td>13</td><td>11%</td></tr>
<tr><td rowspan="2">学历</td><td>硕博学历</td><td>110</td><td>87%</td></tr>
<tr><td>本科</td><td>16</td><td>13%</td></tr>
<tr><td rowspan="2">教龄</td><td>5 年以上</td><td>110</td><td>87%</td></tr>
<tr><td>5 年以下</td><td>16</td><td>13%</td></tr>
<tr><td rowspan="2">性别</td><td>男</td><td>89</td><td>71%</td></tr>
<tr><td>女</td><td>37</td><td>29%</td></tr>
</table>

续表

人员身份	构成情况		人数	比例
教学管理人员	管理年限	5年以上	40	80%
		5年以下	10	20%
学生	性别	男	80	80%
		女	20	20%

3.1.3 实证分析

3.1.3.1 统计分析

课题组将收集的有效问卷相关数据用软件统计后发现，无论是教师、学生还是管理人员，他们对有些指标的重要性认识高度一致，如办学目标、课程体系设置、教师教学态度、教师教学内容等，超过80%的人认为“非常重要”“重要”；对于教室，大家认为“不重要”的比重较高；对于师生比、教师队伍结构、图书资料、教学经费、讲座、社会调查这些项目，由于不同成员在教学管理过程中所处角度不同，看法有所差异。尤其是学生在专业学习过程中，对师生比、教师队伍结构缺乏感性认识，认为图书资料、教学经费、讲座、社会调查这些项目的有无或者好坏对满意度影响不是很大。具体数据情况见表3-2、表3-3、表3-4、表3-5。

3.1.3.2 参照单位分析

参照单位分析，又称Ridit（Relative to an identified distribution unit）分析。它常将等级资料中例数较多的一组的分布作为一个特定的分布来计算各等级的参照单位值（R值），再参照这些R值计算各组的加权平均R值并进行假设检验。参照单位分析适用于等级资料分析，而本调查收集的资料中，调查对象对每个指标的评价就分为“非常重要”“重要”“较重要”“不重要”四个等级，属于等级分组资料，故适合使用Ridit分析法。

具体计算步骤如下：

（1）选标准组

标准组的选择可根据各组例数多少及所研究的问题而定。一般选例数多的组为标准组。标准组中的数字要求分布于各个等级。本研究各等级例数分布相差大，教师组例数最多，故选教师例数为参照组。

（2）计算标准组的参照单位值（R 值）

计算前最好将各等级按由弱到强的次序排列。计算的步骤与方法是：① 列出 4 个等级；② 算出各个等级的总例数；③ 计算标准组各等级的 1/2 值；④ 求标准组累计例数并下移一行；⑤ 将③④求得的值按各等级相加；⑥ 将⑤所得数值除以标准组总例数，即得标准组各等级的 R 值。

表 3-2　标准组各等级的 R 值计算表

等级 ①	f ②	$f/2$ ③	f 累计并下移一行④	③+④ ⑤	$R=(5)/n$ ⑥
不重要	232	116	0	116	0. 021
重要	1447	723. 5	232	955. 5	0. 177
较重要	2373	1186. 5	1679	2865. 5	0. 530
非常重要	1357	678. 5	3730	4408. 5	0. 815

（3）参照标准组的 R 值，计算各组的平均 R 值（$\overline{R}_j$）

平均 R 值的计算公式

$$\overline{R}_j = \sum f_{ij} R_i / n_j$$

公式中，i 代表等级，j 代表组别，$\overline{R}_j$ 为第 j 组的平均值，f_{ij} 为第 j 组各等级的例数，R_i 为各等级 R 值，n_j 为第 j 组的总例数。将每组中各不同指标等级的例数与标准组对应的 R 值相乘，将乘积加总，再除以该组总例数，即为平均 R 值。

$$\overline{R}_{标} = \frac{(232 \times 0.021) + (1447 \times 0.177) + (2373 \times 0.530) + (1357 \times 0.815)}{5409} \approx 0.5$$

（4）以教师组为例计算各等级 $\overline{R}$ 值

下面是教师组中指标 1“学校办学目标”与指标 2“专业目标”的 $\overline{R}$ 值。

$$\overline{R}_1 = \frac{(0 \times 0.021) + (5 \times 0.177) + (51 \times 0.530) + (70 \times 0.815)}{126} = 0.67$$

$$\overline{R}_2 = \frac{(0 \times 0.021) + (8 \times 0.177) + (50 \times 0.530) + (68 \times 0.815)}{126} = 0.66$$

……

3. 1. 3. 3　结果与分析

将统计分析和 Ridit 分析结果汇总，可以得出调查对象意见。表 3-3 是“教师对影响学生专业教学满意度关键因素的意见”；表 3-4 是“学生对影响专业教学满意度关键因素的意见”；表 3-5 是“管理人员对影响学生专业教学满意度关键因素的意见”。

表 3-3 教师对影响学生专业教学满意度关键因素的意见（$\bar{R}$ 值计算结果）

序号	影响学生专业教学满意度因素集	在影响学生满意度中的重要性				$\bar{R}$ 值
		非常重要	较重要	重要	不重要	
1	学校办学目标	70	51	5	0	0.67
2	专业目标	68	50	8	0	0.66
3	毕业要求	57	55	11	3	0.62
4	课程体系设置	41	50	35	0	0.52
5	师生比	57	55	11	3	0.62
6	教师队伍结构	36	60	30	0	0.53
7	教师教学投入保障	57	55	11	3	0.62
8	实验室	62	47	17	0	0.62
9	教室	24	53	42	7	0.44
10	实习、实践、实训基地等	55	57	10	4	0.61
11	实验仪器设备	56	58	12	0	0.63
12	图书资料	36	60	30	0	0.53
13	网络资源	42	49	35	0	0.52
14	教学经费	40	51	35	0	0.52
15	学生学习支持情况	39	52	33	4	0.52
16	教师课前准备	50	48	25	3	0.56
17	教师教学态度	39	52	32	5	0.52
18	教师教学手段	39	52	32	5	0.52
19	教师教学水平	55	43	28	0	0.58
20	教师学术水平	52	49	25	0	0.58
21	教师教学内容	54	55	17	0	0.60
22	辅导答疑	52	49	20	5	0.57
23	作业批改	39	51	35	1	0.52
24	考试形式与内容	54	55	17	0	0.60
25	实践教学设置	40	53	32	1	0.53
26	实践教学内容与形式	39	52	32	3	0.52

续表

序号	影响学生专业教学满意度因素集	在影响学生满意度中的重要性				$\overline{R}$ 值
		非常重要	较重要	重要	不重要	
27	实践教学效果检测	54	55	17	0	0. 60
28	教师对毕业设计（论文）指导	39	52	32	3	0. 52
29	专业整体培养效果	53	48	24	1	0. 58
30	学生知识基础	38	54	31	3	0. 52
31	学生自学能力	41	53	27	5	0. 53
32	学生学习意愿	55	43	28	0	0. 58
33	学生综合素质	52	49	25	0	0. 58
34	学生学习态度	54	55	17	0	0. 60
35	讲座	40	50	31	5	0. 51
36	社团活动	39	51	35	1	0. 52
37	课外科技活动	56	60	10	0	0. 63
38	文体活动	38	53	34	1	0. 52
39	社会调查	40	53	32	1	0. 53
40	社会实践	42	51	34	1	0. 53
41	教学管理人员态度	41	52	31	2	0. 53
42	考试管理	54	43	29	0	0. 57
43	教学管理制度	41	49	27	9	0. 51
44	毕业教育与指导	42	51	34	1	0. 53
45	就业去向与专业所学吻合度	41	52	31	2	0. 53
46	毕业待遇与期望吻合度	53	48	24	1	0. 58

表 3-4　学生对影响专业教学满意度关键因素的意见（$\overline{R}$ 值计算结果）

序号	影响学生专业教学满意度因素集	在影响学生满意度中的重要性				$\overline{R}$ 值
		非常重要	较重要	重要	不重要	
1	学校办学目标	45	47	8	0	0. 60
2	专业目标	40	50	8	2	0. 57
3	毕业要求	39	43	16	2	0. 55
4	课程体系设置	38	47	11	4	0. 55

续表

序号	影响学生专业教学满意度因素集	在影响学生满意度中的重要性				$\bar{R}$值
		非常重要	较重要	重要	不重要	
5	师生比	14	36	41	9	0.37
6	教师队伍结构	11	25	38	26	0.29
7	教师教学投入保障	51	45	4	0	0.63
8	实验室	50	43	7	0	0.61
9	教室	18	37	37	8	0.40
10	实习、实践、实训基地等	38	43	17	2	0.54
11	实验仪器设备	36	43	15	6	0.52
12	图书资料	14	36	41	9	0.37
13	网络资源	35	42	15	8	0.51
14	教学经费	23	35	35	7	0.42
15	学生学习支持情况	33	44	17	6	0.51
16	教师课前准备	37	45	14	6	0.54
17	教师教学态度	37	45	14	6	0.54
18	教师教学手段	39	42	16	3	0.54
19	教师教学水平	38	42	20	0	0.53
20	教师学术水平	37	46	11	4	0.54
21	教师教学内容	39	40	17	4	0.53
22	辅导答疑	33	42	17	8	0.50
23	作业批改	37	43	16	4	0.53
24	考试形式与内容	33	42	18	9	0.50
25	实践教学设置	37	43	17	5	0.53
26	实践教学内容与形式	38	38	18	6	0.52
27	实践教学效果检测	37	46	11	4	0.54
28	教师对毕业设计（论文）指导	37	43	16	4	0.53
29	专业整体培养效果	35	41	19	5	0.51
30	学生知识基础	34	39	21	6	0.50
31	学生自学能力	37	40	19	4	0.51
32	学生学习意愿	37	40	19	4	0.51

续表

序号	影响学生专业教学满意度因素集	在影响学生满意度中的重要性				$\bar{R}$ 值
		非常重要	较重要	重要	不重要	
33	学生综合素质	37	45	14	6	0.54
34	学生学习态度	37	39	17	7	0.51
35	讲座	21	33	43	7	0.41
36	社团活动	36	40	17	7	0.51
37	课外科技活动	33	42	17	8	0.50
38	文体活动	37	43	16	4	0.53
39	社会调查	14	36	39	11	0.37
40	社会实践	33	42	18	9	0.50
41	教学管理人员态度	38	38	18	6	0.52
42	考试管理	39	48	11	2	0.56
43	教学管理制度	33	42	20	5	0.50
44	毕业教育与指导	33	43	16	8	0.50
45	就业去向与专业所学吻合度	39	48	11	2	0.56
46	毕业待遇与期望吻合度	35	43	17	5	0.52

表 3-5　管理人员对影响学生专业教学满意度关键因素的意见（$\bar{R}$ 值计算结果）

序号	影响学生专业教学满意度因素集	在影响学生满意度中的重要性				$\bar{R}$ 值
		非常重要	较重要	重要	不重要	
1	学校办学目标	27	18	5	0	0.61
2	专业目标	25	19	6	0	0.59
3	毕业要求	20	18	11	1	0.52
4	课程体系设置	21	20	6	3	0.54
5	师生比	23	21	5	2	0.58
6	教师队伍结构	19	19	11	1	0.52
7	教师教学投入保障	23	21	6	0	0.58
8	实验室	22	23	5	0	0.58
9	教室	15	35	41	9	0.37
10	实习、实践、实训基地等	20	19	9	2	0.52

续表

序号	影响学生专业教学满意度因素集	在影响学生满意度中的重要性				$\overline{R}$ 值
		非常重要	较重要	重要	不重要	
11	实验仪器设备	18	22	9	1	0.52
12	图书资料	13	37	41	9	0.37
13	网络资源	20	19	7	4	0.50
14	教学经费	18	20	7	5	0.48
15	学生学习支持情况	16	23	10	1	0.50
16	教师课前准备	18	22	10	0	0.52
17	教师教学态度	18	22	10	0	0.52
18	教师教学手段	19	21	8	2	0.52
19	教师教学水平	17	21	11	1	0.50
20	教师学术水平	19	20	8	3	0.52
21	教师教学内容	20	21	7	2	0.54
22	辅导答疑	21	21	8	0	0.55
23	作业批改	22	22	4	2	0.57
24	考试形式与内容	18	20	10	2	0.51
25	实践教学设置	17	20	10	3	0.50
26	实践教学内容与形式	18	22	9	1	0.52
27	实践教学效果检测	17	22	10	1	0.51
28	教师对毕业设计（论文）指导	16	24	9	1	0.51
29	专业整体培养效果	15	24	11	2	0.50
30	学生知识基础	15	24	11	2	0.50
31	学生自学能力	15	24	11	2	0.50
32	学生学习意愿	17	21	11	1	0.50
33	学生综合素质	16	23	10	1	0.50
34	学生学习态度	21	12	10	7	0.53
35	讲座	19	20	8	3	0.52
36	社团活动	20	21	7	2	0.54
37	课外科技活动	21	21	8	0	0.55
38	文体活动	22	22	4	2	0.57

续表

序号	影响学生专业教学满意度因素集	在影响学生满意度中的重要性				$\bar{R}$ 值
		非常重要	较重要	重要	不重要	
39	社会调查	18	20	10	2	0. 51
40	社会实践	24	20	7	0	0. 59
41	教学管理人员态度	18	22	9	1	0. 52
42	考试管理	17	22	10	1	0. 51
43	教学管理制度	18	22	10	0	0. 52
44	毕业教育与指导	17	23	10	2	0. 52
45	就业去向与专业所学吻合度	27	16	7	0	0. 59
46	毕业待遇与期望吻合度	22	21	6	2	0. 56

将教师、学生、管理人员意见（Ridit 值大于 0. 5 项目）进行比较，可以汇总出表 3-6“调查对象意见综合表”。

表 3-6　调查对象意见综合表（“∨”表示 Ridit 值大于 0. 5 项目）

序号	影响学生专业教学满意度因素集	教师	学生	管理人员
1	学校办学目标	∨	∨	∨
2	专业目标	∨	∨	∨
3	毕业要求	∨	∨	∨
4	课程体系设置	∨	∨	∨
5	师生比	∨		∨
6	教师队伍结构	∨		∨
7	教师教学投入保障	∨	∨	∨
8	实验室	∨	∨	∨
9	教室			
10	实习、实践、实训基地等	∨	∨	∨
11	实验仪器设备	∨	∨	∨
12	图书资料	∨		
13	网络资源	∨	∨	∨
14	教学经费	∨		

续表

序号	影响学生专业教学满意度因素集	教师	学生	管理人员
15	学生学习支持情况	√	√	√
16	教师课前准备	√	√	√
17	教师教学态度	√	√	√
18	教师教学手段	√	√	√
19	教师教学水平	√	√	√
20	教师学术水平	√	√	√
21	教师教学内容	√	√	√
22	辅导答疑	√	√	√
23	作业批改	√	√	√
24	考试形式与内容	√	√	√
25	实践教学设置	√	√	√
26	实践教学内容与形式	√	√	√
27	实践教学效果检测	√	√	√
28	教师对毕业设计（论文）指导	√	√	√
29	专业整体培养效果	√	√	√
30	学生知识基础	√	√	√
31	学生自学能力	√	√	√
32	学生学习意愿	√	√	√
33	学生综合素质	√	√	√
34	学生学习态度	√	√	√
35	讲座	√		√
36	社团活动	√	√	√
37	课外科技活动	√	√	√
38	文体活动	√	√	√
39	社会调查	√		√
40	社会实践	√	√	√
41	教学管理人员态度	√	√	√
42	考试管理	√	√	√

续表

序号	影响学生专业教学满意度因素集	教师	学生	管理人员
43	教学管理制度	V	V	V
44	毕业教育与指导	V	V	V
45	就业去向与专业所学吻合度	V	V	V
46	毕业待遇与期望吻合度	V	V	V

从上面几个调查对象意见表可以看出，教学过程的各参与者尽管所处角色、地位不同，但对于影响人才培养质量因素看法大同小异。

第一，对于有些指标诸如学校办学目标、课程体系设置、教师教学态度、教师教学内容、实践教学等 40 项因素，统计分析和 Ridit 分析都显示，无论是教师、学生，还是管理人员，都普遍认为“非常重要”和“较重要”，选择“不重要”的人数较少。

第二，对于教室这个影响因素，三个不同群体认识稍有差异，但超过大多数认为教室对专业教学满意度的影响不是很重要。

第三，两种分析法都显示调查对象意见不一致的项目有 6 项：师生比、教师队伍结构、图书资料、教学经费、讲座、社会调查。这 6 项主要是学生认为对专业教学满意度影响不大。其中图书资料和教学经费两个项目，管理人员也认为对学生专业教学满意度影响不大。

此外，调查对象认为需增加的项目与提出的建议有：

（1）部分教师和管理人员认为影响满意度要素中的“实验仪器设备”属于实验室管理，建议改为“实验室管理”更为确切。该项建议中肯，予以采纳。

（2）部分教师认为工科院校实践教学对培养学生创新精神和动手能力非常重要，建议把“实践教学设置”改为“实践教学体系建设”更为合理。作为工科院校实践环节是本科教学不可缺少的重要环节，做好实践教学体系建设对于提高学生实践动手能力非常重要，也能有效改善学生满意度。这个建议予以采纳。

（3）部分教师和管理人员认为学校“人才培养模式”是影响人才质量的一个重要方面，成功的培养模式能增加学生满意度，决定采纳这一建议。

（4）部分教师和管理人员认为“毕业实习”是实践教学的一个重要环节，实习教师对学生毕业实习的指导是否到位、有效，对提升学生实践能力、增加学生满意度有重要影响。鉴于毕业实习对于培养学生实践能力的重要性，决定采纳这一建议。

（5）部分教师和管理人员认为“毕业设计（论文）质量控制”是检验学生专业学习成效非常重要的手段，学校对“毕业设计（论文）质量控制”是否得当、有效，对提升学生能力水平、增加学生满意度有重要影响。鉴于“毕业设计（论文）质量控制”对于检验学生学业情况的重要性，决定采纳这一建议。

（6）部分教师和管理人员认为学生的意愿和感受对影响满意度很重要，建议增加“向其他人推荐本校本专业意愿”“专业培养整体感受”两个因素。参考满意度研究相关文献，决定采纳这一建议。

3.1.4 影响专业教学满意度因素提炼

根据分析结果，本研究将调查对象意见 $\overline{R}$ 值均大于 0.5 的项目列入满意度影响因素体系，在此基础上，再综合专家的经验，从顶层设计、教学支持、教与学过程、管理与指导、专业意愿与感受等影响人才培养质量涉及的重要环节与方面，提炼影响学生专业教学满意度的关键因素，建立专业教学满意度影响因素模型，如表 3-7 所示。

表 3-7 影响专业教学满意度因素体系表

学生预期	学校印象与期望	人才培养理念与规格
培养目标	专业培养目标	专业目标
		毕业要求
课程设置	课程体系	课程体系设置
	培养模式	人才培养模式
专业软硬件	师资队伍	师生比、师资结构
		教学态度
		教学能力与水平
	学习条件	实验室、实习、实践、实训基地等
		图书资料
		网络资源
		教学经费
		学生学习支持系统
		学生知识基础与能力
		学生学习意愿与态度

续表

学生预期	学校印象与期望	人才培养理念与规格
教学过程	理论教学	教师课前准备
		教学内容与手段
		作业与答疑
		学生预习、复习与课后练习
	实践教学	考试形式与内容
		实践教学体系建设
		实践教学内容与形式
		课程设计（论文）
	课后拓展	毕业设计（论文）质量控制
		讲座
		社团活动
		课外科技活动
		文体活动
		社会调查
		社会实践
管理与指导	教学管理	教学管理人员态度
		考试（课程考核）管理
		教学管理制度
	教师指导	毕业实习指导
		毕业教育与指导
		毕业设计（论文）指导
就业信心	就业情况	就业去向与专业所学吻合度
		毕业待遇与期望吻合度
学生感受	意愿与感受	向其他人推荐本校本专业意愿
		专业培养整体感受

表 3-7 的各因素之间构成彼此的关联，从不同角度涵盖了专业人才培养活动整个过程中影响学生满意度的主要因素，同一级因素间不互相重复，可以确定为

影响学生专业教学满意度的关键因素。

3.2 专业教学满意度测评模型构建

专业教学满意度研究源于学生满意度研究，是将学生满意度研究内容限定在学生对专业教学的态度这个范围内，因此，在专业教学满意度研究中，关于测评模型的构建和量表的建立，不仅可以参考顾客满意度的相关研究，也需要借鉴学生满意度研究的已有成果。

3.2.1 大学生满意度测评模型借鉴

第2章中提到，满意度研究最初是开始于商业领域的“顾客满意度”调查，后来随着研究的深入，“顾客”的外延逐渐从产品领域扩展至服务领域，而随着社会各界对高等教育重视程度的逐步提高，满意度研究开始向高等教育领域深入，大学生满意度研究由此产生。大学生满意度测评模型和指标体系主要借鉴了成熟的顾客满意度理论研究框架，并根据研究目的和范畴进行适度调整。虽然在大学生满意度研究领域已有较多的测量工具和理论基础，但是目前还没有像顾客满意度ACSI一样、可以广泛推广的体系完善的测评模型（参见第2章的相关介绍）。

在我国大学生满意度测评研究中，林卉参考ACSI的核心概念和架构，构建了针对我国大学生的满意度模型，具体结构见图3-1。模型共有6个结构变量：学生满意度、学生感知质量、学生感知价值、学生预期质量、学校形象，以及学生忠诚。将这些变量逐层扩展为观测变量，再展开得到相应的满意度指标体系。我们利用结构方程方法，对各个变量间存在的因果联系进行分析，得到潜变量与观测变量间的线性关系，并且观测变量间的相关关系，通过计算得出潜变量的相对数值，从而得到观测变量对大学生满意度的影响系数。该大学生满意度测评模型和体系相对完整。

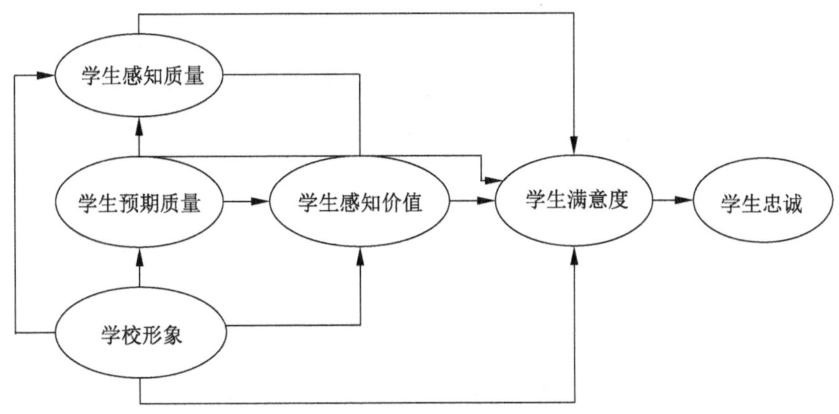

图 3-1　我国高校大学生满意度测评模型

林卉在《我国高校学生满意度指数测评研究》一文中，同样参考了 ACSI 的基本框架，并结合我国现阶段高等教育实际发展现状，构建了我国高校大学生满意度指数模型（CCSSI），见图 3-2。

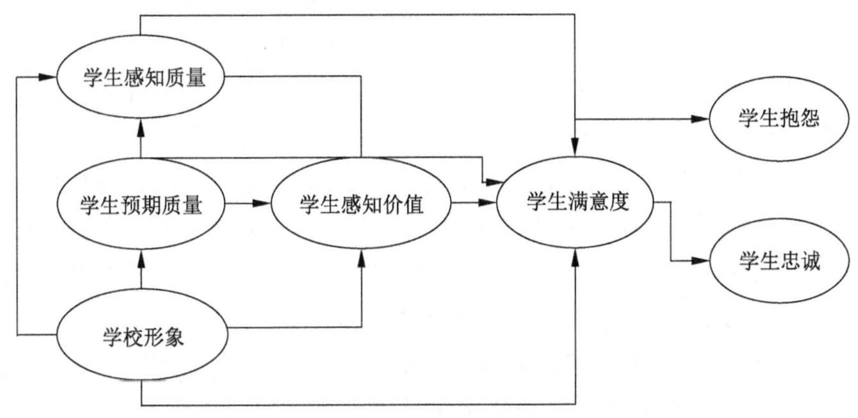

图 3-2　我国高校大学生满意度指数模型（CCSSI）

这一大学生满意度指数模型体现了我国高等教育的特色，具有一定的实用性和合理性。

3.2.2　专业教学满意度测评模型构建

本书借鉴美国顾客满意度测评模型，以及图 3-1、图 3-2 中的学生满意度测评模型，结合本课题组所做的满意度影响关键因素分析，从学生角度探讨大学生对待专业学习的态度，设计了大学生专业教学满意度测评模型，如图 3-3 所示。

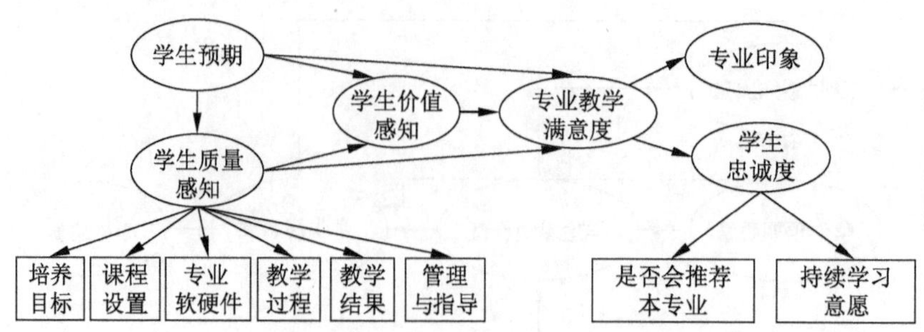

图 3-3　大学生专业教学满意度测评模型

本研究建构了大学生专业教学满意度测评模型（见图 3-3）。模型包括 5 个核心变量，其中，学生预期、学生质量感知和学生价值感知是原因变量，学生质量感知是核心变量，专业印象和学生忠诚度是结果变量。研究表明，在影响学生专业教学满意度的因素中，直接影响最大的是学生质量感知，学生质量感知有 6 个测评指标：培养目标、课程设置、专业软硬件、教学过程、教学结果、管理与指导。“学生忠诚度”是指大学生对专业学习各个方面的综合满意程度，主要包含对待所学专业的“持续学习意愿”“是否会推荐本专业”等。

本测评模型主要探究这些变量对大学生专业教学满意度的综合影响，通过全面阐述学生预期、学生质量感知、学生价值感知、专业印象和学生忠诚度之间的关系，构建了大学生专业教学满意度模型。大学生的专业满意度受到专业学习过程中各方面的影响，是综合性的结果变量，模型架构有效协调了 5 个核心变量之间的关系，在这种专业教学满意度体系的框架内，这些概念在高校教学层面已不再是相互冲突的东西，而是构成了一个有机的整体。长期以来，学校的教学模式、方法、手段等不停地转换，从重视老师的“教”到重视学生“学”的满意度，从关注学生价值感知到锻造学生忠诚度，这是高等教育教学发展的必然选择。

3.3　专业教学满意度测评指标体系构建

在大学生专业满意度测评模型中，学生预期、培养目标、专业软硬件、课程设置、教学过程、管理与服务、学生感知、就业信心及专业教学满意度这几个变量无法直接进行测量，需要逐一展开成可观测、可衡量的具体指标，然后实施测量，设计调查问卷。因此，构建一套合理、可行的专业教学满意度测评体系，不仅对测评模型的进一步实施有重要意义，更有利于对大学生的专业教学满意度进行科学、客观的测评。

根据上文构建的大学生专业教学满意度模型（见图 3-3），课题组从学生感知的角度出发，基于已有的国内外大学生满意度研究和自身的调查研究，找出与专业学习密切相关的评价指标，确定初步的调查问卷设计。然后通过小范围的问卷调查，并对部分专业学生进行访谈，根据所得到的反馈对问卷进行修订，初步构建出比较全面的、涵盖主要专业学习满意度结构要素的专业教学满意度指标体系（见表 3-8），再通过邮件等多种形式广泛征求意见，得出最终的专业教学满意度指标体系。

3.3.1　构建原则

专业教学满意度测评最重要的部分是建立测评的指标体系，它关系着专业教学满意度测评的科学性和准确性。建立本科毕业生专业教学满意度的测评指标体系主要遵循以下三个原则：

3.3.1.1　客观性原则

一要有科学的方法。从设计问卷内容，到开展问卷调查、数据分析，直到最后建立测评指标，都严格遵循问卷设计和调查的科学方法来进行，并利用科学的统计软件进行分析，最终使学习满意度的结构模型达到较好的适配度，使各项指标体系都符合完善量表的要求。二要有实事求是的态度。坚持客观性原则，对调查资料和数据客观对待，不进行主观的猜测，按照科学的态度建立专业教学满意度的指标体系。

3.3.1.2　辩证发展原则

任何事物都是发展变化的，大学生专业教学满意度的内容也不是一成不变的。随着社会的发展变化、学校的改革发展及学校之间的差异，专业教学满意度的指标体系也会有变化。对于专业教学满意度的研究，我们在参照以往研究的基础上，需要用辩证发展的眼光来看待研究对象。

3.3.1.3　理论联系实际原则

在理论研究的基础上，课题组结合学校实际情况来选择专业教学满意度的测评指标，每一个项目的设计都有理有据，一切从实际出发。每个学校的自身情况不同，专业教学满意度测评的题项设置也不同。不同办学层次、不同类型学校之间的差异较大，在教学、课程设置、校园文化等各方面的机制都不尽相同，在设计指标体系的时候肯定会有较大的差异。本研究在设计普通高校本科毕业生专业教学满意度量表时，切实以本课题组所在高校实际情况为中心，从学科大类学生发展本身出发，找出在人才培养过程中亟待解决的共同问题，在指标权重上对文管类与理工医类学生有所区别，建立一套能够精确反映普通高校本科生需求的测评指标体系。

3.3.2 专业教学满意度测评指标体系

根据初步筛选的专业教学满意度测评要素，初步拟定“培养目标了解度”“培养目标满意度”“专业课程体系设置与教材选用满意度”“专业理论教学满意度”“实践教学满意度”“考试情况满意度”“教育培养与指导满意度”“管理服务满意度”“希望学校进一步改进的地方”9个一级指标及下属28个二级指标。

通过发送电子邮件、开座谈会等多种途径和形式，向全校各专业带头人、教学院长、院长、教学条线骨干教师、专家和部分学生代表征求意见，对“专业教学满意度测评问卷”进行修改、完善，最终确定“目标了解度”“目标定位满意度”“课程设置与教材选用满意度”“师资队伍满意度”“理论教学满意度”“实践教学满意度”“毕业设计（论文）满意度”“考试满意度”“教学管理与服务满意度”“专业总体满意度”“影响专业满意度的因素及期盼”11个一级指标及下属40多个二级指标，见表3-8。

表3-8　大学生专业教学满意度测评指标体系

一级指标	二级指标
学生预期—— 学校与专业目标了解度	学生对学校、专业及其培养理念、规格、目标了解程度
培养目标—— 目标定位满意度	专业目标定位的社会需求吻合度、与专业实力符合度、与学校目标定位符合度、与学生发展期望符合度
课程设置—— 课程设置与教材选用满意度	对本专业教学计划与课程设置总体评价（含各类课程安排比例合理程度、课程先后安排合理程度、课程对专业知识技能提升帮助度）；主干课程选用教材
专业软硬件—— 师资队伍满意度	任课教师教学能力总体评价，教师学术水平总体评价，教师敬业精神总体评价，师资队伍总体实力
教学过程—— 理论教学满意度	课堂教学内容、教学方式方法、师生互动、创新与动手能力等综合素质培养、课后互动与沟通、学业导师学习指导

续表

一级指标	二级指标
教学过程——实践教学满意度	设计性、综合性实验所占比例，重复性、验证性实验所占比例，实验课创新、动手能力培养，(工程）实训教学现实情景的模拟呈现，（工程）实训教学专业（工程）综合素质，毕业实习期间教师指导
教学结果——毕业设计（论文）满意度	毕业论文（设计）指导频度与质量
教学结果——考试满意度	考试内容、方式及考试管理
管理服务——教学管理与服务满意度	管理人员的服务态度、教学和管理过程中的信息公开、就业指导与支持等
专业总体满意度——学生忠诚度、专业总体印象	对所学专业的态度，是否向亲戚朋友推荐本专业
学生感知——影响专业满意度的因素及期盼	对专业教学整体感受、满意度影响因素感知

在大学生专业满意度测评体系中，需要根据二级指标也就是观测指标进行测量，二级指标也是学生满意度调查问卷中的问题来源。将指标一一具体化，可以转化成调查量表对学生的专业满意度情况进行调查。观测指标对上级指标的内涵的体现程度直接影响了测评量表对大学生专业满意度真实性的反映程度。接下来我们以指标体系为依据，进行大学生专业满意度调查问卷的设计，将定性研究转为定量研究。

3.4　专业教学满意度问卷设计

3.4.1　专业教学满意度调查问卷设计

本问卷设计分为两部分，第一部分是问卷说明，即态度诚恳地向被调查对象介绍调查工作的意义与内容，目的是获得学生的支持和理解，以保证问卷回答的质量。第二部分是问卷的主体部分，即问题部分。它分为事实性问题和主观性问题，前者主要由了解被调查者背景资料的几个小问题组成。后者是根据“大学生专业教学满意度测评指标体系表”中的测量变量转化成的问卷的具体内容，即大学生专业教学满意度中影响学生满意度最为重要的若干个小方面的单项内容，其中每一小题分为五个影响学生满意度的维度。

本着持续改进原则，我们每年在测评之后，通过调研征询意见，对问卷进行修改，以2018年的问卷为例，如表3-9所示：

表3-9　专业教学满意度调查问卷（2018年度）

亲爱的同学：

您好！

首先，恭喜您顺利完成本科学业。在您即将离开母校之际，我们热诚地邀请您做一份“毕业生对学校专业教学满意度调查”问卷，主要是了解您在读期间对学校专业教学方面的满意度，从各位的反映来全面掌握我校各专业人才培养方案的执行效果。您所提供的信息将为学校、学院的教学质量保障体系建设和专业教学质量的持续改进提供重要参考。本问卷是无记名调查，仅用于统计分析，我们将严格遵循《中华人民共和国统计法》中的保密原则，请认真填写您的真实看法。感谢您的合作！

一、个人基本情况：

1. 您所在学院：

2. 您所读专业：

3. 您的性别（　　）

A. 男　　　　B. 女

二、具体情况调查：

1. 您了解本专业的培养目标吗？（　　）

A. 很了解　B. 了解　C. 一般　D. 不了解　E. 很不了解

2. 您对本专业目标定位的综合评价。（多选题）

很满意　满意　一般　不满意　很不满意

2a 与社会需求的吻合度（　　）（　　）（　　）（　　）（　　）

2b 与专业实力符合度（　　）（　　）（　　）（　　）（　　）

2c 与学校目标定位符合度（　　）（　　）（　　）（　　）（　　）

2d 与学生发展期望符合度（　　）（　　）（　　）（　　）（　　）

3. 您对本专业教学计划与课程设置的总体评价。（多选题）

很满意　满意　一般　不满意　很不满意

3a 各类课程安排比例合理程度（　　）（　　）（　　）（　　）（　　）

3b 课程先后安排合理程度（　　）（　　）（　　）（　　）（　　）

3c 课程对专业知识技能提升帮助度（　　）（　　）（　　）（　　）（　　）

4. 您对本专业主干课程选用的教材满意吗？（　　）

A. 90%以上满意　B. 80%以上满意　C. 70%以上满意　D. 60%以上满意

E. 59%以下不满意

续表

5. 您对本专业主要课程课堂教学内容满意吗？（　　） A. 90%以上满意　B. 80%以上满意　C. 70%以上满意　D. 60%以上满意 E. 59%以下不满意 6. 您对本专业主要课程课堂教学方式方法满意吗？（　　） A. 90%以上满意　B. 80%以上满意　C. 70%以上满意　D. 60%以上满意 E. 59%以下不满意 7. 您对本专业主要课程课堂教学师生互动情况满意吗？（　　） A. 90%以上满意　B. 80%以上满意　C. 70%以上满意　D. 60%以上满意 E. 59%以下不满意 8. 您对本专业创新、动手能力等综合素质培养满意吗？（　　） A. 很满意　B. 满意　C. 一般　D. 不满意　E. 很不满意 9. 您对本专业教师课后互动与沟通满意吗？（　　） A. 90%以上满意　B. 80%以上满意　C. 70%以上满意　D. 60%以上满意 E. 59%以下不满意 10. 您对学业导师对您的学习指导满意吗？（　　） A. 很满意　B. 满意　C. 一般　D. 不满意　E. 很不满意 11. 您认为本专业设计性、综合性实验所占比例有（　　）。 A. 60%以上　B. 50%以上　C. 49%以下　D. 30%以下　E. 20%以下 12. 您认为本专业重复性、验证性实验所占比例有（　　）。 A. 60%以上　B. 50%以上　C. 49%以下　D. 30%以下　E. 20%以下 13. 您对本专业实验课创新、动手能力培养情况满意吗？（　　） A. 90%以上满意　B. 80%以上满意　C. 70%以上满意　D. 60%以上满意 E. 59%以下不满意 14. 您对专业（工程）实训教学现实情景的模拟呈现情况满意吗？（　　） A. 90%以上满意　B. 80%以上满意　C. 70%以上满意　D. 60%以上满意 E. 59%以下不满意 15. 您对专业（工程）实训教学专业（工程）综合素质情况满意吗？（　　） A. 90%以上满意　B. 80%以上满意　C. 70%以上满意　D. 60%以上满意 E. 59%以下不满意 16. 您对毕业实习期间教师指导情况满意吗？（　　） A. 很满意　B. 满意　C. 一般　D. 不满意　E. 很不满意 17. 您对教师毕业论文（设计）的指导频度满意吗？（　　） A. 很满意　B. 满意　C. 一般　D. 不满意　E. 很不满意

续表

18. 您对教师毕业论文（设计）的指导质量满意吗？（ ） A. 很满意 B. 满意 C. 一般 D. 不满意 E. 很不满意 19. 您对本专业主要课程考试检验能力达成情况满意度吗？（ ） A. 90%以上满意 B. 80%以上满意 C. 70%以上满意 D. 60%以上满意 E. 59%以下不满意 20. 您对本专业主要课程考试试卷内容覆盖面满意吗？（ ） A. 90%以上满意 B. 80%以上满意 C. 70%以上满意 D. 60%以上满意 E. 59%以下不满意 21. 您对学院的考试风气满意吗？（ ） A. 很满意 B. 满意 C. 一般 D. 不满意 E. 很不满意 22. 您对本专业任课教师教学能力总体评价。（ ） A. 很好 B. 较好 C. 一般 D. 较差 E. 很差 23. 您对本专业任课教师学术水平总体评价。（ ） A. 很好 B. 较好 C. 一般 D. 较差 E. 很差 24. 您对本专业任课教师敬业精神总体评价。（ ） A. 很好 B. 较好 C. 一般 D. 较差 E. 很差 25. 您对本专业师资队伍总体实力满意吗？（ ） A. 很满意 B. 满意 C. 一般 D. 不满意 E. 很不满意 26. 您对本院教学管理人员的服务态度满意吗？（ ） A. 很满意 B. 满意 C. 一般 D. 不满意 E. 很不满意 27. 您对学院教学和管理过程中的信息公开状况满意吗？（ ） A. 很满意 B. 满意 C. 一般 D. 不满意 E. 很不满意 28. 您对学院的求职就业指导与支持满意吗？（ ） A. 很满意 B. 满意 C. 一般 D. 不满意 E. 很不满意 29. 您对自己所学专业的态度。（ ） A. 很喜欢 B. 喜欢 C. 一般 D. 不喜欢 E. 很不喜欢 30. 您毕业后的就业去向和本专业相关吗？（ ） A. 密切相关 B. 相关 C. 一般 D. 不怎么相关 E. 不相关 31. 如果您的亲戚或朋友报考本校，您会向他推荐本专业吗？（ ） A. 强烈推荐 B. 给予介绍 C. 试情况而论 D. 不推荐 E. 坚决反对 32. 影响您对本专业最满意的因素是（ ）？（多选） A. 师资力量雄厚 B. 学习机会多（讲座、论坛等） C. 考试测评到位 D. 专业技能提升度高 E. 图书资料丰厚 F. 教学设备完善 G. 学习氛围好

续表

H. 实践实习机会多　I. 奖助学金资源丰富 33. 您认为本专业存在最突出的问题是（　　）?（多选） A. 培养目标定位不准确　B. 缺乏个性化培养　C. 教学硬件不能满足要求 D. 教师队伍实力有限　E. 教材于教学内容陈旧　F. 选修课数量不足、课程安排冲突 G. 案例教学不足　　　H. 实践实习机会少 34. 您认为本专业教学中最需要改善或加强的是（　　）?（多选） A. 师资水平　B. 教学内容　C. 教学模式　D. 考核测评方式　E. 师生交流　F. 硬件设备 G. 图书、资料、讲座、论坛等教育资源

3.4.2　问卷权重设置

由于每一测评指标的变化对大学生满意指数变化的影响程度是有所不同的，为了明确各项指标在测评指标体系中不同的重要性程度，需要分别赋予各项指标不同的权重。权重如何确定是测评指标体系设计中不可忽略的关键一步，对于能否客观、真实地反映大学生满意度至关重要。为此，我们先了解常见的权重设置方法，然后根据本研究实际明确问卷权重设置方法。

3.4.2.1　几种常见方法

（1）主观赋权法。在满意度指数测评指标体系选定后，测评人员在征求有关专家意见的基础上，根据自身知识和经验直接赋予各项指标权重。这种方法虽含有一定的主观性，但他们是在征求专家意见的基础上进行的，而且自身也是具备了丰富的理论知识和长期的实践经验，所以，这种主观也有着客观的基础。

（2）客观赋权法。这是根据调查数据，通过比较后客观地决定各项指标的权重。它又分为以下几种方法：

① 层次分析法。它是通过测评指标的两两比较，使复杂的、无序的定性问题能够进行量化处理，然后根据各测评指标的相对重要性来确定权重。使用这种方法需要得到一个两两比较的判断矩阵来进行判断。这需要得到顾客的配合，在现实中实施起来有难度。

② 直接打分法。这是顾客根据重要性从低到高（如 1~10）进行打分。这种方法效率高、成本低，且评分主体是顾客，测评结果能直接真实地反映顾客实际的满意水平。

③ 等级标度法。这种方法是先对各指标确定不同的重要等级，常用的是五级标度，即很重要、重要、一般、不重要、很不重要。再通过问卷调查，统计计算得到各指标的权重。等级标度法易于理解，与直接打分法一样具有效率高、成本低、真实反映顾客意愿等优点，但偶然性大于直接打分法。

3.4.2.2　本研究采取的赋值方法

本研究采用主、客观相结合的赋权法。

首先，分类赋值与专家直接赋分法相结合。

各一级指标的权重按理工医类和文管类分类赋值。然后在征求专家意见的基础上给各个一级指标附上权重。具体如下：

理工医类：目标定位满意度 7%、课程设置满意度 10%、教学效果满意度 20%、实践教学满意度 15%、毕业设计（论文）满意度 5%、考试情况满意度 8%、师资队伍满意度 12%、管理服务满意度 3%、专业总体满意度 20%。

文管类：目标定位满意度 7%、课程设置满意度 10%、教学效果满意度 25%、实践教学满意度 10%（文管类学院专业实验课满意度相关指标不列入其中）、毕业设计（论文）满意度 5%、考试情况满意度 8%、师资队伍满意度 12%、管理服务满意度 3%、专业总体满意度 20%。

其次，对于每一个二级小指标，采取等级标度法。把指标的重要性划分为很重要、重要、一般、比较重要、不重要五个等级，或者把满意度程度划分为很满意、满意、一般、比较满意、不满意五个等级。

3.4.3　问卷检验

本研究采用分层抽样法，抽取本课题组所在高校 2014 届 21 个学院的应届本科生 1200 人，收回问卷 1108 份，其中有效问卷 1100 份。首先运用 SPSS16.0 统计软件，对问卷调查所得到的相关数据进行数理统计，并对专业教学满意度量表进行检验（见表 3-10）；然后运用 AMOS16.0 结构方程模型验证量表结构的合理性（见表 3-11）。

表 3-10　问卷信度检验表

一级指标	题项	标准阿尔法值	备注
目标了解度	1、2	0.874	标准阿尔法值： 0.5 以下表示工具的信度为不可接受水平； 0.5~0.7 为可接受水平； 0.7 ~ 0.9 为较好水平； 0.9 以上为很好水平
目标满意度	3、4	0.864	
课程设置满意度	5、6	0.673	
理论教学满意度	7、8、9、10	0.929	
实践教学满意度	11、12、13、14、15、16、19	0.929	
考试满意度	17、18	0.805	
管理与服务满意度	20、21、22、23	0.869	
教学管理满意度	24、25、26、27	0.894	

表 3-11　问卷效度检验表

项间相关性矩阵								
一级指标	目标了解度	目标满意度	课程设置满意度	理论教学满意度	考试满意度	管理与服务满意度	实践教学满意度	教学管理满意度
目标了解度	1	0.713	0.587	0.55	0.547	0.601	0.625	0.576
目标满意度	0.713	1	0.719	0.623	0.655	0.705	0.757	0.691
课程设置满意度	0.587	0.719	1	0.777	0.65	0.674	0.742	0.666
理论教学满意度	0.55	0.623	0.777	1	0.636	0.673	0.712	0.623
考试满意度	0.547	0.655	0.65	0.636	1	0.774	0.815	0.751
教育指导满意度	0.601	0.705	0.674	0.673	0.774	1	0.847	0.843
实践教学满意度	0.625	0.757	0.742	0.712	0.815	0.847	1	0.808
教学管理满意度	0.576	0.691	0.666	0.623	0.751	0.843	0.808	1

本问卷的效标关联效度通过相关分析来检验，相关系数大于 0.5 说明结构效度合格。从以上信度、效度分析可知，本问卷“理论教学满意度”“实践教学满意度”指标信度达到很好水平，“课程设置满意度”达到可接受水平，其他均为较好水平。问卷结构效度均在 0.5 至 0.85 之间，效度可接受。说明问卷设置符合要求。

第4章 × 2017年专业教学满意度测评实践

4.1 调查样本

2017 年度，某校本科生专业教学满意度测评调查对象为 2017 年毕业的 5463 位本科生，共有 5420 人参与了调查，涉及 23 个学院（含无锡机电学院）的 95 个专业，参与率 99.21%，有效率 100%。具体见表 4-1。

表 4-1　2017 年全校总体参与情况统计表

分类	全校学院数	参评学院	全校专业数	参评专业数	毕业生数	参评人数	参评率
文管类	8	8	31	31	1698	1693	99.71%
理工医类	15	15	64	64	3765	3727	98.99%

4.2 专业教学满意度总体情况

4.2.1 全校总体满意度情况

此次调查结果显示某校毕业生对专业教学满意度的总体均分为 78.78 分，其中毕业设计（论文）满意度得分最高，师资队伍满意度次之，课堂教学满意度相对较低（见表 4-2）。具体从人文社科和理工医两大类描述各学院、专业毕业生满意度情况。

表 4-2　2017 年度全校毕业生总体满意度均分

总体满意度	目标定位	课程设置	课堂教学	实践教学	毕业设计（论文）	课程考核	师资队伍	管理服务	专业态度取向
78.78	78.75	76.48	72.71	77.52	87.07	78.05	86.20	82.21	75.75

4.2.2 文管类总体满意度

2017 年度文管类各学院毕业生总体满意度如表 4-3 所示。

表 4-3　2017 年度文管类各学院毕业生总体满意度均分表①

学院	均值	排名
外语	83.77	1
法学	83.53	2
教育	83.38	3
艺术	82.33	4
马克思	81.57	5
管理	79.35	6
学校均值	78.78	
财经	76.13	7
文学	75.48	8

注：以学校均值为参照系，均值以上为高于学校平均水平，均值以下为低于学校平均水平，下同。

从文管类 8 个学院总体满意度来看，6 个学院高于全校均值，2 个学院低于全校均值。其中，外国语学院最高，文学院最低。

2017 年度文管类各专业毕业生总体满意度如表 4-4 所示。

表 4-4　2017 年度文管类各专业毕业生总体满意度均分表

人文类专业排名	专业名称	均值
1	公共艺术	89.70
2	数字媒体艺术	88.74
3	美术学（师范）	87.64
4	工商管理	86.56
5	英语	86.08
6	产品设计	84.53
7	公共事业管理（医疗保险）	84.07
8	法学	83.53
9	教育技术学（师范）	83.38

① 本书中学院均为简称，表 4-3 中依次为外国语学院、法学院、教师教育学院、艺术学院、马克思主义学院、管理学院、财经学院、文学院。

续表

人文类专业排名	专业名称	均值
10	思想政治教育（师范）	81.57
11	能源经济	80.25
12	工业工程	80.12
13	日语	80.04
14	环境设计	79.15
15	市场营销	79.04
16	汉语言文学	78.94
17	电子商务	78.87
	学校均值	78.78
18	工业设计	78.42
19	统计学	77.94
20	视觉传达设计	77.66
21	财务管理	77.52
22	信息管理与信息系统	77.44
23	财政学	76.61
24	国际经济与贸易	75.97
25	人力资源管理	75.81
26	会计学	75.44
27	保险学	75.14
28	金融学	74.90
29	动画	74.74
30	物流管理	74.72
31	汉语国际教育	64.72

2017 年文管类 31 个专业中，17 个专业得分高于学校均值，约占 54.84%。公共艺术最高，为 89.70 分，汉语国际教育最低，为 64.72 分，高低相差约 15 分。

4.2.3 理工医类总体满意度

2017 年度理工医类各学院毕业生总体满意度见表 4-5。

表 4-5　2017 年度理工医类各学院毕业生总体满意度均分表①

学院	均值	排名
农装	81.64	1
理学	81.37	2
计算机	80.62	3
机械	80.12	4
化工	79.96	5
无锡机电	79.93	6
食品	79.85	7
材料	79.66	8
药学	78.82	9
学校均值	78.78	
汽车	78.66	10
环境	78.30	11
土木	77.66	12
电气	76.94	13
能动	76.52	14
医学	73.89	15

2017 年理工医类 15 个学院中，9 个学院得分高于学校均值，占 60%。农装学院得分最高为 81.64 分，医学院得分最低为 73.89 分，高低相差约 7.75 分。

2017 年度理工医类各专业毕业生总体满意度见表 4-6。

表 4-6　2017 年度理工医类各专业毕业生总体满意度均分表

理工医类	专业名称	均值
1	数学类（中外合作办学）（数学与应用数学）	90.16
2	生物技术	86.90
3	高分子材料与工程	85.23

① 表中依次是农业装备工程学院、理学院、计算机科学与通信工程学院、机械工程学院、化学化工学院、无锡机电学院、食品与生物工程学院、材料科学与工程学院、药学院、汽车与交通工程学院、环境与安全工程学院、土木工程与力学学院、电气信息工程学院、能源与动力工程学院、医学院的简称。

续表

理工医类	专业名称	均值
4	电气工程及其自动化（卓越）	84.56
5	冶金工程	84.25
6	机械电子工程	83.72
7	通信工程	83.20
8	测控技术与仪器	83.12
9	数学与应用数学（师范）	83.08
10	电气工程及其自动化（无锡机电学院）	82.82
11	安全工程	81.74
12	农业机械化及其自动化	81.64
13	化学工程与工艺	81.40
14	网络工程	81.37
15	数学与应用数学	81.36
16	能源与动力工程（动力机械工程及自动化）	81.18
17	药物制剂	80.85
18	计算机科学与技术	80.80
19	金属材料工程	80.73
20	化学	80.62
21	交通工程	80.58
22	机械设计制造及其自动化（无锡机电）	80.48
23	软件工程	79.88
24	卫生检验与检疫	79.79
25	土木工程	79.75
26	光电信息科学与工程	79.60
27	信息安全	79.46
28	药学	79.27
29	食品科学与工程	79.26
30	自动化	79.22
31	物理学（师范）	79.19
32	市场营销（无锡机电学院）	79.05
33	物联网工程（计算机）	78.93
	学校均值	78.78

续表

理工医类	专业名称	均值
34	机械设计制造及其自动化（机械）	78.60
35	车辆工程（卓越）	78.39
36	应用化学	78.12
37	车辆工程	78.07
38	机械设计制造及其自动化（卓越）	77.86
39	建筑环境与能源应用工程	77.68
40	信息与计算科学	77.49
41	食品质量与安全	77.42
42	物联网工程（无锡机电）	77.35
43	无机非金属材料工程	77.30
44	电气工程及其自动化	77.15
45	能源与动力工程	77.14
46	工程力学	77.02
47	复合材料与工程	76.66
48	材料成型及控制工程	76.60
49	环保设备工程	76.59
50	制药工程	76.40
51	环境工程	76.33
52	能源与动力工程（流体机械及其自动控制）	76.02
53	农业电气化	75.93
54	生物医学工程	75.77
55	电子信息工程	75.77
56	新能源科学与工程	75.74
57	能源与动力工程（流体机械及其自动控制卓越）	75.71
58	医学影像学	74.90
59	交通运输	74.74
60	工程管理	74.22
61	临床医学	73.96
62	医学检验技术	73.04
63	护理学	70.03
64	电子信息科学与技术	68.42

2017 年理工医类中 64 个专业中，33 个专业得分高于学校均值，约占 51.56%。其中，数学类（中外合作办学）（数学与应用数学）最高，电子信息科学技术最低，专业间相差 21.74 分。

4.3 目标定位满意度

全校学生对本专业培养目标了解程度总体情况见图 4-1（由于数值修约，有 0.01 的误差）。

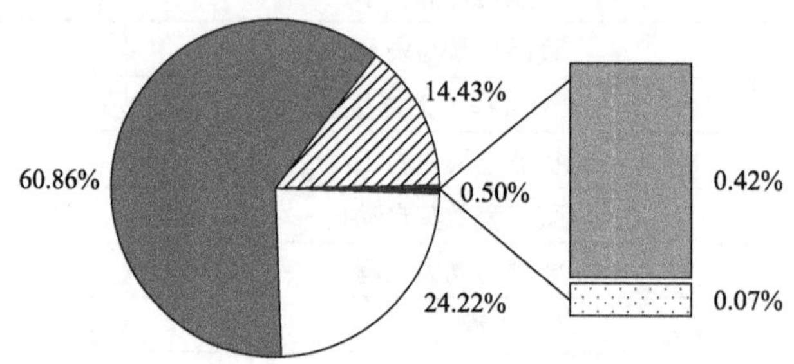

图 4-1　全校学生对本专业培养目标了解程度百分比

各学院学生对专业的培养目标了解程度见图 4-2。

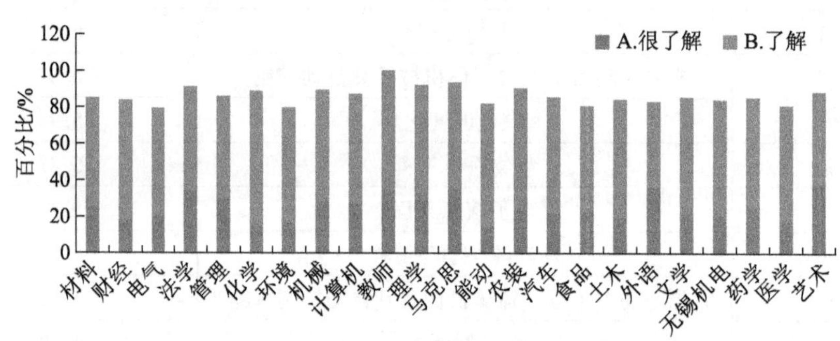

图 4-2　各学院对专业的培养目标了解程度百分比

全校毕业生对本专业培养目标表示“很了解”的占 24.22%，表示“了解”的占 60.86%，“很了解”“了解”两项占比之和超过 85%。对培养目标表示“很了解”和“了解”两项占比之和超过 90%的有 5 个学院，教师教育学院最高，低于 80%的有 2 个学院，电气学院和环境学院较低。对培养目标“不了解”和“很不了解”的毕业生一共 27 位，占 0.5%。

4.3.1　文管类学院、专业比较

2017 年度文管类各学院毕业生“目标定位满意度”见表 4-7。

表 4-7　2017 年度文管类各学院毕业生“目标定位满意度”分指标均分表

排名	学院	2017 年（总）	社会需求吻合度	专业实力符合度	学校目标符合度	学生期望符合度
1	马克思	86.29	86.29	86.29	87.10	85.48
2	法学	85.01	85.77	85.98	84.35	83.94
3	教师	82.62	82.81	83.59	83.59	80.47
4	外语	82.35	81.67	82.88	83.64	81.21
5	艺术	80.71	81.42	80.57	80.94	79.91
6	管理	80.08	79.84	81.10	80.62	78.77
	学校均值	78.75	79.29	79.75	78.99	76.98
7	财经	74.87	75.70	76.21	74.70	72.89
8	文学	74.05	75.50	75.50	73.34	71.85

文管类 8 个学院中，有 6 个学院得分高于学校均值，学院间高低相差 12.24 分。

2017 年度文管类各专业毕业生“目标定位满意度”见表 4-8。

表 4-8　2017 年度文管类各专业毕业生“目标定位满意度”分指标均分表

排名	专业	2017 年（总）	社会需求吻合度	专业实力符合度	学校目标符合度	学生期望符合度
1	工商管理	89.23	89.23	89.23	89.23	89.23
2	数字媒体艺术	88.39	90.18	88.39	88.39	86.61
3	思想政治教育（师范）	86.29	86.29	86.29	87.10	85.48
4	英语	86.03	85.29	86.27	87.99	84.56
5	法学	85.01	85.77	85.98	84.35	83.94
6	美术学（师范）	84.91	83.62	84.48	87.07	84.48
7	公共艺术	84.66	84.09	82.95	88.64	82.95
8	产品设计	83.16	83.67	84.18	82.65	82.14

续表

排名	专业	2017 年（总）	社会需求吻合度	专业实力符合度	学校目标符合度	学生期望符合度
9	公共事业管理（医疗）	82.64	81.48	83.33	85.19	80.56
10	教育技术学（师范）	82.62	82.81	83.59	83.59	80.47
11	视觉传达设计	80.21	80.00	80.83	78.33	81.67
12	市场营销	79.91	79.46	79.91	82.59	77.68
13	工业工程	79.24	80.93	80.51	79.24	76.27
	学校均值	78.75	79.29	79.75	78.99	76.98
14	汉语言文学	78.32	78.48	78.70	79.57	76.52
15	人力资源管理	78.13	77.50	79.17	79.58	76.25
16	工业设计	77.84	78.03	78.03	77.27	78.03
17	信息管理与信息系统	77.50	77.50	79.17	75.83	77.50
18	电子商务	77.40	75.96	80.77	77.88	75.00
19	财务管理	77.21	78.46	76.92	78.46	75.00
20	日语	76.39	75.79	77.38	76.59	75.79
21	环境设计	76.32	78.37	75.00	77.40	74.52
22	物流管理	76.06	75.00	77.31	76.15	75.77
23	国际经济与贸易	75.80	76.36	78.64	74.55	73.64
24	会计学	75.29	77.33	76.83	74.00	73.00
25	金融学	75.11	77.50	75.91	73.86	73.18
26	统计学	75.00	71.55	77.59	78.45	72.41
27	保险学	73.21	74.11	75.00	72.32	71.43
28	动画	71.31	73.86	71.59	69.32	70.45
29	财政学	71.17	67.74	74.19	70.97	71.77
30	能源经济	70.26	67.24	69.83	75.86	68.10
31	汉语国际教育	60.42	65.97	65.28	53.47	56.94

文管类 31 个专业中，有 13 个专业在该项指标上的得分高于学校均值，占 41.94%；其中工商管理、数字媒体艺术和思想政治教育（师范）专业居前 3 位，财政学、能源经济和汉语国际教育居后 3 位。专业间高低相差近 30 分。

4.3.2　理工医类学院、专业比较

2017 年度理工医类各学院毕业生“目标定位满意度”见表 4-9。

表 4-9　2017 年度理工医类各学院毕业生“目标定位满意度”分指标均分表

排名	学院	2017 年（总）	社会需求吻合度	专业实力符合度	学校目标符合度	学生期望符合度
1	理学	82.84	83.08	82.46	83.33	82.46
2	机械	81.69	82.99	82.73	82.14	78.90
3	农装	81.55	81.55	83.33	83.33	77.98
4	计算机	81.32	81.85	82.51	81.20	79.74
5	无锡机电	80.61	81.12	81.65	80.47	79.18
6	材料	78.85	78.79	80.13	80.65	75.82
7	药学	78.85	78.05	80.34	78.35	78.66
	学校均值	78.75	79.29	79.75	78.99	76.98
8	汽车	78.61	78.71	80.18	78.64	76.89
9	环境	78.20	79.13	80.12	78.54	75.00
10	化工	77.73	77.07	78.01	78.20	77.63
11	土木	77.45	78.59	79.08	75.98	76.14
12	电气	76.92	79.12	77.16	76.54	74.86
13	能动	76.52	77.23	77.23	77.97	73.66
14	食品	75.84	72.34	78.55	78.37	74.11
15	医学	75.48	77.24	76.31	74.50	73.88

理工医类 15 个学院中，7 个学院该项指标得分高于学校均值，其中理学院最高，医学院最低，高低相差约 7.4 分。

2017 年度理工医类各专业毕业生“目标定位满意度”见表 4-10。

表 4-10　2017 年度理工医类各专业毕业生“目标定位满意度”分指标均分表

排名	专业	2017 年（总）	社会需求吻合度	专业实力符合度	学校目标符合度	学生期望符合度
1	数学类（中外合作办学）（数学与应用数学）	90.34	90.91	90.91	90.91	88.64
2	数学与应用数学（师范）	89.08	90.00	88.33	89.00	89.00

续表

排名	专业	2017 年（总）	社会需求吻合度	专业实力符合度	学校目标符合度	学生期望符合度
3	电气工程及其自动化（卓越）	86.77	88.37	86.63	87.21	84.88
4	高分子材料与工程	86.75	86.64	88.79	85.78	85.78
5	机械电子工程	85.96	88.11	86.48	87.30	81.97
6	测控技术与仪器	85.23	85.45	88.64	82.27	84.55
7	能源与动力工程（动力机械工程及自动化）	83.94	84.03	84.72	83.68	83.33
8	电气工程及其自动化（无锡机电学院）	83.59	84.82	83.93	83.48	82.14
9	计算机科学与技术	83.37	84.75	85.17	83.05	80.51
10	生物技术	83.33	83.33	82.29	84.38	83.33
11	安全工程	83.06	84.44	85.56	80.56	81.67
12	药物制剂	83.00	82.89	83.77	83.77	81.58
13	通信工程	82.94	81.78	82.63	84.75	82.63
14	冶金工程	82.94	83.78	85.14	83.78	79.05
15	软件工程	82.04	84.52	82.54	81.75	79.37
16	农业机械化及其自动化	81.55	81.55	83.33	83.33	77.98
17	机械设计制造及其自动化（无锡机电）	81.14	82.20	81.78	81.36	79.24
18	市场营销（无锡机电学院）	80.83	80.93	81.78	81.36	79.24
19	自动化	80.81	82.35	80.59	81.18	79.12
20	机械设计制造及其自动化（机械）	80.61	81.93	81.17	81.78	77.56
21	金属材料工程	80.51	79.90	78.43	84.31	79.41
22	物理学（师范）	80.34	82.27	78.64	81.36	79.09
23	网络工程	80.19	80.66	81.60	79.25	79.25
24	光电信息科学与工程	80.17	81.90	81.90	80.17	76.72
25	化学工程与工艺	80.02	81.37	80.88	78.43	79.41
26	车辆工程	79.95	79.23	81.92	80.58	78.08
27	信息安全	79.75	79.17	81.94	79.63	78.24

续表

排名	专业	2017 年（总）	社会需求吻合度	专业实力符合度	学校目标符合度	学生期望符合度
28	医学影像学	79.62	82.61	78.80	78.26	78.80
29	数学与应用数学	79.36	77.27	80.30	80.30	79.55
30	物联网工程（计算机）	79.20	79.55	80.91	78.18	78.18
31	土木工程	79.14	79.82	81.33	78.01	77.41
32	电气工程及其自动化	79.06	80.31	80.31	77.81	77.81
	学校均值	78.75	79.29	79.75	78.99	76.98
33	交通工程	78.49	80.77	79.81	76.44	76.92
34	化学	78.43	75.81	77.42	81.45	79.03
35	药学	78.38	79.00	79.00	77.00	78.50
36	能源与动力工程（流体机械及其自动控制卓越）	78.32	81.63	79.59	78.06	73.98
37	机械设计制造及其自动化（卓越）	77.50	78.33	77.22	78.89	75.56
38	环境工程	77.24	78.30	78.77	79.72	72.17
39	能源与动力工程（流体机械及其自动控制）	77.17	75.00	78.13	81.94	73.61
40	能源与动力工程	76.95	77.12	77.59	79.01	74.06
41	物联网工程（无锡机电）	76.83	76.29	78.88	75.86	76.29
42	车辆工程（卓越）	76.74	76.85	78.24	78.24	73.61
43	临床医学	76.68	79.87	77.18	74.50	75.17
44	复合材料与工程	76.25	75.45	78.18	77.73	73.64
45	材料成型及控制工程	76.13	78.92	77.11	77.41	71.08
46	工程管理	75.68	77.72	76.63	75.00	73.37
47	食品科学与工程	75.40	70.63	78.97	79.76	72.22
48	建筑环境与能源应用工程	75.26	82.65	73.47	71.94	72.96
49	制药工程	75.11	72.37	78.07	74.12	75.88
50	应用化学	75.00	73.53	75.49	75.98	75.00
51	工程力学	75.00	76.04	76.04	70.83	77.08
52	新能源科学与工程	74.59	72.13	76.64	76.23	73.36

续表

排名	专业	2017年（总）	社会需求吻合度	专业实力符合度	学校目标符合度	学生期望符合度
53	电子信息工程	74.48	77.08	75.00	72.92	72.92
54	护理学	73.21	75.00	77.14	70.00	70.71
55	食品质量与安全	73.03	69.44	76.39	74.07	72.22
56	无机非金属材料工程	72.60	68.75	75.48	77.40	68.75
57	环保设备工程	72.41	72.41	74.14	73.28	69.83
58	卫生检验与检疫	72.19	72.50	75.00	73.75	67.50
59	信息与计算科学	71.76	69.44	73.15	72.22	72.22
60	医学检验技术	71.58	70.52	72.88	72.88	70.05
61	生物医学工程	71.25	74.00	74.00	70.00	67.00
62	农业电气化	70.69	71.55	68.97	74.14	68.10
63	交通运输	69.39	69.39	71.43	68.88	67.86
64	电子信息科学与技术	66.80	72.40	66.15	65.10	63.54

理工医类64个专业中，32个专业在该项指标上的得分高于全校均值，占50%；其中数学类（中外合作办学）（数学与应用数学）、数学与应用数学（师范）和电气工程及其自动化（卓越）专业居前3位，农业电气化、交通运输和食品质量与电子信息科学与技术居后3位。专业间高低相差约24分。

4.4 课程设置满意度

4.4.1 文管类学院、专业比较

2017年度文管类各学院毕业生“课程设置满意度”见表4-11。

表4-11 2017年度文管类各学院毕业生“课程设置满意度”分指标均分表

排名	学院	2017年（总）	各类课程比例	课程先后顺序	课程对专业素养提升度
1	法学	82.39	82.46	81.45	83.27
2	外语	81.89	81.74	81.29	82.63
3	教育	81.51	81.25	78.13	85.16
4	艺术	77.88	78.29	75.19	80.17

续表

排名	学院	2017 年（总）	各类课程比例	课程先后顺序	课程对专业素养提升度
5	马克思	77.15	79.84	70.16	81.45
6	管理	76.75	76.60	74.59	79.08
	学校均值	76.48	76.06	74.74	78.63
7	财经	73.43	73.59	69.08	77.61
8	文学	72.97	71.88	72.37	74.67

文管类 8 个学院中，6 个学院该项指标得分高于学校均值，其中法学院最高，文学院最低，高低相差 9.42 分。

2017 年度文管类各专业毕业生“课程设置满意度”见表 4-12。

表 4-12　2017 年度文管类各专业毕业生“课程设置满意度”分指标均分表

排名	专业	2017 年（总）	各类课程比例	课程先后顺序	课程对专业素养提升度
1	公共艺术	86.74	82.95	87.50	89.77
2	数字媒体艺术	85.42	86.03	84.93	85.29
3	工商管理	85.42	88.39	81.25	86.61
4	英语	84.79	84.22	84.22	85.92
5	公共事业管理（医疗保险）	82.72	80.56	82.41	85.19
6	法学	82.39	82.46	81.45	83.27
7	美术学（师范）	81.61	83.62	75.86	85.34
8	教育技术学（师范）	81.51	81.25	78.13	85.16
9	产品设计	79.93	81.12	77.55	81.12
10	能源经济	77.59	79.31	76.72	76.72
11	日语	77.21	77.73	76.56	77.34
12	思想政治教育（师范）	77.15	79.84	70.16	81.45
13	汉语言文学	77.03	76.52	76.09	78.48
14	工业工程	76.69	76.69	75.00	78.39
15	市场营销	76.61	75.00	77.63	77.19
	学校均值	76.48	76.06	74.74	78.63

续表

排名	专业	2017 年（总）	各类课程比例	课程先后顺序	课程对专业素养提升度
16	电子商务	75.64	76.92	70.19	79.81
17	统计学	75.00	70.45	75.91	78.64
18	国际经济与贸易	75.00	75.00	68.10	81.90
19	环境设计	74.84	74.53	73.58	76.42
20	视觉传达设计	74.72	74.17	74.17	75.83
21	信息管理与信息系统	74.58	72.92	72.92	77.92
22	工业设计	74.49	75.00	69.70	78.79
23	财务管理	73.72	75.00	68.85	77.31
24	保险学	73.51	72.32	71.43	76.79
25	会计学	73.11	74.17	67.83	77.33
26	人力资源管理	72.81	72.54	68.85	77.05
27	财政学	72.58	75.00	66.94	75.81
28	金融学	71.62	71.62	65.77	77.48
29	物流管理	71.54	73.46	66.15	75.00
30	动画	66.67	67.05	62.50	70.45
31	汉语国际教育	60.36	57.43	60.81	62.84

文管类 31 个专业中，15 个专业在该项指标上的得分低于全校均值，约占 48.39%；其中公共艺术、数字媒体艺术和工商管理居前 3 位，物流管理、动画和汉语国际教育居后 3 位。专业间高低相差 26.38 分。

4.4.2 理工医类学院、专业比较

2017 年度理工医类各学院毕业生“课程设置满意度”见表 4-13。

表 4-13 2017 年度理工医类各学院毕业生“课程设置满意度”分指标均分表

排名	学院	2017 年（总）	各类课程比例	课程先后顺序	课程对专业素养提升度
1	农装	81.35	81.55	79.17	83.33
2	理学	80.43	78.23	80.97	82.09

续表

排名	学院	2017 年（总）	各类课程比例	课程先后顺序	课程对专业素养提升度
3	材料	79.27	78.85	78.92	80.03
4	机械	79.05	78.44	78.51	80.19
5	计算机	78.56	78.05	78.34	79.29
6	无锡机电	77.61	77.04	77.58	78.22
7	化工	77.18	79.29	73.32	78.92
	学校均值	76.48	76.06	74.74	78.63
8	食品	76.12	74.29	76.60	77.48
9	土木	75.54	73.86	74.84	77.94
10	电气	75.05	74.93	74.03	76.17
11	医学	74.20	73.33	73.08	76.18
12	汽车	74.05	72.22	71.74	78.19
13	能动	73.87	73.97	70.87	76.77
14	环境	73.70	72.66	70.31	78.13
15	药学	73.27	74.70	67.53	77.59

理工医类 15 个学院中，7 个学院该项指标得分高于学校均值，农装学院最高，药学院最低，高低相差 8.08 分。

2017 年度理工医类各专业毕业生“课程设置满意度”见表 4-14。

表 4-14　2017 年度理工医类各专业毕业生“课程设置满意度”分指标均分表

排名	专业	2017 年（总）	各类课程比例	课程先后顺序	课程对专业素养提升度
1	数学类（中外合作办学）（数学与应用数学）	87.12	88.64	88.64	84.09
2	高分子材料与工程	86.35	86.64	85.34	87.07
3	生物技术	84.72	84.38	82.29	87.50
4	数学与应用数学	84.34	82.58	85.61	84.85
5	冶金工程	84.23	81.08	85.81	85.81

续表

排名	专业	2017年（总）	各类课程比例	课程先后顺序	课程对专业素养提升度
6	测控技术与仪器	83.48	83.64	82.73	84.09
7	机械电子工程	82.92	82.38	81.56	84.84
8	电气工程及其自动化（卓越）	82.36	81.40	80.81	84.88
9	数学与应用数学（师范）	81.89	78.67	81.67	85.33
10	金属材料工程	81.37	78.92	80.88	84.31
11	农业机械化及其自动化	81.35	81.55	79.17	83.33
12	电气工程及其自动化（无锡机电学院）	80.80	79.91	80.80	81.70
13	通信工程	80.37	79.24	80.51	81.36
14	能源与动力工程（动力机械工程及自动化）	80.21	79.17	77.78	83.68
15	网络工程	79.72	78.30	81.13	79.72
16	计算机科学与技术	79.66	77.97	80.51	80.51
17	机械设计制造及其自动化（无锡机电）	79.52	78.81	80.51	79.24
18	化学工程与工艺	79.41	80.88	76.47	80.88
19	自动化	79.36	78.20	80.23	79.65
20	土木工程	78.71	77.41	78.31	80.42
21	光电信息科学与工程	78.16	80.17	73.71	80.60
22	物联网工程（计算机）	78.03	75.91	78.64	79.55
23	软件工程	77.73	79.30	74.61	79.30
24	机械设计制造及其自动化（机械）	77.71	76.05	78.16	78.92
25	物理学（师范）	77.58	77.27	76.82	78.64
26	无机非金属材料工程	77.40	76.92	77.88	77.40
27	药物制剂	77.19	77.19	73.68	80.70
28	化学	77.08	78.13	71.88	81.25
29	电气工程及其自动化	76.98	77.19	76.25	77.50

续表

排名	专业	2017 年（总）	各类课程比例	课程先后顺序	课程对专业素养提升度
30	安全工程	76.67	76.11	71.11	82.78
31	医学影像学	76.63	76.63	75.82	77.45
	学校均值	76.48	76.06	74.74	78.63
32	复合材料与工程	76.32	76.32	76.32	76.32
33	建筑环境与能源应用工程	75.83	77.00	72.00	78.50
34	卫生检验与检疫	75.79	71.43	76.19	79.76
35	信息安全	75.77	77.31	75.00	75.00
36	交通工程	75.62	75.46	71.30	80.09
37	能源与动力工程（流体机械及其自动控制）	75.57	75.34	73.29	78.08
38	市场营销（无锡机电学院）	75.56	75.00	75.42	76.27
39	食品科学与工程	75.40	73.41	76.19	76.59
40	应用化学	75.00	75.00	75.00	75.00
41	车辆工程（卓越）	75.00	78.43	71.08	75.49
42	物联网工程（无锡机电）	74.71	74.57	73.71	75.86
43	信息与计算科学	74.69	69.44	78.70	75.93
44	能源与动力工程	74.53	74.29	71.70	77.59
45	机械设计制造及其自动化（卓越）	74.44	73.33	76.67	73.33
46	电子信息工程	74.15	73.98	75.00	73.47
47	材料成型及控制工程	74.00	75.30	72.59	74.10
48	临床医学	73.88	72.99	72.32	76.34
49	护理学	73.57	74.29	71.43	75.00
50	农业电气化	73.56	72.41	75.86	72.41
51	工程力学	73.26	75.00	67.71	77.08
52	食品质量与安全	73.15	70.83	74.54	74.07
53	环保设备工程	73.06	71.67	71.67	75.83
54	车辆工程	72.84	70.99	71.18	76.34

续表

排名	专业	2017 年（总）	各类课程比例	课程先后顺序	课程对专业素养提升度
55	药学	72.67	75.50	66.00	76.50
56	医学检验技术	72.43	71.03	71.73	74.53
57	能源与动力工程（流体机械及其自动控制卓越）	72.28	72.45	67.35	77.04
58	环境工程	71.54	70.28	68.87	75.47
59	工程管理	71.01	66.85	72.28	73.91
60	新能源科学与工程	70.36	70.49	68.44	72.13
61	制药工程	69.88	71.49	62.72	75.44
62	生物医学工程	67.00	67.00	63.00	71.00
63	交通运输	65.48	62.24	63.27	70.92
64	电子信息科学与技术	64.00	66.50	57.50	68.00

理工医类 64 个专业中，31 个专业在该项指标上的得分高于全校均值，约占 48.44%；其中数学类（中外合作办学）（数学与应用数学）、高分子材料与工程和生物技术居前 3 位，生物医学工程、交通运输和电子信息科学与技术居后 3 位。专业间高低相差 23.12 分。

4.5 课堂教学满意度

4.5.1 文管类学院、专业比较

2017 年度文管类各学院毕业生“课堂教学满意度”见表 4-15。

表 4-15 2017 年度文管类各学院毕业生“课堂教学满意度”分指标均分表

排名	学院	2017 年（总）	课堂教学模式选择灵活度	小班化教学	线上线下混合教学	课程选用教材	教学难易程度	教学前沿性和时代性	课堂师生互动	学业导师指导
1	教育	80.37	86.72	82.03	74.22	83.59	62.50	83.59	82.03	88.28
2	外语	79.90	84.28	87.28	69.61	82.34	66.77	79.34	84.13	85.48
3	艺术	79.51	82.33	86.94	75.94	78.85	68.80	79.79	80.45	82.99

续表

排名	学院	2017 年（总）	课堂教学模式选择灵活度	小班化教学	线上线下混合教学	课程选用教材	教学难易程度	教学前沿性和时代性	课堂师生互动	学业导师指导
4	马克思	79. 13	80. 65	88. 71	61. 29	83. 87	69. 35	80. 65	79. 03	89. 52
5	法学	78. 15	82. 66	80. 44	67. 94	79. 23	66. 13	82. 26	80. 44	86. 09
6	管理	73. 16	77. 72	64. 36	63. 95	76. 12	65. 37	76. 12	78. 55	83. 10
	学校均值	72. 71	77. 95	68. 20	58. 60	76. 89	67. 68	75. 87	76. 01	80. 48
7	文学	69. 37	75. 99	63. 82	51. 48	73. 68	63. 16	71. 71	73. 52	81. 58
8	财经	68. 92	76. 36	57. 48	50. 30	73. 34	65. 71	74. 30	74. 15	79. 72

文管类 8 个学院中，6 个学院该项指标得分高于学校均值，其中教师教育最高，财经学院最低，高低相差 11. 45 分。

2017 年度文管类各专业毕业生“课堂教学满意度”见表 4-16。

表 4-16　2017 年度文管类各专业毕业生“课堂教学满意度”分指标均分表

排名	专业	2017 年（总）	课堂教学模式选择灵活度	小班化教学	线上线下混合教学	课程选用教材	教学难易程度	教学前沿性和时代性	课堂师生互动	学业导师指导
1	公共艺术	89. 35	94. 32	95. 45	86. 36	87. 50	78. 41	85. 23	94. 32	93. 18
2	数字媒体艺术	86. 50	86. 61	97. 32	75. 89	90. 18	75. 00	83. 93	91. 07	91. 96
3	美术学（师范）	84. 91	87. 93	96. 55	87. 93	86. 21	64. 66	81. 90	86. 21	87. 93
4	英语	81. 77	87. 38	87. 14	70. 15	86. 89	67. 72	82. 52	87. 14	85. 19
5	公共事业管理（医疗保险）	81. 60	85. 19	91. 67	76. 85	83. 33	66. 67	82. 41	81. 48	85. 19
6	工商管理	81. 25	83. 09	72. 43	72. 79	86. 76	73. 90	85. 66	87. 13	88. 24
7	教育技术学（师范）	80. 37	86. 72	82. 03	74. 22	83. 59	62. 50	83. 59	82. 03	88. 28
8	产品设计	79. 91	83. 67	84. 18	73. 98	80. 61	69. 39	84. 18	81. 12	82. 14
9	思想政治教育（师范）	79. 13	80. 65	88. 71	61. 29	83. 87	69. 35	80. 65	79. 03	89. 52
10	能源经济	78. 23	87. 93	81. 90	65. 52	74. 14	64. 66	84. 48	83. 62	83. 62

续表

排名	专业	2017年(总)	课堂教学模式选择灵活度	小班化教学	线上线下混合教学	课程选用教材	教学难易程度	教学前沿性和时代性	课堂师生互动	学业导师指导
11	法学	78.15	82.66	80.44	67.94	79.23	66.13	82.26	80.44	86.09
12	日语	76.90	79.30	87.50	68.75	75.00	65.23	74.22	79.30	85.94
13	工业设计	76.04	78.79	81.06	68.94	74.24	68.94	81.06	75.00	80.30
14	电子商务	75.96	75.96	84.62	71.15	75.00	63.46	79.81	79.81	77.88
15	环境设计	75.77	80.19	79.72	73.58	73.58	66.98	77.36	74.53	80.19
16	视觉传达设计	74.27	75.83	86.67	72.50	73.33	63.33	72.50	74.17	75.83
17	动画	74.15	73.86	85.23	75.00	69.32	67.05	70.45	75.00	77.27
18	统计学	73.38	80.17	75.00	61.21	78.45	70.69	73.28	75.00	73.28
19	汉语言文学	72.99	79.78	67.83	57.17	77.39	65.43	75.00	76.09	85.22
	学校均值	72.71	77.95	68.20	58.60	76.89	67.68	75.87	76.01	80.48
20	市场营销	72.70	78.51	64.91	68.86	74.12	60.96	77.19	74.56	82.46
21	工业工程	72.51	78.81	62.71	58.90	75.85	63.98	74.15	80.08	85.59
22	财政学	72.28	75.81	79.84	56.45	69.35	69.35	70.97	75.81	80.65
23	信息管理与信息系统	71.41	79.58	62.50	61.67	70.83	67.08	75.00	75.00	79.58
24	财务管理	70.10	76.15	59.62	52.31	72.31	66.54	75.38	76.92	81.54
25	保险学	69.08	72.32	79.46	49.11	74.11	55.36	70.54	71.43	80.36
26	人力资源管理	68.80	72.54	55.74	57.79	72.95	59.02	70.90	78.28	83.20
27	国际经济与贸易	67.67	78.18	61.82	47.27	73.64	62.73	73.64	71.36	72.73
28	会计学	67.54	74.50	47.50	44.17	74.83	69.00	74.17	74.33	81.83
29	物流管理	66.78	71.15	47.31	54.62	72.31	66.15	68.85	73.46	80.38
30	金融学	66.13	75.23	44.82	50.68	71.17	62.84	73.65	71.17	79.50
31	汉语国际教育	58.11	64.19	51.35	33.78	62.16	56.08	61.49	65.54	70.27

文管类31个专业中，19个专业在该项指标上的得分高于全校均值，约占61.29%；其中公共艺术、数字媒体艺术和美术学（师范）居前3位，物流管理、金融学和汉语国际教育专业居后3位。专业间高低相差31.24分。

4.5.2　理工医类学院、专业比较

2017 年度理工医类各学院毕业生“课堂教学满意度”见表 4-17。

表 4-17　2017 年度理工医类各学院毕业生“课堂教学满意度”分指标均分表

排名	学院	2017（总）	课堂教学模式选择灵活度	小班化教学	线上线下混合教学	课程选用教材	教学难易程度	教学前沿性和时代性	课堂师生互动	学业导师指导
1	无锡机电	76.68	79.51	85.41	72.53	77.47	67.17	75.97	75.64	79.72
2	食品	76.31	79.79	83.87	61.17	79.43	67.38	80.85	78.90	79.08
3	计算机	74.96	81.32	71.00	66.72	77.47	69.33	75.51	77.47	80.89
4	化工	74.42	80.60	68.28	57.84	79.66	69.96	77.80	75.75	85.45
5	农装	74.40	82.74	62.50	60.71	81.55	65.48	76.79	79.17	86.31
6	机械	74.15	79.74	66.43	58.57	77.66	71.30	78.77	76.69	84.03
7	理学	73.38	80.10	63.18	56.59	81.22	71.89	76.99	77.36	79.73
8	材料	73.35	78.55	70.41	58.51	78.40	67.46	74.70	77.29	81.51
9	土木	72.75	78.27	68.63	57.84	75.82	70.10	76.96	73.53	80.88
	学校均值	72.71	77.95	68.20	58.60	76.89	67.68	75.87	76.01	80.48
10	药学	72.60	77.59	66.92	57.01	75.30	67.07	76.52	77.13	83.23
11	环境	71.19	76.95	68.95	56.25	75.39	64.06	75.59	74.41	77.93
12	汽车	71.18	77.85	64.79	54.65	75.69	68.26	72.57	76.39	79.24
13	电气	70.48	73.90	64.09	53.87	73.69	70.72	75.76	72.51	79.28
14	能动	70.14	76.25	62.83	51.99	75.00	69.76	74.63	73.16	77.51
15	医学	65.54	69.49	56.87	45.92	77.72	63.24	71.04	69.80	70.24

理工医类 15 个学院中，9 个学院该项指标得分高于学校均值，其中无锡机电学院最高，医学院最低，高低相差 11.14 分。

2017 年度理工医类各专业毕业生“课堂教学满意度”见表 4-18。

表 4-18　2017 年度理工医类各专业毕业生“课堂教学满意度”分指标均分表

排名	专业	2017 年（总）	课堂教学模式选择灵活度	小班化教学	线上线下混合教学	课程选用教材	教学难易程度	教学前沿性和时代性	课堂师生互动	学业导师指导
1	数学类（中外合作办学）（数学与应用数学）	84.38	86.36	95.45	79.55	88.64	63.64	86.36	86.36	88.64
2	生物技术	83.07	83.33	97.92	62.50	85.42	69.79	87.50	87.50	90.63
3	电气工程及其自动化（无锡机电学院）	79.30	80.80	92.41	73.66	79.46	67.41	78.13	80.36	82.14
4	通信工程	79.08	84.75	71.19	72.03	84.32	76.27	78.81	82.63	82.63
5	测控技术与仪器	79.03	86.82	72.73	64.09	82.27	75.45	82.73	82.27	85.91
6	网络工程	78.77	83.49	80.19	77.83	78.77	68.87	78.30	79.72	83.02
7	高分子材料与工程	78.02	84.48	71.55	58.62	85.78	67.24	85.34	83.19	87.93
8	机械电子工程	77.92	87.70	73.77	62.70	77.46	71.31	81.56	79.92	88.93
9	电气工程及其自动化（卓越）	77.83	86.05	76.74	62.21	80.81	70.35	84.88	77.33	84.30
10	冶金工程	77.20	83.11	78.38	58.78	79.73	75.00	75.68	80.41	86.49
11	卫生检验与检疫	77.08	86.90	95.24	52.38	83.33	61.90	79.76	82.14	75.00
12	化学工程与工艺	76.90	81.86	74.02	63.73	79.90	74.02	82.35	76.47	82.84
13	安全工程	76.53	82.22	73.89	68.89	78.89	62.22	83.33	77.78	85.00
14	农业电气化	76.51	75.86	83.62	67.24	74.14	75.00	79.31	72.41	84.48
15	机械设计制造及其自动化（无锡机电）	76.17	79.66	87.71	69.07	77.97	68.64	72.03	73.73	80.51
16	市场营销（无锡机电学院）	75.95	78.81	83.90	74.58	76.69	64.83	76.69	74.15	77.97
17	工程力学	75.78	75.00	85.42	66.67	72.92	78.13	78.13	71.88	78.13
18	化学	75.39	80.47	65.63	60.94	82.81	68.75	78.13	77.34	89.06
19	物联网工程（无锡机电）	75.27	78.45	78.02	73.28	75.43	67.67	77.16	74.14	78.02
20	食品质量与安全	75.06	77.31	83.80	66.67	77.78	68.52	78.24	75.46	72.69

续表

排名	专业	2017 年（总）	课堂教学模式选择灵活度	小班化教学	线上线下混合教学	课程选用教材	教学难易程度	教学前沿性和时代性	课堂师生互动	学业导师指导
21	食品科学与工程	74. 80	80. 56	78. 57	55. 95	78. 57	65. 48	80. 56	78. 57	80. 16
22	光电信息科学与工程	74. 68	79. 31	61. 64	60. 78	78. 02	73. 71	82. 76	76. 72	84. 48
23	农业机械化及其自动化	74. 40	82. 74	62. 50	60. 71	81. 55	65. 48	76. 79	79. 17	86. 31
24	土木工程	73. 98	81. 02	64. 16	59. 34	79. 22	71. 08	78. 92	75. 00	83. 13
25	药物制剂	73. 96	79. 82	65. 35	58. 33	75. 44	67. 54	79. 82	79. 82	85. 53
26	信息安全	73. 90	80. 56	67. 59	63. 43	75. 00	69. 91	77. 31	75. 46	81. 94
27	计算机科学与技术	73. 73	82. 20	66. 95	66. 10	76. 27	67. 80	75. 42	74. 58	80. 51
28	信息与计算科学	73. 73	75. 00	76. 85	58. 33	78. 70	79. 63	72. 22	73. 15	75. 93
29	金属材料工程	73. 35	79. 41	67. 65	57. 35	78. 92	69. 12	74. 51	80. 39	79. 41
30	交通工程	73. 26	81. 02	65. 74	55. 09	80. 09	63. 89	77. 31	78. 24	84. 72
31	数学与应用数学（师范）	72. 96	81. 67	50. 00	52. 33	84. 00	71. 67	79. 33	80. 33	84. 33
32	生物医学工程	72. 88	76. 00	86. 00	60. 00	66. 00	65. 00	73. 00	74. 00	83. 00
33	药学	72. 81	78. 00	68. 50	56. 00	77. 50	65. 50	77. 50	76. 00	83. 50
34	物联网工程（计算机）	72. 73	80. 30	57. 58	54. 55	80. 30	71. 97	72. 73	80. 30	84. 09
35	数学与应用数学	72. 73	79. 55	73. 64	57. 27	74. 55	67. 73	74. 09	77. 27	77. 73
	学校均值	72. 71	77. 95	68. 20	58. 60	76. 89	67. 68	75. 87	76. 01	80. 48
36	复合材料与工程	72. 42	77. 63	72. 81	64. 04	75. 00	64. 04	75. 00	73. 68	77. 19
37	物理学（师范）	71. 99	79. 09	71. 36	58. 18	77. 73	70. 00	76. 82	71. 82	70. 91
38	软件工程	71. 97	77. 73	67. 58	64. 06	75. 78	65. 63	69. 92	75. 39	79. 69
39	能源与动力工程（动力机械工程及自动化）	71. 96	80. 90	59. 03	53. 47	79. 86	68. 06	75. 00	76. 74	82. 64
40	机械设计制造及其自动化（机械）	71. 78	75. 15	62. 65	55. 42	77. 26	69. 58	76. 96	74. 55	82. 68

续表

排名	专业	2017年（总）	课堂教学模式选择灵活度	小班化教学	线上线下混合教学	课程选用教材	教学难易程度	教学前沿性和时代性	课堂师生互动	学业导师指导
41	建筑环境与能源应用工程	71.38	75.50	60.50	54.50	74.00	72.00	79.00	73.00	82.50
42	应用化学	71.32	79.41	64.22	50.00	77.45	66.67	73.04	74.02	85.78
43	自动化	71.22	75.29	58.43	55.81	76.45	69.48	77.33	75.87	81.10
44	车辆工程（卓越）	71.18	77.78	63.43	52.78	74.07	75.00	69.44	78.70	78.24
45	机械设计制造及其自动化（卓越）	71.11	77.78	68.89	55.00	73.33	69.44	71.67	73.33	79.44
46	制药工程	71.05	75.00	67.11	56.58	73.25	67.98	72.37	75.44	80.70
47	能源与动力工程（流体机械及其自动控制卓越）	70.98	73.98	69.39	55.61	75.51	73.47	70.92	71.43	77.55
48	材料成型及控制工程	70.86	73.49	66.57	58.13	75.30	69.88	71.99	73.49	78.01
49	环保设备工程	70.83	74.17	76.67	51.67	75.00	65.00	73.33	72.50	78.33
50	能源与动力工程	70.75	77.83	65.57	50.24	78.30	69.34	74.53	73.11	77.12
51	新能源科学与工程	70.59	75.82	59.43	55.33	72.13	68.03	79.51	74.59	79.92
52	无机非金属材料工程	70.43	76.92	69.71	53.85	77.40	60.58	66.35	75.48	83.17
53	车辆工程	70.30	74.81	65.27	58.21	73.28	69.08	70.80	75.19	75.76
54	交通运输	70.09	78.06	72.45	48.47	72.96	63.78	71.94	74.49	78.57
55	电气工程及其自动化	69.80	74.06	58.13	52.50	72.81	73.75	76.25	70.63	80.31
56	工程管理	68.95	75.00	67.93	50.54	71.20	64.13	72.83	71.74	78.26
57	电子信息工程	67.86	68.37	62.76	47.96	72.96	70.41	71.94	70.41	78.06
58	能源与动力工程（流体机械及其自动控制）	67.47	76.37	58.90	47.60	72.95	67.81	70.21	73.29	72.60
59	环境工程	66.86	74.06	60.38	48.11	72.64	65.09	70.28	72.64	71.70
60	临床医学	66.34	68.46	55.54	48.66	80.87	64.43	72.65	69.80	70.30

续表

排名	专业	2017 年（总）	课堂教学模式选择灵活度	小班化教学	线上线下混合教学	课程选用教材	教学难易程度	教学前沿性和时代性	课堂师生互动	学业导师指导
61	医学检验技术	65. 07	68. 22	60. 51	48. 60	75. 23	63. 32	67. 52	67. 99	69. 16
62	医学影像学	64. 10	72. 01	49. 73	41. 58	74. 46	63. 04	71. 47	69. 02	71. 47
63	电子信息科学与技术	61. 81	64. 00	51. 50	40. 50	68. 50	69. 00	67. 50	67. 00	66. 50
64	护理学	60. 45	60. 71	47. 14	33. 57	77. 14	59. 29	68. 57	70. 00	67. 14

理工医 64 个专业中，35 个专业在该项指标上的得分高于全校均值，约占 54. 69%；其中数学类（中外合作办学）（数学与应用数学）、生物技术和电气工程及其自动化（无锡机电学院）专业居前 3 位，医学影像学、电子信息科学与技术和护理学专业居后 3 位。专业间高低相差 23. 93 分。

4. 6　实践教学满意度

4. 6. 1　文管类学院、专业比较

2017 年度文管类各学院毕业生“实践教学满意度”见表 4-19。

表 4-19　2017 年度文管类各学院毕业生“实践教学满意度”分指标均分表

排名	学院	2017 年	设计性综合性实验比例	重复性验证性实验比例	创新动手能力培养	实践教学模拟	技能提升	实习指导
1	艺术	83. 19	86. 65	79. 32	82. 71	82. 14	82. 61	85. 71
2	外语	81. 69	81. 29	71. 71	81. 29	83. 68	83. 83	88. 32
3	教育	81. 25	85. 16	65. 63	80. 47	82. 03	85. 16	89. 06
4	法学	81. 05	78. 23	70. 97	81. 45	84. 27	85. 08	86. 29
	学校均值	77. 52	77. 68	71. 30	76. 54	78. 01	78. 71	82. 91
5	管理	77. 10	77. 13	67. 49	76. 48	79. 49	78. 25	83. 75
6	马克思	76. 48	78. 23	59. 68	76. 61	79. 84	79. 84	84. 68
7	财经	73. 79	72. 34	66. 16	72. 99	74. 90	75. 70	80. 62
8	文学	72. 42	72. 37	62. 17	70. 23	75. 00	74. 84	79. 93

文管类 8 个学院中，4 个学院该项指标得分高于学校均值，其中艺术学院最高，文学院最低，高低相差 10.77 分。

2017 年度文管类各专业毕业生“实践教学满意度”见表 4-20。

表 4-20　2017 年度文管类各专业毕业生“实践教学满意度”分指标均分表

排名	学院	2017 年（总）	设计性综合性实验比例	重复性验证性实验比例	创新动手能力培养	实践教学模拟	技能提升	实习指导
1	公共艺术	91.48	94.32	89.77	92.05	90.91	89.77	92.05
2	数字媒体艺术	89.14	93.75	79.46	91.07	88.39	90.18	91.96
3	美术学（师范）	88.51	89.66	87.07	89.66	87.07	89.66	87.93
4	工商管理	85.72	85.29	81.25	85.66	86.76	85.29	90.07
5	产品设计	84.69	87.24	78.57	84.18	84.69	85.20	88.27
6	英语	84.10	83.01	72.57	84.95	86.65	87.14	90.29
7	环境设计	81.76	86.79	80.66	79.72	80.19	80.19	83.02
8	公共事业管理（医疗保险）	81.33	82.41	70.37	80.56	85.19	82.41	87.04
9	教育技术学（师范）	81.25	85.16	65.63	80.47	82.03	85.16	89.06
10	法学	81.05	78.23	70.97	81.45	84.27	85.08	86.29
11	工业工程	78.53	76.69	68.22	78.39	81.78	80.51	85.59
12	工业设计	78.28	81.06	69.70	76.52	78.03	78.79	85.61
13	日语	77.80	78.52	70.31	75.39	78.91	78.52	85.16
	学校均值	77.52	77.68	71.30	76.54	78.01	78.71	82.91
14	能源经济	77.44	77.59	71.55	75.86	78.45	76.72	84.48
15	视觉传达设计	76.94	81.67	77.50	74.17	75.00	72.50	80.83
16	思想政治教育（师范）	76.48	78.23	59.68	76.61	79.84	79.84	84.68
17	信息管理与信息系统	76.46	81.67	70.00	73.33	77.92	77.08	78.75
18	动画	76.33	79.55	73.86	78.41	73.86	76.14	76.14
19	市场营销	75.95	76.75	61.40	77.19	79.39	78.95	82.02
20	汉语言文学	75.72	76.52	64.35	73.26	78.26	79.13	82.83

续表

排名	学院	2017 年（总）	设计性综合性实验比例	重复性验证性实验比例	创新动手能力培养	实践教学模拟	技能提升	实习指导
21	统计学	75.57	75.00	68.97	73.28	75.00	78.45	82.76
22	财务管理	74.87	72.31	65.00	76.15	75.00	78.46	82.31
23	国际经济与贸易	74.70	74.09	64.09	73.18	78.18	78.18	80.45
24	电子商务	74.36	76.92	61.54	75.96	75.96	74.04	81.73
25	金融学	73.24	70.05	64.41	73.87	75.00	75.68	80.41
26	人力资源管理	73.09	72.13	61.07	72.13	75.41	74.18	83.61
27	保险学	73.07	74.11	68.75	72.32	71.43	71.43	80.36
28	会计学	72.72	71.17	66.00	71.67	73.50	74.33	79.67
29	财政学	72.58	74.19	69.35	66.94	75.00	72.58	77.42
30	物流管理	71.47	67.69	62.69	70.00	74.23	73.08	81.15
31	汉语国际教育	62.16	59.46	55.41	60.81	64.86	61.49	70.95

文管类 31 个专业中，13 个专业在该项指标上的得分高于全校均值，约占 41.94%；其中公共艺术、数字媒体艺术和美术学（师范）居前 3 位，财政学、物流管理和汉语国际教育居后 3 位。专业间高低相差 29.32 分。

4.6.2 理工医类学院、专业比较

2017 年度理工医类各学院毕业生“实践教学满意度”见表 4-21。

表 4-21　2017 年度理工医类各学院毕业生“实践教学满意度”分指标均分表

排名	学院	2017 年（总）	设计性综合性实验比例	重复性验证性实验比例	创新动手能力培养	实践教学模拟	技能提升	实习指导
1	农装	80.75	83.93	72.02	79.17	81.55	81.55	86.31
2	化工	80.57	81.16	76.31	80.78	78.73	80.60	85.82
3	计算机	79.91	82.49	72.02	79.94	79.94	81.83	83.21
4	无锡机电	79.43	80.90	75.32	78.43	79.08	80.04	82.83
5	理学	79.42	76.99	70.52	79.85	81.47	82.59	85.07
6	食品	79.26	80.67	77.13	77.48	78.37	79.26	82.62
7	机械	79.15	78.31	74.03	78.12	78.77	80.78	84.87

续表

排名	学院	2017年（总）	设计性综合性实验比例	重复性验证性实验比例	创新动手能力培养	实践教学模拟	技能提升	实习指导
8	环境	78.26	79.49	71.48	76.56	77.73	78.32	85.94
9	材料	78.25	77.51	72.04	76.92	78.85	78.92	85.28
	学校均值	77.52	77.68	71.30	76.54	78.01	78.71	82.91
10	药学	77.41	76.37	73.02	76.22	76.52	77.74	84.60
11	土木	76.74	76.63	71.08	75.16	76.96	78.43	82.19
12	汽车	76.70	77.29	70.35	75.07	76.46	76.94	84.10
13	电气	75.87	76.38	71.20	74.79	75.69	75.62	81.56
14	能动	75.32	75.29	71.39	73.08	76.03	75.74	80.38
15	医学	73.75	73.64	71.66	72.40	74.07	75.93	74.81

理工医类15个学院中，9个学院该项指标得分高于学校均值，其中农装学院最高，医学院最低，专业间高低相差7分。

2017年度理工医类各专业毕业生“实践教学满意度”见表4-22。

表4-22　2017年度理工医类各专业毕业生“实践教学满意度”分指标均分表

排名	学院	2017年（总）	设计性综合性实验比例	重复性验证性实验比例	创新动手能力培养	实践教学模拟	技能提升	实习指导
1	数学类（中外合作办学）（数学与应用数学）	90.15	84.09	88.64	90.91	90.91	93.18	93.18
2	生物技术	86.98	90.63	80.21	84.38	86.46	87.50	92.71
3	高分子材料与工程	83.76	81.03	72.84	83.62	87.07	87.50	90.52
4	机械电子工程	83.74	82.79	75.00	83.61	85.25	86.07	89.75
5	电气工程及其自动化（卓越）	83.04	84.88	74.42	83.14	84.88	81.98	88.95
6	化学	82.81	76.56	83.59	85.16	82.03	81.25	88.28
7	通信工程	82.77	83.90	75.00	81.78	84.32	83.90	87.71
8	电气工程及其自动化（无锡机电学院）	82.29	79.91	78.57	82.59	82.59	84.82	85.27
9	冶金工程	82.09	79.05	74.32	80.41	84.46	83.11	91.22

续表

排名	学院	2017 年（总）	设计性综合性实验比例	重复性验证性实验比例	创新动手能力培养	实践教学模拟	技能提升	实习指导
10	化学工程与工艺	81.78	84.31	77.94	80.88	79.41	82.84	85.29
11	网络工程	81.53	84.43	73.58	83.02	80.66	83.02	84.43
12	安全工程	81.30	81.67	73.33	79.44	81.11	82.78	89.44
13	测控技术与仪器	81.14	79.09	76.36	80.45	79.09	83.64	88.18
14	能源与动力工程（动力机械工程及自动化）	81.02	79.51	73.96	81.94	81.94	81.60	87.15
15	卫生检验与检疫	80.95	88.10	69.05	80.95	80.95	83.33	83.33
16	农业机械化及其自动化	80.75	83.93	72.02	79.17	81.55	81.55	86.31
17	药物制剂	80.04	75.88	76.75	79.82	79.39	81.58	86.84
18	机械设计制造及其自动化（无锡机电）	79.94	80.93	74.58	79.24	79.24	82.20	83.47
19	土木工程	79.92	81.33	74.70	78.01	78.92	81.33	85.24
20	数学与应用数学（师范）	79.89	74.33	66.33	82.00	83.67	86.33	86.67
21	计算机科学与技术	79.87	81.36	72.03	79.24	80.08	84.32	82.20
22	金属材料工程	79.58	77.94	72.06	81.37	79.41	79.90	86.76
23	物理学（师范）	79.09	82.73	76.36	76.36	78.18	78.64	82.27
24	数学与应用数学	78.91	73.48	68.18	81.82	82.58	81.82	85.61
25	软件工程	78.84	81.25	71.48	78.91	78.52	79.69	83.20
26	药学	78.75	78.00	76.50	76.50	77.50	78.00	86.00
27	自动化	78.54	80.23	69.77	78.49	79.65	80.52	82.56
28	信息安全	78.24	79.17	71.30	77.78	78.70	80.56	81.94
29	物联网工程（计算机）	78.18	85.00	68.64	79.09	77.27	79.55	79.55
30	食品科学与工程	78.17	80.56	74.60	76.59	78.57	77.78	80.95
31	机械设计制造及其自动化（机械）	78.11	77.86	74.40	77.26	77.71	78.77	82.68
32	物联网工程（无锡机电）	78.02	83.19	76.72	76.29	77.16	75.86	78.88
33	应用化学	77.94	80.88	70.10	77.94	75.98	77.94	84.80

续表

排名	学院	2017年（总）	设计性综合性实验比例	重复性验证性实验比例	创新动手能力培养	实践教学模拟	技能提升	实习指导
34	光电信息科学与工程	77.80	77.59	70.69	75.43	78.45	80.60	84.05
35	环保设备工程	77.78	76.67	70.00	79.17	76.67	79.17	85.00
	学校均值	77.52	77.68	71.30	76.54	78.01	78.71	82.91
36	市场营销（无锡机电学院）	77.40	79.24	71.19	75.42	77.54	77.54	83.47
37	复合材料与工程	77.12	78.51	74.12	74.56	77.63	77.63	80.26
38	食品质量与安全	77.08	76.39	78.70	75.46	74.54	77.31	80.09
39	车辆工程（卓越）	76.70	75.93	71.76	74.54	78.70	75.93	83.33
40	交通工程	76.62	77.31	60.65	78.24	78.24	79.17	86.11
41	能源与动力工程（流体机械及其自动控制卓越）	76.62	75.00	72.96	75.00	76.53	79.08	81.12
42	建筑环境与能源应用工程	76.58	74.50	77.00	71.50	78.50	75.50	82.50
43	车辆工程	76.15	78.24	71.76	72.52	74.62	75.95	83.78
44	电子信息工程	76.02	75.51	77.04	73.47	71.94	75.51	82.65
45	机械设计制造及其自动化（卓越）	76.02	73.89	72.78	74.44	73.89	77.78	83.33
46	环境工程	75.94	79.25	70.75	72.64	75.47	74.06	83.49
47	能源与动力工程	75.75	75.47	72.41	73.58	75.71	76.89	80.42
48	电气工程及其自动化	75.68	73.44	75.00	74.06	76.25	75.31	80.00
49	信息与计算科学	75.00	74.07	65.74	74.07	76.85	76.85	82.41
50	材料成型及控制工程	74.85	74.10	71.08	72.29	73.49	75.00	83.13
51	无机非金属材料工程	74.76	76.44	68.75	72.60	75.00	73.08	82.69
52	工程力学	74.48	71.88	73.96	73.96	73.96	75.00	78.13
53	医学检验技术	74.38	73.60	73.60	74.07	74.30	75.93	74.77
54	生物医学工程	74.33	80.00	72.00	68.00	73.00	68.00	85.00
55	新能源科学与工程	74.18	77.05	65.98	73.36	75.41	74.18	79.10
56	医学影像学	74.00	73.10	73.10	71.74	73.37	76.63	76.09

续表

排名	学院	2017 年（总）	设计性综合性实验比例	重复性验证性实验比例	创新动手能力培养	实践教学模拟	技能提升	实习指导
57	能源与动力工程（流体机械及其自动控制）	73.92	74.32	69.52	71.92	75.00	73.29	79.45
58	农业电气化	73.71	77.59	66.38	75.00	70.69	74.14	78.45
59	制药工程	73.61	75.44	66.23	72.37	72.81	73.68	81.14
60	临床医学	73.15	72.99	71.31	71.81	73.49	75.34	73.99
61	工程管理	72.19	70.65	63.04	70.65	75.00	75.00	78.80
62	交通运输	71.94	72.96	70.41	68.88	68.88	71.43	79.08
63	护理学	69.40	69.29	65.00	66.43	73.57	72.14	70.00
64	电子信息科学与技术	67.33	65.50	61.50	67.00	68.00	67.00	75.00

理工医类 64 个专业中，35 个专业在该项指标上的得分高于全校均值，约占 54.69%；其中数学类（中外合作办学）（数学与应用数学）、生物技术和高分子材料与工程专业居前 3 位，交通运输、护理学和电子信息科学与技术专业居后 3 位。专业间高低相差 22.82 分。

4.7　毕业设计（论文）满意度

4.7.1　文管类学院、专业比较

2017 年度文管类各学院毕业生“毕业设计（论文）满意度”见表 4-23。

表 4-23　2017 年度文管类各学院毕业生“毕业设计（论文）满意度”分指标均分表

排名	学院	2017 年（总）	指导频度	指导效果	过程管理
1	教育	91.67	92.97	92.97	89.06
2	法学	91.53	92.14	92.14	90.32
3	外语	90.92	91.62	91.62	89.52
4	艺术	89.16	89.76	89.94	87.78
5	文学	88.32	87.99	89.97	87.01
6	管理	87.57	87.83	88.18	86.70

续表

排名	学院	2017 年（总）	指导频度	指导效果	过程管理
	学校均值	87.07	87.69	87.72	85.81
7	财经	86.40	86.95	87.40	84.84
8	马克思	86.02	87.90	87.10	83.06

文管类 8 个学院中，6 个学院该项指标得分高于学校均值，其中教育学院最高，马克思学院最低，专业间高低相差近 6 分。

2017 年度文管类各专业毕业生“毕业设计（论文）满意度”见表 4-24。

表 4-24　2017 年度文管类各专业毕业生“毕业设计（论文）满意度”分指标均分表

排名	专业	2017 年（总）	指导频度	指导效果	过程管理
1	公共艺术	93.56	94.32	94.32	92.05
2	产品设计	93.37	93.37	94.90	91.84
3	工商管理	93.01	93.75	93.38	91.91
4	英语	92.88	92.96	93.20	92.48
5	数字媒体艺术	92.26	93.75	92.86	90.18
6	教育技术学（师范）	91.67	92.97	92.97	89.06
7	法学	91.53	92.14	92.14	90.32
8	美术学（师范）	91.09	93.10	91.38	88.79
9	公共事业管理（医疗保险）	90.74	91.67	91.67	88.89
10	汉语言文学	89.57	89.35	91.30	88.04
11	统计学	88.79	90.52	90.52	85.34
12	财政学	88.71	88.71	90.32	87.10
13	工业工程	88.14	87.71	89.41	87.29
14	保险学	88.10	89.29	87.50	87.50
15	市场营销	88.01	89.04	88.60	86.40
16	日语	87.76	89.45	89.06	84.77
17	环境设计	87.74	87.26	89.15	86.79
18	能源经济	87.64	86.21	88.79	87.93
19	电子商务	87.18	85.58	88.46	87.50

续表

排名	专业	2017 年（总）	指导频度	指导效果	过程管理
	学校均值	87.07	87.69	87.72	85.81
20	国际经济与贸易	86.82	86.82	88.64	85.00
21	视觉传达设计	86.67	87.50	86.67	85.83
22	金融学	86.64	86.49	86.94	86.49
23	思想政治教育（师范）	86.02	87.90	87.10	83.06
24	财务管理	85.90	87.69	86.92	83.08
25	物流管理	85.64	85.77	86.15	85.00
26	信息管理与信息系统	85.28	85.00	85.00	85.83
27	会计学	84.78	85.67	86.00	82.67
28	汉语国际教育	84.46	83.78	85.81	83.78
29	动画	84.09	85.23	84.09	82.95
30	人力资源管理	83.61	84.43	84.43	81.97
31	工业设计	83.59	84.09	84.09	82.58

文管类 31 个专业中，19 个专业在该项指标上的得分高于全校均值，约占 61.29%；其中公共艺术、产品设计和工商管理专业居前 3 位，动画、人力资源管理和工业设计居后 3 位。专业间高低相差约 10 分。

4.7.2　理工医类学院、专业比较

2017 年度理工医类各学院毕业生“毕业设计（论文）满意度”见表 4-25。

表 4-25　2017 年度理工医类各学院毕业生“毕业设计（论文）满意度”分指标均分表

排名	学院	2017 年（总）	指导频度	指导效果	过程管理
1	理学	91.09	91.17	91.79	90.30
2	药学	90.09	90.40	90.85	89.02
3	食品	89.95	91.49	91.13	87.23
4	农装	89.48	90.48	89.29	88.69
5	汽车	88.89	89.03	89.51	88.13
6	化工	88.68	89.55	89.74	86.75

续表

排名	学院	2017 年（总）	指导频度	指导效果	过程管理
7	环境	88.61	89.65	89.84	86.33
8	材料	88.07	88.17	89.05	86.98
9	计算机	87.72	88.59	87.43	87.14
10	机械	87.34	88.51	87.53	85.97
11	无锡机电	87.27	87.45	87.98	86.37
	学校均值	87.07	87.69	87.72	85.81
12	电气	85.31	86.60	85.50	83.84
13	能动	85.30	86.36	85.91	83.63
14	土木	83.93	84.31	86.11	81.37
15	医学	77.70	78.22	77.72	77.17

理工医类 15 个学院中，11 个学院该项指标得分高于学校均值，其中理学院最高，医学院最低，专业间高低相差 13.39 分。

2017 年度理工医类各专业毕业生“毕业设计（论文）满意度”见表 4-26。

表 4-26　2017 年度理工医类各专业毕业生“毕业设计（论文）满意度”分指标均分表

排名	学院	2017 年（总）	指导频度	指导效果	过程管理
1	数学类（中外合作办学）（数学与应用数学）	96.97	97.73	97.73	95.45
2	生物技术	95.14	96.88	95.83	92.71
3	数学与应用数学（师范）	93.44	93.33	94.67	92.33
4	电气工程及其自动化（卓越）	92.64	94.77	93.60	89.53
5	冶金工程	91.89	91.22	91.89	92.57
6	高分子材料与工程	91.81	91.38	92.24	91.81
7	药学	91.50	91.50	92.50	90.50
8	通信工程	91.38	91.95	91.53	90.68
9	交通工程	91.20	91.67	91.67	90.28
10	数学与应用数学	91.16	91.67	91.67	90.15
11	机械电子工程	90.85	90.57	91.39	90.57

续表

排名	学院	2017 年（总）	指导频度	指导效果	过程管理
12	安全工程	90.56	91.67	91.11	88.89
13	药物制剂	90.50	89.91	91.23	90.35
14	食品科学与工程	90.34	91.67	91.67	87.70
15	应用化学	90.03	90.20	90.69	89.22
16	农业机械化及其自动化	89.48	90.48	89.29	88.69
17	电气工程及其自动化（无锡机电学院）	89.14	88.84	89.73	88.84
18	车辆工程	89.12	89.31	89.50	88.55
19	能源与动力工程（动力机械工程及自动化）	88.77	88.54	89.93	87.85
20	无机非金属材料工程	88.62	89.90	89.42	86.54
21	环保设备工程	88.61	90.00	89.17	86.67
22	金属材料工程	88.56	88.73	90.20	86.76
23	测控技术与仪器	88.48	90.00	88.64	86.82
24	制药工程	88.45	89.91	89.04	86.40
25	机械设计制造及其自动化（卓越）	88.33	90.00	88.89	86.11
26	信息与计算科学	88.27	87.96	88.89	87.96
27	车辆工程（卓越）	88.12	88.89	88.89	86.57
28	物理学（师范）	88.03	88.18	88.18	87.73
29	市场营销（无锡机电学院）	87.99	89.41	88.14	86.44
30	信息安全	87.96	88.43	88.89	86.57
31	化学工程与工艺	87.91	88.73	88.73	86.27
32	化学	87.76	89.84	89.84	83.59
33	生物医学工程	87.67	89.00	88.00	86.00
34	能源与动力工程	87.66	88.92	88.68	85.38

续表

排名	学院	2017年（总）	指导频度	指导效果	过程管理
35	物联网工程（计算机）	87.42	87.73	88.18	86.36
36	食品质量与安全	87.19	88.89	88.43	84.26
37	软件工程	87.11	87.50	86.33	87.50
	学校均值	87.07	87.69	87.72	85.81
38	环境工程	86.95	87.74	89.15	83.96
39	新能源科学与工程	86.89	88.11	87.30	85.25
40	机械设计制造及其自动化（无锡机电）	86.86	85.59	87.29	87.71
41	网络工程	86.79	87.74	84.91	87.74
42	交通运输	86.73	86.22	87.24	86.73
43	材料成型及控制工程	86.14	86.75	87.35	84.34
44	机械设计制造及其自动化（机械）	86.09	87.80	85.99	84.49
45	自动化	86.05	87.21	85.47	85.47
46	卫生检验与检疫	85.71	85.71	85.71	85.71
47	计算机科学与技术	85.59	88.14	84.75	83.90
48	电子信息工程	85.37	85.71	85.20	85.20
49	光电信息科学与工程	85.34	85.78	85.78	84.48
50	能源与动力工程（流体机械及其自动控制）	85.27	85.96	85.96	83.90
51	电气工程及其自动化	85.21	85.63	85.31	84.69
52	物联网工程（无锡机电）	85.20	86.21	87.07	82.33
53	土木工程	85.04	84.94	86.75	83.43
54	建筑环境与能源应用工程	84.83	85.50	86.00	83.00
55	复合材料与工程	83.63	82.89	85.09	82.89
56	工程力学	82.99	84.38	85.42	79.17
57	工程管理	82.43	83.15	85.33	78.80
58	农业电气化	81.90	82.76	83.62	79.31
59	医学检验技术	80.84	82.24	82.24	78.04

续表

排名	学院	2017 年（总）	指导频度	指导效果	过程管理
60	能源与动力工程（流体机械及其自动控制卓越）	78.74	80.10	78.06	78.06
61	电子信息科学与技术	78.67	82.00	79.00	75.00
62	临床医学	76.40	76.01	75.34	77.85
63	医学影像学	76.09	76.36	75.82	76.09
64	护理学	73.10	75.71	74.29	69.29

理工医类 64 个专业中，37 个专业得分高于全校均值，约占 57.81%；其中数学类（中外合作办学）（数学与应用数学）、生物技术和数学与应用数学（师范）专业居前 3 位，临床医学、医学影像学和护理学居后 3 位。专业间高低相差 23.87 分。

4.8　课程考核满意度

4.8.1　文管类学院、专业比较

2017 年度文管类各学院毕业生“课程考核满意度”见表 4-27。

表 4-27　2017 年度文管类各学院毕业生“课程考核满意度”分指标均分表

排名	学院	2017 年（总）	检验能力达成	内容覆盖	考核难度	考核方式	考试风气
1	法学	82.58	84.27	85.08	74.60	83.67	85.28
2	外语	82.10	84.28	86.38	71.56	85.93	82.68
3	艺术	82.09	83.74	84.68	75.85	83.27	82.89
4	教育	79.84	84.38	84.38	71.09	82.81	76.61
5	马克思	79.68	79.84	83.87	70.16	79.84	84.68
6	管理	78.66	80.73	80.79	70.92	81.28	79.75
	学校均值	78.05	79.32	80.83	71.49	79.76	79.09
7	财经	76.15	77.16	78.92	68.72	77.46	78.85
8	文学	74.64	76.32	78.29	65.79	76.97	75.82

文管类8个学院中，6个学院该项指标得分均高于学校均值，其中法学院最高，文学院最低，高低相差约8分。

2017年度文管类各专业毕业生“课程考核满意度”见表4-28。

表4-28 2017年文管类各专业毕业生“课程考核满意度”分指标均分表

排名	专业	2017年（总）	检验能力达成	内容覆盖	考核难度	考核方式	考试风气
1	美术学（师范）	89.31	87.93	92.24	84.48	91.38	90.52
2	公共艺术	88.64	90.91	90.91	86.36	88.64	86.36
3	数字媒体艺术	88.57	91.96	90.18	78.57	91.07	91.07
4	工商管理	86.03	88.24	88.24	78.31	86.40	88.97
5	英语	84.47	86.89	89.32	73.30	88.59	84.22
6	产品设计	84.18	85.71	87.76	76.53	85.71	85.20
7	公共事业管理（医疗保险）	83.33	88.89	81.48	75.00	87.04	84.26
8	法学	82.58	84.27	85.08	74.60	83.67	85.28
9	工业工程	80.00	81.78	84.32	71.19	82.63	80.08
10	教育技术学（师范）	79.84	84.38	84.38	71.09	82.81	76.61
11	能源经济	79.83	77.59	81.03	72.41	81.03	87.07
12	思想政治教育（师范）	79.68	79.84	83.87	70.16	79.84	84.68
13	环境设计	78.49	81.13	80.66	74.06	78.30	78.30
14	工业设计	78.48	78.03	82.58	73.48	79.55	78.79
15	日语	78.28	80.08	81.64	68.75	81.64	80.16
	学校均值	78.05	79.32	80.83	71.49	79.76	79.09
16	财务管理	77.85	77.31	81.15	70.77	79.23	80.77
17	汉语言文学	77.83	80.00	82.61	68.48	80.65	77.39
18	市场营销	77.81	78.51	80.70	71.93	80.26	77.63
19	视觉传达设计	77.50	81.67	78.33	65.83	80.83	80.83
20	财政学	77.10	78.23	79.03	68.55	79.03	80.65
21	会计学	76.73	78.00	79.33	69.00	77.67	79.67
22	统计学	76.72	76.72	79.31	73.28	78.45	75.86

续表

排名	专业	2017 年（总）	检验能力达成	内容覆盖	考核难度	考核方式	考试风气
23	信息管理与信息系统	76.17	78.33	76.67	70.00	78.75	77.08
24	人力资源管理	75.90	77.46	78.69	66.80	79.51	77.05
25	保险学	75.54	79.46	79.46	65.18	77.68	75.89
26	电子商务	75.38	75.96	77.88	70.19	75.96	76.92
27	物流管理	74.72	77.69	76.54	65.38	79.30	75.79
28	金融学	74.35	76.58	77.70	66.67	75.68	76.16
29	国际经济与贸易	73.77	74.09	75.91	67.27	75.00	77.36
30	动画	73.41	73.86	76.14	70.45	72.73	73.86
31	汉语国际教育	64.73	64.86	64.86	57.43	65.54	70.95

文管类 31 个专业中 15 个专业在该项指标上的得分高于全校均值，约占 48.39%；其中美术学（师范）、公共艺术和数字媒体艺术专业居前 3 位，国际经济与贸易、动画和汉语国际教育居后 3 位。专业间高低相差 24.58 分。

4.8.2　理工医类学院、专业比较

2017 年度理工医类各学院毕业生“课程考核满意度”见表 4-29。

表 4-29　2017 年度理工医类各学院毕业生“课程考核满意度”分指标均分表

排名	专业	2017 年（总）	检验能力达成	内容覆盖	考核难度	考核方式	考试风气
1	计算机	80.70	81.32	83.07	74.78	81.18	83.50
2	农装	80.60	81.55	82.74	72.02	83.33	83.33
3	理学	80.30	83.21	82.84	74.13	81.22	80.10
4	无锡机电	78.93	81.01	81.55	72.00	80.47	79.61
5	材料	78.67	79.96	82.03	71.30	81.66	78.57
6	汽车	78.37	79.65	80.28	72.64	78.82	80.59
7	食品	78.30	79.61	81.21	71.99	80.50	78.60
8	药学	78.14	79.12	80.64	71.49	78.96	80.49
9	环境	78.10	80.47	81.45	69.14	80.27	79.76

续表

排名	专业	2017年（总）	检验能力达成	内容覆盖	考核难度	考核方式	考试风气
	学校均值	78.05	79.32	80.83	71.49	79.76	79.09
10	机械	78.05	78.77	81.62	72.08	80.00	77.94
11	化工	77.47	80.41	80.41	69.96	80.04	77.10
12	土木	76.67	77.61	79.74	71.73	78.10	76.50
13	能动	76.06	76.99	78.47	71.17	78.24	76.13
14	电气	75.85	75.14	78.18	71.55	77.42	77.09
15	医学	74.33	75.12	77.48	69.25	75.87	74.18

理工医类15个学院中，9个学院该项指标得分高于学校均值，其他学院均低于学校均值，其中计算机学院最高，医学院最低，专业间高低相差6分多。

2017年度理工医类各专业毕业生“课程考核满意度”见表4-30。

表4-30　2017年度理工医类各专业毕业生“课程考核满意度”分指标均分表

排名	专业	2017年（总）	检验能力达成	内容覆盖	考核难度	考核方式	考试风气
1	数学类（中外合作办学）（数学与应用数学）	91.36	93.18	93.18	79.55	95.45	95.45
2	冶金工程	85.81	83.78	89.19	78.38	90.54	87.16
3	通信工程	84.41	86.86	85.17	79.24	83.90	86.86
4	高分子材料与工程	84.05	87.07	88.36	74.57	87.07	83.19
5	生物技术	83.96	87.50	86.46	75.00	85.42	85.42
6	电气工程及其自动化（卓越）	82.21	85.47	82.56	76.74	83.72	82.56
7	机械电子工程	81.72	82.38	85.25	75.00	83.20	82.79
8	电气工程及其自动化（无锡机电学院）	81.61	83.04	82.59	75.45	83.48	83.48
9	数学与应用数学（师范）	81.53	85.33	85.33	73.33	80.00	83.67
10	卫生检验与检疫	81.43	83.33	83.33	67.86	85.71	86.90
11	网络工程	81.32	82.08	83.49	76.42	83.02	81.60
12	交通工程	81.11	83.80	83.80	72.69	81.48	84.43

续表

排名	专业	2017 年（总）	检验能力达成	内容覆盖	考核难度	考核方式	考试风气
13	能源与动力工程（动力机械工程及自动化）	80.97	83.33	82.99	73.96	80.90	83.68
14	软件工程	80.61	80.86	85.55	73.83	80.47	82.94
15	农业机械化及其自动化	80.60	81.55	82.74	72.02	83.33	83.33
16	计算机科学与技术	80.42	81.78	83.47	73.31	81.78	81.78
17	安全工程	80.33	82.78	85.56	69.44	83.89	80.68
18	化学工程与工艺	80.15	83.33	81.86	75.00	82.84	78.50
19	测控技术与仪器	80.14	79.09	85.00	77.27	81.36	78.24
20	数学与应用数学	80.00	81.82	81.82	72.73	84.09	79.55
21	药物制剂	79.56	79.39	82.89	71.93	81.58	82.02
22	信息安全	79.35	78.70	81.94	71.76	79.63	84.72
23	金属材料工程	79.31	82.84	82.35	73.04	82.35	75.98
24	土木工程	79.16	80.42	82.23	73.80	78.92	80.79
25	自动化	78.84	78.49	81.69	73.26	81.40	79.36
26	市场营销（无锡机电学院）	78.81	82.63	83.90	70.34	79.24	77.97
27	车辆工程（卓越）	78.80	79.63	82.41	76.39	75.93	79.63
28	机械设计制造及其自动化（无锡机电）	78.73	80.93	81.36	71.61	80.08	79.66
29	药学	78.70	80.50	81.00	71.50	79.50	81.00
30	化学	78.40	77.34	81.25	71.09	82.81	80.83
31	光电信息科学与工程	78.10	78.02	80.60	71.12	81.47	79.31
	学校均值	78.05	79.32	80.83	71.49	79.76	79.09
32	食品科学与工程	77.98	78.17	82.14	70.63	80.56	78.63
33	物联网工程（计算机）	77.84	77.27	78.18	74.09	78.18	83.02
34	物理学（师范）	77.82	81.36	80.45	75.00	79.09	73.18
35	信息与计算科学	77.78	78.70	77.78	74.07	79.63	78.70
36	车辆工程	77.46	78.63	78.82	72.90	78.82	78.27

续表

排名	专业	2017年（总）	检验能力达成	内容覆盖	考核难度	考核方式	考试风气
37	能源与动力工程（流体机械及其自动控制）	77.28	78.77	78.77	70.55	78.42	81.34
38	环保设备工程	77.04	79.17	81.67	70.83	79.17	75.86
39	机械设计制造及其自动化（机械）	76.99	78.92	79.97	70.63	79.22	76.52
40	环境工程	76.79	79.25	77.83	67.92	77.83	81.13
41	无机非金属材料工程	76.73	75.96	78.85	69.71	81.25	77.88
42	电气工程及其自动化	76.61	76.25	79.69	73.75	76.88	77.27
43	物联网工程（无锡机电）	76.47	77.16	78.02	70.26	79.31	77.59
44	工程力学	76.46	73.96	79.17	73.96	81.25	75.00
45	能源与动力工程	76.29	77.59	78.07	71.70	79.72	74.52
46	制药工程	76.23	77.63	78.07	71.05	75.88	78.51
47	食品质量与安全	76.16	77.78	77.78	72.22	78.24	75.47
48	医学影像学	75.71	77.17	78.53	69.57	77.72	75.54
49	建筑环境与能源应用工程	75.65	77.50	81.50	72.00	77.00	70.92
50	材料成型及控制工程	75.42	77.11	78.61	69.28	77.41	75.31
51	能源与动力工程（流体机械及其自动控制卓越）	75.33	76.53	77.55	71.94	76.53	74.48
52	电子信息工程	75.20	75.00	80.10	69.39	76.53	75.00
53	新能源科学与工程	75.14	73.77	77.05	69.67	77.87	78.33
54	复合材料与工程	74.47	75.44	78.51	66.23	76.32	75.88
55	机械设计制造及其自动化（卓越）	74.33	73.89	80.00	68.33	75.00	74.44
56	应用化学	74.22	79.41	78.43	64.22	75.49	73.53
57	临床医学	73.68	74.83	77.85	70.13	74.66	71.43
58	交通运输	73.47	72.45	73.98	65.82	76.02	79.08
59	生物医学工程	73.40	70.00	76.00	65.00	75.00	81.00
60	农业电气化	73.10	72.41	75.00	69.83	75.00	73.28
61	医学检验技术	73.08	72.66	75.93	69.63	74.53	72.66

续表

排名	专业	2017 年（总）	检验能力达成	内容覆盖	考核难度	考核方式	考试风气
62	护理学	73.00	73.57	74.29	64.29	74.29	78.57
63	工程管理	72.28	74.46	75.54	66.85	75.00	69.57
64	电子信息科学与技术	67.45	63.00	67.00	67.00	69.50	70.41

理工医类 64 个专业中，31 个专业在该项指标上的得分高于全校均值，占 48.44%；其中数学类（中外合作办学）（数学与应用数学）、冶金工程和通信工程专业居前 3 位，护理学、工程管理和电子信息科学与技术居后 3 位。专业间高低相差 23.91 分。

4.9 师资队伍满意度

4.9.1 文管类学院、专业比较

2017 年度文管类各学院毕业生“师资队伍满意度”见表 4-31。

表 4-31　2017 年度文管类各学院毕业生“师资队伍满意度”分指标均分表

排名	学院	2017 年（总）	教学水平	学术水平	敬业精神	投入精力
1	外语	92.37	91.17	92.07	93.11	93.11
2	教育	91.80	90.63	91.41	93.75	91.41
3	马克思	90.32	90.32	90.32	90.32	90.32
4	法学	88.41	88.10	87.30	90.12	88.10
5	艺术	87.81	87.22	88.06	88.44	87.50
6	管理	87.41	86.52	86.52	89.07	87.53
	学校均值	86.20	85.47	86.04	87.36	85.94
7	财经	84.48	83.53	83.84	85.74	84.79
8	文学	83.18	81.41	82.07	84.87	84.38

文管类 8 个学院中，6 个学院该项指标得分高于学校均值，其中外国语学院最高，法学院最低，专业间高低相差约 9 分。

2017 年度文管类各专业毕业生“师资队伍满意度”见表 4-32。

表 4-32 2017 年度文管类各专业毕业生“师资队伍满意度”分指标均分表

排名	专业	2017 年（总）	教学水平	学术水平	敬业精神	投入精力
1	公共艺术	95.17	96.59	95.45	94.32	94.32
2	英语	93.69	92.48	93.20	94.42	94.66
3	数字媒体艺术	93.30	93.75	94.64	92.86	91.96
4	产品设计	93.24	91.84	93.37	95.92	91.84
5	美术学（师范）	92.46	91.38	93.10	93.10	92.24
6	工商管理	91.91	90.44	91.91	92.65	92.65
7	教育技术学（师范）	91.80	90.63	91.41	93.75	91.41
8	公共事业管理（医疗保险）	91.20	90.74	90.74	91.67	91.67
9	能源经济	90.52	90.52	92.24	89.66	89.66
10	思想政治教育（师范）	90.32	90.32	90.32	90.32	90.32
11	日语	90.23	89.06	90.23	91.02	90.63
12	工业工程	89.72	88.56	88.98	91.10	90.25
13	法学	88.41	88.10	87.30	90.12	88.10
14	电子商务	87.02	86.54	86.54	87.50	87.50
15	市场营销	86.95	85.96	85.53	89.04	87.28
16	统计学	86.64	87.07	85.34	89.66	84.48
17	汉语言文学	86.25	85.00	86.09	87.39	86.52
	学校均值	86.20	85.47	86.04	87.36	85.94
18	财务管理	86.15	86.54	86.92	84.62	86.54
19	信息管理与信息系统	85.21	85.42	83.75	87.08	84.58
20	财政学	84.88	82.26	82.26	87.90	87.10
21	人力资源管理	84.73	82.79	83.61	88.11	84.43
22	工业设计	84.28	81.06	84.85	85.61	85.61
23	物流管理	84.13	83.85	83.08	85.77	83.85
24	国际经济与贸易	83.86	83.18	82.73	85.00	84.55
25	会计学	83.63	82.50	82.83	85.50	83.67
26	金融学	83.45	81.53	82.66	85.14	84.46

续表

排名	专业	2017 年（总）	教学水平	学术水平	敬业精神	投入精力
27	环境设计	82.78	82.55	83.02	82.55	83.02
28	保险学	81.47	81.25	80.36	83.04	81.25
29	视觉传达设计	81.46	82.50	81.67	81.67	80.00
30	动画	81.25	80.68	79.55	81.82	82.95
31	汉语国际教育	73.65	70.27	69.59	77.03	77.70

文管类 31 个专业中，17 个专业在该项指标上的得分高于全校均值，占 54.84%；其中公共艺术、英语和数字媒体艺术专业居前 3 位，视觉传达设计、动画、汉语国际教育居后 3 位。专业间高低相差约 22 分。

4.9.2　理工医类学院、专业比较

2017 年度理工医类各学院毕业生“师资队伍满意度”见表 4-33。

表 4-33　2017 年度理工医类各学院毕业生“师资队伍满意度”分指标均分表

排名	学院	2017 年（总）	教学水平	学术水平	敬业精神	投入精力
1	农装	90.48	89.88	90.48	92.86	88.69
2	化工	88.57	88.62	88.43	90.11	87.13
3	理学	88.40	88.31	87.94	89.55	87.81
4	环境	87.99	87.30	88.48	88.87	87.30
5	食品	87.94	88.48	88.12	87.94	87.23
6	材料	87.83	87.65	87.94	88.91	86.83
7	药学	87.54	86.74	87.50	88.72	87.20
8	汽车	87.47	86.88	87.50	88.26	87.22
9	机械	87.03	86.49	86.75	88.44	86.43
	学校均值	86.20	85.47	86.04	87.36	85.94
10	计算机	85.83	84.67	85.54	87.06	86.05
11	土木	84.89	83.99	85.29	84.80	85.46
12	无锡机电	84.79	84.33	84.66	85.41	84.76

续表

排名	学院	2017 年（总）	教学水平	学术水平	敬业精神	投入精力
13	能动	84. 14	83. 48	84. 22	85. 69	83. 19
14	电气	84. 08	82. 53	84. 32	85. 64	83. 84
15	医学	81. 11	80. 26	81. 44	82. 24	80. 51

理工医类 15 个学院中，9 个学院该项指标得分高于学校均值，其中农装学院最高，医学院最低，专业间高低相差 9. 37 分。

2017 年度理工医类各专业毕业生“师资队伍满意度”见表 4-34。

表 4-34　2017 年度理工医类各专业毕业生“师资队伍满意度”分指标均分表

排名	专业	2017 年（总）	教学水平	学术水平	敬业精神	投入精力
1	数学类（中外合作办学）（数学与应用数学）	96. 59	95. 45	97. 73	95. 45	97. 73
2	生物技术	95. 83	94. 79	96. 88	96. 88	94. 79
3	高分子材料与工程	92. 67	92. 67	93. 53	92. 24	92. 24
4	交通工程	91. 32	91. 20	91. 20	91. 67	91. 20
5	数学与应用数学（师范）	91. 08	90. 67	90. 67	92. 33	90. 67
6	卫生检验与检疫	91. 07	89. 29	92. 86	91. 67	90. 48
7	冶金工程	91. 05	91. 22	91. 89	89. 86	91. 22
8	电气工程及其自动化（卓越）	90. 99	88. 37	90. 70	93. 60	91. 28
9	机械电子工程	90. 57	90. 57	91. 80	91. 39	88. 52
10	农业机械化及其自动化	90. 48	89. 88	90. 48	92. 86	88. 69
11	测控技术与仪器	90. 23	89. 09	90. 45	90. 91	90. 45
12	安全工程	89. 86	89. 44	91. 11	89. 44	89. 44
13	应用化学	89. 22	89. 71	88. 24	91. 67	87. 25
14	金属材料工程	89. 22	89. 22	89. 71	91. 18	86. 76
15	化学	88. 87	87. 50	88. 28	90. 63	89. 06
16	药物制剂	88. 82	88. 60	89. 04	89. 47	88. 16
17	食品科学与工程	88. 49	88. 49	88. 49	88. 49	88. 49
18	通信工程	88. 35	86. 44	88. 98	89. 41	88. 56

续表

排名	专业	2017 年（总）	教学水平	学术水平	敬业精神	投入精力
19	无机非金属材料工程	88.10	88.46	88.46	89.42	86.06
20	药学	88.00	86.50	88.50	88.50	88.50
21	电气工程及其自动化（无锡机电学院）	87.83	87.05	87.50	88.84	87.95
22	交通运输	87.76	86.73	87.76	88.78	87.76
23	化学工程与工艺	87.75	88.73	87.25	88.73	86.27
24	能源与动力工程（动力机械工程及自动化）	87.59	87.85	87.50	88.19	86.81
25	环境工程	87.15	86.32	87.26	89.15	85.85
26	数学与应用数学	87.12	86.36	87.88	87.12	87.12
27	土木工程	86.97	86.45	87.05	87.05	87.35
28	机械设计制造及其自动化（卓越）	86.94	85.56	86.11	89.44	86.67
29	计算机科学与技术	86.76	86.02	86.02	88.14	86.86
30	建筑环境与能源应用工程	86.75	84.50	87.50	87.50	87.50
31	车辆工程	86.69	85.69	86.83	87.60	86.64
32	环保设备工程	86.67	85.83	86.67	87.50	86.67
33	机械设计制造及其自动化（无锡机电）	86.33	86.86	86.44	86.44	85.59
	学校均值	86.20	85.47	86.04	87.36	85.94
34	光电信息科学与工程	86.10	84.91	84.91	88.79	85.78
35	材料成型及控制工程	85.92	84.94	85.24	87.95	85.54
36	制药工程	85.86	85.09	85.09	88.16	85.09
37	自动化	85.83	85.47	85.76	85.76	86.34
38	物理学（师范）	85.80	86.82	83.64	87.27	85.45
39	信息安全	85.42	84.26	84.26	87.50	85.65
40	软件工程	85.25	84.38	85.16	86.33	85.16
41	车辆工程（卓越）	85.07	84.26	85.19	86.11	84.72
42	机械设计制造及其自动化（机械）	85.02	84.94	84.49	86.14	84.49
43	生物医学工程	85.00	83.00	86.00	87.00	84.00

续表

排名	专业	2017年（总）	教学水平	学术水平	敬业精神	投入精力
44	物联网工程（计算机）	84.77	83.18	85.00	85.91	85.00
45	信息与计算科学	84.49	84.26	85.19	87.04	81.48
46	网络工程	84.20	83.49	83.49	84.91	84.91
47	能源与动力工程（流体机械及其自动控制）	84.16	84.93	83.22	84.93	83.56
48	新能源科学与工程	84.12	84.43	83.61	85.66	82.79
49	能源与动力工程	83.84	82.08	85.38	85.85	82.08
50	食品质量与安全	83.80	85.65	83.80	83.33	82.41
51	市场营销（无锡机电学院）	83.79	83.90	84.32	83.47	83.47
52	工程力学	83.59	83.33	85.42	80.21	85.42
53	农业电气化	83.19	82.76	81.03	86.21	82.76
54	电气工程及其自动化	83.05	80.31	84.06	85.00	82.81
55	电子信息工程	82.78	82.14	82.14	84.18	82.65
56	能源与动力工程（流体机械及其自动控制卓越）	82.14	82.14	80.61	84.69	81.12
57	复合材料与工程	82.13	81.58	82.89	83.33	80.70
58	医学影像学	82.00	81.52	82.61	82.34	81.52
59	工程管理	81.79	79.89	82.07	83.15	82.07
60	医学检验技术	81.13	80.61	82.01	82.01	79.91
61	物联网工程（无锡机电）	81.03	79.31	80.17	82.76	81.90
62	临床医学	80.45	79.53	80.20	82.05	80.03
63	电子信息科学与技术	78.13	76.00	80.00	80.00	76.50
64	护理学	75.54	73.57	75.00	77.86	75.71

理工医类64个专业中，33个专业在该项指标上的得分高于全校均值，占51.56%；其中数学类（中外合作办学）（数学与应用数学）、生物技术、高分子材料与工程居前3位，临床医学、电子信息科学与技术、护理学居后3位。专业间高低相差21.05分。

4.10　管理服务满意度

4.10.1　文管类学院、专业比较

2017 年度文管类各学院毕业生“管理服务满意度”见表 4-35。

表 4-35　2017 年度文管类各学院毕业生“管理服务满意度”分指标均分表

排名	学院	2017 年（总）	服务态度	信息公开	就业指导
1	马克思	86.56	88.71	85.48	85.48
2	法学	85.15	85.69	85.28	84.48
3	外语	84.08	84.58	83.23	84.43
4	管理	83.75	83.75	83.27	84.22
5	教育	83.59	85.16	83.59	82.03
6	艺术	83.46	84.21	84.49	81.67
	学校均值	82.21	82.63	82.01	82.01
7	财经	81.02	81.07	81.28	80.72
8	文学	77.96	79.28	78.29	76.32

文管类 8 个学院中，6 个学院该项指标得分高于学校均值，其中马克思主义学院最高，文学院最低，专业间高低相差约 9 分。

2017 年度文管类各专业毕业生“管理服务满意度”见表 4-36。

表 4-36　2017 年度文管类各专业毕业生“管理服务满意度”分指标均分表

排名	专业	2017 年（总）	服务态度	信息公开	就业指导
1	美术学（师范）	91.09	91.38	92.24	89.66
2	数字媒体艺术	90.18	91.96	89.29	89.29
3	公共艺术	90.15	92.05	92.05	86.36
4	工商管理	89.46	89.34	90.07	88.97
5	思想政治教育（师范）	86.56	88.71	85.48	85.48
6	能源经济	86.49	87.07	87.93	84.48
7	英语	86.41	87.14	84.71	87.38
8	产品设计	85.71	86.73	85.71	84.69

续表

排名	专业	2017 年（总）	服务态度	信息公开	就业指导
9	电子商务	85.58	87.50	83.65	85.58
10	法学	85.15	85.69	85.28	84.48
11	工业工程	84.75	84.75	85.17	84.32
12	市场营销	84.50	84.21	85.09	84.21
13	公共事业管理（医疗保险）	83.95	82.41	83.33	86.11
14	教育技术学（师范）	83.59	85.16	83.59	82.03
15	国际经济与贸易	82.88	84.09	82.27	82.27
16	信息管理与信息系统	82.78	81.67	83.33	83.33
	学校均值	82.21	82.63	82.01	82.01
17	财务管理	82.18	81.92	83.46	81.15
18	财政学	81.99	83.06	83.87	79.03
19	环境设计	81.92	83.49	82.55	79.72
20	汉语言文学	81.81	82.39	80.87	82.17
21	保险学	81.25	80.36	82.14	81.25
22	物流管理	81.15	81.92	78.08	83.46
23	统计学	80.75	81.90	81.03	79.31
24	日语	80.34	80.47	80.86	79.69
25	会计学	80.00	80.00	79.33	80.67
26	金融学	79.13	78.38	79.50	79.50
27	人力资源管理	78.55	79.10	77.46	79.10
28	视觉传达设计	78.06	77.50	80.00	76.67
29	工业设计	76.52	77.27	80.30	71.97
30	动画	74.62	72.73	75.00	76.14
31	汉语国际教育	65.99	69.59	70.27	58.11

文管类 31 个专业中，16 个专业在该项指标上的得分高于全校均值，占 51.61%；美术学（师范）、数字媒体艺术和公共艺术专业居前 3 位，工业设计、动画和汉语国际教育居后 3 位。专业间高低相差约 25 分。

4.10.2 理工医类学院、专业比较

2017 年度理工医类各学院毕业生“管理服务满意度”见表 4-37。

表 4-37　2017 年度理工医类各学院毕业生“管理服务满意度”分指标均分表

排名	学院	2017 年（总）	服务态度	信息公开	就业指导
1	农装	85.12	85.12	83.93	86.31
2	汽车	85.00	84.79	84.51	85.69
3	计算机	84.18	85.32	83.72	83.50
4	机械	84.16	83.77	83.70	85.00
5	药学	83.94	83.84	83.38	84.60
6	理学	83.62	84.08	83.71	83.08
7	材料	83.19	83.51	82.62	83.43
8	化工	83.08	84.14	83.02	82.09
9	环境	82.42	81.64	82.03	83.59
	学校均值	82.21	82.63	82.01	82.01
10	土木	82.08	82.35	81.70	82.19
11	能动	81.71	82.23	80.75	82.15
12	食品	81.56	82.98	80.67	81.03
13	电气	80.80	80.52	80.39	81.49
14	无锡机电	80.36	81.12	81.12	78.86
15	医学	74.90	76.55	75.25	72.90

理工医类 15 个学院中，9 个学院该项指标得分高于学校均值，其中农装学院最高，医学院最低，专业间高低相差约 10 分。

2017 年度理工医类各专业毕业生“管理服务满意度”见表 4-38。

表 4-38　2017 年度理工医类各专业毕业生“管理服务满意度”分指标均分表

排名	专业	2017 年（总）	服务态度	信息公开	就业指导
1	数学类（中外合作办学）（数学与应用数学）	91.67	100.00	75.00	100.00
2	电气工程及其自动化（卓越）	89.73	88.95	88.95	91.28
3	冶金工程	88.96	88.51	87.16	91.22
4	高分子材料与工程	88.51	89.22	87.07	89.22

续表

排名	专业	2017年（总）	服务态度	信息公开	就业指导
5	能源与动力工程（动力机械工程及自动化）	87.38	86.46	87.85	87.85
6	生物技术	86.81	86.46	86.46	87.50
7	交通工程	86.73	86.57	87.50	86.11
8	数学与应用数学	86.36	86.36	87.12	85.61
9	数学与应用数学（师范）	85.89	86.00	85.33	86.33
10	通信工程	85.88	83.90	86.86	86.86
11	测控技术与仪器	85.61	84.55	85.45	86.82
12	光电信息科学与工程	85.20	85.78	85.78	84.05
13	农业机械化及其自动化	85.12	85.12	83.93	86.31
14	药物制剂	85.09	86.40	84.65	84.21
15	计算机科学与技术	84.89	87.29	84.75	82.63
16	安全工程	84.81	83.33	84.44	86.67
17	机械电子工程	84.70	83.61	82.79	87.70
18	信息安全	84.57	85.65	84.26	83.80
19	车辆工程	84.54	83.97	84.16	85.50
20	电气工程及其自动化（无锡机电学院）	84.08	85.27	84.82	82.14
21	软件工程	83.85	85.55	82.81	83.20
22	化学工程与工艺	83.82	84.80	83.33	83.33
23	车辆工程（卓越）	83.80	84.72	81.48	85.19
24	药学	83.67	82.50	82.00	86.50
25	化学	83.59	86.72	81.25	82.81
26	自动化	83.53	83.14	82.56	84.88
27	网络工程	83.49	84.43	83.02	83.02
28	机械设计制造及其自动化（机械）	83.38	83.13	82.98	84.04
29	土木工程	83.23	83.13	82.53	84.04
30	机械设计制造及其自动化（卓越）	83.15	82.78	82.78	83.89

续表

排名	专业	2017 年（总）	服务态度	信息公开	就业指导
31	制药工程	83.04	82.46	83.33	83.33
32	金属材料工程	83.01	83.33	82.35	83.33
33	能源与动力工程	82.94	82.78	81.84	84.20
34	能源与动力工程（流体机械及其自动控制）	82.88	83.22	82.53	82.88
35	食品科学与工程	82.28	84.52	80.56	81.75
36	物联网工程（计算机）	82.27	85.00	80.45	81.36
	学校均值	82.21	82.63	82.01	82.01
37	交通运输	82.14	82.65	80.61	83.16
38	应用化学	82.03	81.86	83.82	80.39
39	建筑环境与能源应用工程	82.00	82.00	82.50	81.50
40	环境工程	81.76	81.60	81.13	82.55
41	无机非金属材料工程	81.73	82.69	82.69	79.81
42	复合材料与工程	81.43	81.58	82.02	80.70
43	机械设计制造及其自动化（无锡机电）	81.21	83.05	80.51	80.08
44	工程管理	80.98	80.98	79.35	82.61
45	电子信息工程	80.61	82.14	79.08	80.61
46	生物医学工程	80.33	81.00	80.00	80.00
47	工程力学	80.21	82.29	83.33	75.00
48	环保设备工程	80.00	79.17	80.00	80.83
49	新能源科学与工程	79.92	82.38	77.05	80.33
50	信息与计算科学	79.63	80.56	79.63	78.70
51	能源与动力工程（流体机械及其自动控制卓越）	79.25	79.59	78.57	79.59
52	物理学（师范）	79.24	80.00	80.00	77.73
53	材料成型及控制工程	79.12	79.22	78.01	80.12
54	电气工程及其自动化	78.96	77.50	80.00	79.38
55	市场营销（无锡机电学院）	78.81	78.81	80.08	77.54

续表

排名	专业	2017 年（总）	服务态度	信息公开	就业指导
56	食品质量与安全	78.40	79.63	78.24	77.31
57	医学影像学	77.90	79.08	77.45	77.17
58	卫生检验与检疫	77.78	78.57	82.14	72.62
59	物联网工程（无锡机电）	77.30	77.16	79.31	75.43
60	农业电气化	76.72	78.45	75.86	75.86
61	临床医学	76.68	77.52	76.17	76.34
62	电子信息科学与技术	74.17	73.00	74.00	75.50
63	医学检验技术	70.87	74.77	71.26	66.59
64	护理学	70.00	70.00	73.57	66.43

理工医类 64 个专业中，36 个专业得分高于全校均值，占 56.25%；数学类（中外合作办学）（数学与应用数学）、电气工程及其自动化（卓越）和冶金工程专业居前 3 位，电子信息科学与技术、医学检验技术、护理学居后 3 位。专业间高低相差 21.67 分。

4.11 对本专业的态度取向

4.11.1 文管类学院、专业比较

2017 年度文管类各学院毕业生“对本专业的态度取向”见表 4-39。

表 4-39 2017 年度文管类各学院毕业生“对本专业的态度取向”分指标均分表

排名	学院	2017 年（总）	专业态度	就业取向与专业相关度	向他人推荐意愿
1	法学	85.15	88.71	88.91	77.82
2	艺术	79.26	81.58	77.73	78.48
3	外语	78.94	82.49	77.25	77.10
4	教育	77.86	79.69	81.25	72.66
5	马克思	77.15	80.65	81.45	69.35
6	管理	76.14	79.02	74.53	74.88
	学校均值	75.75	77.17	77.35	72.73

续表

排名	学院	2017 年（总）	专业态度	就业取向与专业相关度	向他人推荐意愿
7	财经	73.43	74.95	75.60	69.73
8	文学	72.53	75.99	73.36	68.26

文管类 8 个学院中，6 个学院该项指标得分高于学校均值，其中法学院最高，文学院最低，高低相差近 13 分。

2017 年度文管类各专业毕业生“对本专业的态度取向”见表 4-40。

表 4-40　2017 年度文管类各专业毕业生“对本专业的态度取向”分指标均分表

排名	专业	2017 年（总）	专业态度	就业取向与专业相关度	向他人推荐意愿
1	美术学（师范）	89.37	89.66	92.24	86.21
2	数字媒体艺术	86.90	90.18	81.25	89.29
3	法学	85.15	88.71	88.91	77.82
4	公共艺术	82.58	87.50	77.27	82.95
5	英语	82.52	84.47	81.31	81.80
6	工商管理	82.35	84.93	81.62	80.51
7	财务管理	79.36	79.62	82.69	75.77
8	工业工程	79.10	81.36	78.39	77.54
9	产品设计	78.40	84.69	70.41	80.10
10	教育技术学（师范）	77.86	79.69	81.25	72.66
11	公共事业管理（医疗保险）	77.47	81.48	73.15	77.78
12	汉语言文学	77.46	80.00	78.91	73.48
13	工业设计	77.27	76.52	81.06	74.24
14	思想政治教育（师范）	77.15	80.65	81.45	69.35
15	市场营销	76.90	77.19	76.75	76.75
16	环境设计	76.89	78.30	78.77	73.58
17	电子商务	75.96	78.85	73.08	75.96
	学校均值	75.75	77.17	77.35	72.73
18	金融学	75.38	76.58	78.38	71.17

续表

排名	专业	2017 年（总）	专业态度	就业取向与专业相关度	向他人推荐意愿
19	人力资源管理	74.18	76.64	75.00	70.90
20	信息管理与信息系统	73.89	77.08	72.92	71.67
21	视觉传达设计	73.61	73.33	72.50	75.00
22	日语	73.18	79.30	70.70	69.53
23	会计学	73.11	73.33	79.00	67.00
24	国际经济与贸易	72.12	74.55	71.82	70.00
25	统计学	71.55	75.86	66.38	72.41
26	财政学	71.51	75.81	68.55	70.16
27	动画	71.21	73.86	70.45	69.32
28	物流管理	69.74	75.38	63.85	70.00
29	能源经济	68.39	72.41	67.24	65.52
30	保险学	65.48	67.86	63.39	65.18
31	汉语国际教育	57.21	63.51	56.08	52.03

文管类 31 个专业中，17 个专业在该项指标上的得分高于全校均值，占 54.84%；其中美术学（师范）、数字媒体艺术和法学专业居前 3 位，能源经济、保险学和汉语国际教育居后 3 位。专业间高低相差约 32 分。

4.11.2 理工医类学院、专业比较

2017 年度理工医类各学院毕业生“对本专业的态度取向”见表 4-41。

表 4-41 2017 年度理工医类各学院毕业生“对本专业的态度取向”分指标均分表

排名	学院	2017 年（总）	专业态度	就业取向与专业相关度	向他人推荐意愿
1	理学	82.09	82.34	87.44	76.49
2	计算机	79.14	80.31	79.87	77.25
3	汽车	77.73	78.82	80.28	74.10
4	无锡机电	76.50	78.86	77.90	72.75
5	机械	76.30	76.95	77.66	74.29

续表

排名	学院	2017 年（总）	专业态度	就业取向与专业相关度	向他人推荐意愿
	学校均值	75.75	77.17	77.35	72.73
6	药学	75.61	76.07	79.42	71.34
7	化工	75.19	75.56	77.99	72.01
8	电气	74.68	75.21	75.76	73.07
9	医学	74.65	73.51	83.91	66.52
10	农装	74.40	78.57	71.43	73.21
11	食品	73.94	78.37	71.99	71.45
12	土木	72.49	72.88	76.31	68.30
13	材料	72.09	73.82	71.60	70.86
14	环境	71.94	74.61	71.09	70.12
15	能动	71.78	72.05	71.83	71.46

理工医类 15 个学院中，5 个学院该项指标得分高于学校均值，其中理学院最高，能动学院最低，高低相差约 10 分。

2017 年度理工医类各专业毕业生“对本专业的态度取向”见表 4-42。

表 4-42　2017 年度理工医类各专业毕业生“对本专业的态度取向”分指标均分表

排名	专业	2017 年（总）	专业态度	就业取向与专业相关度	向他人推荐意愿
1	数学类（中外合作办学）（数学与应用数学）	87.88	88.64	93.18	81.82
2	数学与应用数学（师范）	86.56	85.00	93.33	81.33
3	电气工程及其自动化（卓越）	86.05	84.30	90.70	83.14
4	软件工程	82.94	83.20	86.72	78.91
5	计算机科学与技术	81.92	82.63	85.17	77.97
6	生物技术	81.25	84.38	84.38	75.00
7	物理学（师范）	80.61	80.45	88.64	72.73
8	车辆工程（卓越）	80.09	79.17	82.87	78.24
9	电气工程及其自动化（无锡机电学院）	80.06	83.04	80.36	76.79
10	能源与动力工程（动力机械工程及自动化）	79.98	80.56	82.99	76.39

续表

排名	专业	2017年（总）	专业态度	就业取向与专业相关度	向他人推荐意愿
11	数学与应用数学	79.80	83.33	79.55	76.52
12	医学影像学	79.71	79.35	88.04	71.74
13	高分子材料与工程	79.60	85.34	75.43	78.02
14	交通工程	79.17	82.41	78.70	76.39
15	机械电子工程	79.10	78.69	81.56	77.05
16	安全工程	79.07	80.00	79.44	77.78
17	网络工程	78.77	79.25	77.83	79.25
18	冶金工程	78.38	75.00	81.76	78.38
19	信息安全	78.24	79.17	75.93	79.63
20	机械设计制造及其自动化（卓越）	77.96	78.33	79.44	76.11
21	药物制剂	77.92	78.07	83.33	72.37
22	药学	77.83	81.00	79.00	73.50
23	车辆工程	77.48	78.44	81.11	72.90
24	化学工程与工艺	77.45	77.94	79.90	74.51
25	机械设计制造及其自动化（无锡机电）	77.26	79.66	81.36	70.76
26	电气工程及其自动化	76.88	77.50	77.50	75.63
27	临床医学	76.73	76.01	86.74	67.45
28	市场营销（无锡机电学院）	76.55	79.66	77.54	72.46
29	通信工程	76.27	77.54	76.69	74.58
30	测控技术与仪器	76.21	80.00	75.45	73.18
31	自动化	76.16	76.45	77.03	75.00
32	光电信息科学与工程	76.15	76.29	76.72	75.43
33	物联网工程（计算机）	76.06	79.55	75.45	73.18
34	化学	76.04	78.13	76.56	73.44
35	生物医学工程	76.00	80.00	74.00	74.00
	学校均值	75.75	77.17	77.35	72.73
36	建筑环境与能源应用工程	75.50	73.50	79.00	74.00

续表

排名	专业	2017 年（总）	专业态度	就业取向与专业相关度	向他人推荐意愿
37	金属材料工程	75.16	78.43	74.02	73.04
38	机械设计制造及其自动化（机械）	74.90	75.15	76.81	72.74
39	土木工程	74.50	75.60	78.01	69.88
40	农业机械化及其自动化	74.40	78.57	71.43	73.21
41	食品质量与安全	73.61	76.39	74.54	69.91
42	信息与计算科学	73.15	75.00	75.93	68.52
43	能源与动力工程	73.03	72.17	73.58	73.35
44	电子信息工程	72.96	73.98	71.43	73.47
45	能源与动力工程（流体机械及其自动控制卓越）	72.79	72.45	72.96	72.96
46	应用化学	72.39	71.57	76.96	68.63
47	物联网工程（无锡机电）	72.27	73.28	72.41	71.12
48	环境工程	72.17	74.06	74.06	68.40
49	新能源科学与工程	71.86	76.64	70.49	68.44
50	食品科学与工程	71.43	77.78	65.08	71.43
51	制药工程	71.35	69.74	75.88	68.42
52	医学检验技术	71.34	69.86	79.21	64.95
53	工程力学	71.18	71.88	72.92	68.75
54	交通运输	70.92	72.96	72.96	66.84
55	材料成型及控制工程	69.98	69.58	72.59	67.77
56	工程管理	69.57	68.48	75.00	65.22
57	农业电气化	68.39	70.69	66.38	68.10
58	复合材料与工程	67.84	69.74	64.47	69.30
59	护理学	67.38	60.71	82.14	59.29
60	卫生检验与检疫	66.67	66.78	64.73	68.49
61	能源与动力工程（流体机械及其自动控制）	66.67	70.24	72.62	57.14
62	无机非金属材料工程	64.26	66.83	63.94	62.02
63	电子信息科学与技术	63.50	63.00	68.50	59.00
64	环保设备工程	60.83	67.50	53.33	61.67

理工医类 64 个专业中，35 个专业该项得分高于全校平均值，占 54.69%，其中数学类（中外合作办学）（数学与应用数学）、数学与应用数学（师范）、电

气工程及其自动化（卓越）专业居前3位，无机非金属材料工程、电子信息科学与技术、环保设备工程居专业后3位。专业间高低相差近27分。

4.12 专业教学满意度影响因素

4.12.1 学校及各学院学生对本专业最满意的因素统计

“对本专业最满意的因素”问卷设置了9个选择项，由学生进行选择（可多选），通过选择频次统计汇总了各学院毕业生的选择情况，反映学生对各个选项的满意度。

表4-43为学校及各学院学生“对本专业最满意的因素”统计情况。

表4-43 学校及各学期成绩院学生“对本专业最满意的因素”统计表

单位	A师资力量雄厚	B学习机会多	C考试测评到位	D职业技能提升度高	E图书资料丰厚	F教学设备完善	G学习氛围好	H实践实习机会多	I奖助学金资源丰富
学校均值	*0.166	0.138	0.096	0.106	0.134	0.086	0.114	0.105	▽0.056
材料	*0.184	0.144	0.099	0.105	0.122	0.082	0.095	0.117	▽0.051
财经	0.148	0.124	0.095	0.098	*0.165	0.082	0.142	0.088	▽0.057
电气	*0.170	0.143	0.099	0.094	0.149	0.099	0.090	0.099	▽0.057
法学	0.121	*0.146	0.107	0.098	0.135	0.090	0.129	0.105	▽0.068
管理	*0.186	0.138	0.079	0.110	0.142	0.079	0.121	0.093	▽0.052
化学	*0.162	0.150	0.090	0.097	0.127	0.111	0.118	0.092	▽0.052
环境	*0.166	0.135	0.111	0.103	0.113	0.101	0.127	0.091	▽0.053
机械	*0.174	0.124	0.102	0.116	0.137	0.081	0.092	0.112	▽0.061
计算机	*0.152	0.138	0.106	0.101	0.141	0.101	0.121	0.083	▽0.058
教师	*0.210	0.181	0.048	0.114	0.124	0.067	0.105	0.105	▽0.048
理学	*0.172	0.136	0.093	0.132	0.120	0.081	0.129	0.095	▽0.043
马克思	0.155	0.169	0.092	0.070	0.106	0.063	*0.183	0.113	▽0.049
能动	*0.174	0.146	0.108	0.097	0.113	▽0.054	0.096	0.134	0.078
农装	*0.186	0.153	▽0.056	0.090	0.079	0.119	0.124	0.107	0.085
汽车	*0.191	0.148	0.087	0.095	0.130	0.086	0.101	0.095	▽0.067
食品	*0.179	0.143	0.099	0.100	0.120	0.082	0.113	0.115	▽0.048

续表

单位	A 师资力量雄厚	B 学习机会多	C 考试测评到位	D 职业技能提升度高	E 图书资料丰厚	F 教学设备完善	G 学习氛围好	H 实践实习机会多	I 奖助学金资源丰富
土木	*0.156	0.150	0.089	0.094	0.131	0.092	0.089	0.156	▽0.042
外语	*0.175	0.132	0.094	0.111	0.133	0.096	0.140	0.065	▽0.054
文学	0.132	0.149	0.106	0.096	*0.166	0.095	0.144	0.060	▽0.051
无锡机电	0.151	0.130	0.114	0.121	0.093	0.099	0.078	*0.159	▽0.054
药学	*0.163	0.130	0.086	0.107	0.134	0.073	0.151	0.107	▽0.047
医学	*0.159	0.122	0.090	0.116	0.137	0.096	0.116	0.118	▽0.047
艺术	*0.149	0.144	0.085	0.127	0.138	0.070	0.125	0.114	▽0.048

标注“ * ”为各学院学生满意度最高的方面，标注“ ▽ ”为各学院学生满意度最低的方面。

4.12.2　学校及各学院学生对本专业最不满意的因素统计

“本专业存在最突出的问题”问卷设置了 8 个选项，由学生进行选择（可多选）。通过选择频资统计汇总了各学院毕业生的选择情况，反映学生认为比较突出的问题。

学校及各学院学生对“本专业最不满意的因素”统计如表 4-44 所示。

表 4-44　学校及各学院学生“对本专业最不满意的因素”统计表

单位	A 培养目标定位不准确	B 缺乏个性化培养	C 硬件不能满足要求	D 教师队伍实力有限	E 教材于教学内容陈旧	F 选修课数量不足	G 案例教学不足	H 实践实习机会少
学校	0.114	*0.262	0.112	0.041	0.087	0.081	0.132	0.171
材料	0.092	*0.252	0.140	0.033	0.107	0.073	0.138	0.165
财经	0.111	*0.257	0.081	0.072	0.076	0.063	0.140	0.200
电气	0.119	*0.265	0.109	0.045	0.087	0.061	0.131	0.184
法学	0.072	*0.250	0.116	0.072	0.072	0.101	0.141	0.174
管理	0.108	*0.253	0.104	0.023	0.123	0.080	0.122	0.188
化学	0.116	*0.307	0.082	0.019	0.026	0.105	0.120	0.225
环境	0.097	*0.242	0.124	0.017	0.081	0.091	0.164	0.185
机械	0.080	*0.252	0.137	0.028	0.102	0.104	0.151	0.146
计算机	0.125	*0.245	0.097	0.028	0.108	0.078	0.125	0.194

续表

单位	A 培养目标定位不准确	B 缺乏个性化培养	C 硬件不能满足要求	D 教师队伍实力有限	E 教材于教学内容陈旧	F 选修课数量不足	G 案例教学不足	H 实践实习机会少
教师	0.070	*0.282	0.169	0.028	0.056	0.000	0.155	0.239
理学	0.116	*0.258	0.107	0.053	0.051	0.060	0.144	0.211
马克思	0.058	*0.362	0.174	0.043	0.072	0.087	0.087	0.116
能动	0.136	*0.263	0.129	0.026	0.071	0.083	0.150	0.142
农装	0.129	*0.257	0.029	0.043	0.100	0.100	0.171	0.171
汽车	0.147	*0.239	0.092	0.022	0.113	0.090	0.126	0.171
食品	0.135	*0.282	0.122	0.022	0.060	0.122	0.091	0.166
土木	0.122	*0.279	0.116	0.085	0.082	0.100	0.113	0.103
外语	0.107	*0.275	0.077	0.015	0.095	0.077	0.118	0.237
文学	0.088	*0.280	0.080	0.080	0.047	0.091	0.110	0.225
无锡机电	0.157	*0.272	0.086	0.048	0.117	0.076	0.143	0.101
药学	0.105	*0.275	0.120	0.037	0.086	0.073	0.126	0.178
医学	0.093	*0.316	0.126	0.040	0.077	0.085	0.139	0.125
艺术	0.145	*0.218	0.170	0.060	0.068	0.079	0.108	0.151

标注“*”为各学院毕业生认为最不满意的方面。

4.12.3 学校及各学院学生认为本专业最需要改进的因素统计

关于各学院哪些地方需要改进，问卷列举了 7 个与本科教学建设相关的因素，由学生选择（可多选）。根据学生对 7 个因素的选择频次，反映学生认为各因素需要改进的程度。

学校及各学院学生认为“本专业最需要改进的因素”统计如表 4-45 所示。

表 4-45 学校及各学院学生认为“本专业最需要改进的因素”统计表

单位名称	A 师资水平	B 教学内容	C 教学模式	D 考核测评方式	E 师生交流	F 硬件设备	G 图书等教育资源
学校	0.081	0.166	*0.217	0.123	0.158	0.139	0.116
材料	0.071	0.159	*0.184	0.120	0.176	0.161	0.128
财经	0.108	0.174	*0.232	0.120	0.130	0.125	0.110

续表

单位名称	A 师资水平	B 教学内容	C 教学模式	D 考核测评方式	E 师生交流	F 硬件设备	G 图书等教育资源
电气	0. 077	0. 157	* 0. 220	0. 124	0. 179	0. 127	0. 116
法学	0. 123	0. 148	* 0. 194	0. 141	0. 151	0. 099	0. 144
管理	0. 078	0. 178	* 0. 209	0. 121	0. 149	0. 146	0. 119
化学	0. 030	0. 137	* 0. 228	0. 156	0. 221	0. 129	0. 099
环境	0. 055	0. 157	* 0. 193	0. 109	0. 161	0. 157	0. 168
机械	0. 060	0. 158	* 0. 219	0. 141	0. 156	0. 162	0. 105
计算机	0. 091	0. 205	* 0. 234	0. 102	0. 152	0. 119	0. 097
教师	0. 074	0. 118	0. 162	0. 206	0. 162	* 0. 221	0. 059
理学	0. 113	0. 154	* 0. 202	0. 129	0. 154	0. 126	0. 122
马克思	0. 065	0. 117	* 0. 260	0. 091	0. 143	0. 156	0. 169
能动	0. 060	0. 180	* 0. 219	0. 146	0. 165	0. 131	0. 099
农装	0. 064	0. 128	* 0. 269	0. 141	0. 179	0. 038	0. 179
汽车	0. 073	0. 195	* 0. 227	0. 111	0. 137	0. 139	0. 117
食品	0. 050	0. 156	* 0. 212	0. 162	0. 142	0. 169	0. 109
土木	0. 115	0. 121	* 0. 233	0. 130	0. 164	0. 136	0. 100
外语	0. 046	0. 149	* 0. 241	0. 128	0. 159	0. 143	0. 134
文学	0. 114	0. 189	* 0. 219	0. 096	0. 159	0. 069	0. 156
无锡机电	0. 104	0. 189	* 0. 205	0. 110	0. 145	0. 112	0. 135
药学	0. 056	0. 148	* 0. 198	0. 134	0. 156	0. 187	0. 120
医学	0. 080	0. 133	* 0. 234	0. 120	0. 194	0. 136	0. 103
艺术	0. 102	0. 187	* 0. 202	0. 090	0. 135	0. 183	0. 102

标注“ * ”的为各学院学生选择频次最高的希望改进的方面。

4. 13　研究发现

（一）毕业设计管理和支持有力，学生满意度持续走高

作为学生“出门”的最后一个环节，毕业设计（论文）实际上是学生学业的最后的评价。为把好这一关，学校近几年陆续出台了不少文件，对教师的指

导、毕业设计的管理与支持、毕业设计（论文）的评价等进行了严格规定，将学生的表现、获得与学生的努力、能力及教师的付出挂钩。先后出台《江苏大学本科生毕业设计（论文）工作规程》等文件，建立“江苏大学毕业设计（论文）智能管理系统”。事实证明，严格的、科学的管理和完善的平台支持，使学生“累并收获着”并实现了质的飞跃，学生的满意度因此也保持了较高水平，总体保持在 86 分以上。

（二）学校对教学重视程度持续提升，学生对教师教学敬业度保持高满意度

近几年来，学校成立教师教学发展中心，陆续出台教师教学能力提升及推进本科教学质量建设的文件，教务管理部门、教学督导室、院系层面加强了对教学过程的管理和评价，加大了对教师常态化教学能力培训活动、教学沙龙活动设计与实施、名师讲堂建设、公开课体系化建设、教学竞赛组织与实施、教学资源体系教师等方面的支持力度，有力推动了教师教学态度、能力、水平持续提升。测评中，学生对教师的教学水平、学术水平、敬业精神、投入精力等方面得分都在 85 分以上，评价较高，反映出我校教师教学敬业度、教学能力及教学专业发展方面的成绩。

（三）管理服务能力、水平提升，学生对学校的教学支持、服务满意度高

教学水平提升重在管理。近几年，学校在教学过程管理、监控、评价方面付出了巨大努力，从制度、机制、方法、平台等方面入手，以“精益求精”的态度开展教学管理、支持活动。优秀的教学管理与支持体系的运行，有利于学生学习活动的开展，促进了教师教学水平的提高，保证了教学“高效”的运行，也保证了学生能够全时享受优质课堂、高效课堂。测评中，无论是院系还是学校层面，学生对教学的管理支持的满意度均分都在 82 分以上。

第5章

×

2018年专业教学满意度测评实践

5.1 调查样本

2018 年度某校本科生专业教学满意度测评覆盖所有毕业生专业（方向），共涉及 23 个学院（含无锡机电学院）、93 个专业（方向）。全校生 5436 名应届毕业生中，共 5423 人参与了调查，参与率 99.76%，有效率 100%，见表 5-1。

表 5-1 2018 年全校总体参与情况统计表

分类	全校学院数	参评学院	全校专业数	参评专业数	毕业生数	参评人数	参评率/%
文管类	8	8	31	31	1712	1711	99.94
理工医类	15	15	62	62	3724	3712	99.68

5.2 专业教学满意度总体情况

5.2.1 全校总体满意度情况及其年度比较

此次调查结果显示某校毕业生对专业教学满意度的总体均分为 79.87 分（见表 5-2），与 2017 年相比提高 1.09 分，其中毕业设计（论文）满意度得分最高，师资队伍满意度次之，专业总体满意度相对较低。以下具体从人文社科和理工医两大类描述各学院、专业毕业生满意度情况。

表 5-2 2018 年度全校毕业生总满意度均分表

总满意度	目标定位	课程设置	教学效果	实践教学	毕业设计	考试	师资队伍	管理服务	专业总体
79.87	78.62	78.10	79.12	78.02	86.10	82.07	85.82	82.41	76.75

5.2.2 文管类满意度总体情况

2018 年度文管类各学院毕业生总满意度见图 5-1。

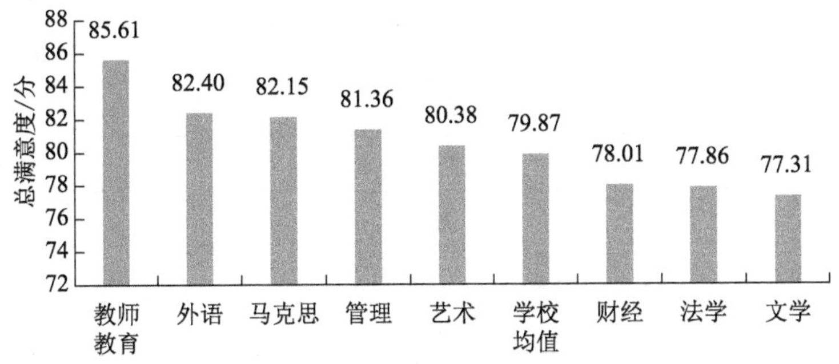

图 5-1　2018 年度文管类各学院毕业生总满意度均分图

文管类 8 个学院总满意度中，教师教育学院得分最高，文学院最低，其中 5 个学院得分高于全校均值，3 个学院得分低于全校均值。

2018 年度文管类各专业毕业生总满意度见表 5-3。

表 5-3　2018 年度文管类各专业毕业生总满意度均分表

人文专业排名	专业	2018 年
1	公共事业管理（医疗保险）	86. 68
2	视觉传达设计	86. 64
3	环境设计	85. 72
4	教育技术学（师范）	85. 61
5	市场营销	84. 44
6	美术学（师范）	83. 53
7	信息管理与信息系统	83. 44
8	人力资源管理	82. 80
9	英语	82. 63
10	思想政治教育（师范）	82. 15
11	日语	81. 98
12	保险学	81. 74
13	电子商务	81. 73
14	产品设计	80. 69
15	汉语言文学	80. 21
16	财政学	80. 13

续表

人文专业排名	专业	2018 年
	学校均值	79.87
17	公共艺术	79.48
18	工业工程	79.31
19	财务管理	79.12
20	工商管理	78.58
21	物流管理	78.40
22	会计学	78.02
23	国际经济与贸易	77.95
24	法学	77.86
25	统计学	77.83
26	金融学	77.22
27	工业设计	76.99
28	动画	74.37
29	能源经济	73.09
30	数字媒体艺术	71.82
31	汉语国际教育	68.61

文管类 31 个专业中，公共事业管理（医疗保险）得分最高，为 86.68 分，汉语国际教育得分最低，为 68.61 分，高低相差约 18 分，差异显著。

5.2.3 理工医类满意度总体情况

2018 年度理工医类各学院毕业生总满意度见图 5-2。

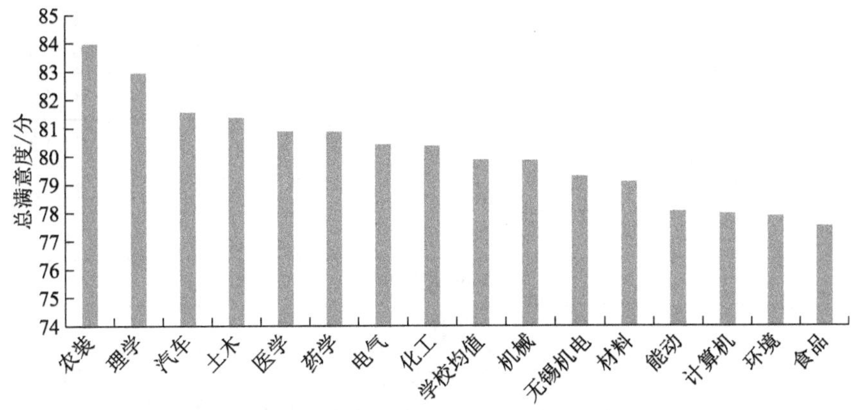

图 5-2　2018 年度理工医类各学院毕业生总满意度均分图

理工医类 15 个学院的总体满意度中，农业装备工程学院最高，食品与生物工程学院最低，其中 8 个学院高于全校均值，7 个学院低于全校均值。

2018 年度理工医类各专业毕业生总满意度见表 5-4。

表 5-4　2018 年度理工医类各专业毕业生总满意度均分表

理工医类专业排名	专业	2018 年
1	物理学（师范）	87.05
2	电气工程及其自动化（卓越）	86.26
3	电气工程及其自动化	84.99
4	能源与动力工程（流体机械及其自动控制）	84.63
5	农业机械化及其自动化	83.96
6	交通工程	83.91
7	测控技术与仪器	83.91
8	数学与应用数学（师范）	83.61
9	土木工程	83.38
10	医学影像学	82.61
11	金属材料工程	82.60
12	数学类（中外合作办学）（数学与应用数学）	82.52
13	车辆工程（卓越）	82.41
14	临床医学	82.33

续表

理工医类专业排名	专业	2018 年
15	药物制剂	82.25
16	生物技术	81.82
17	药学	81.72
18	化学工程与工艺	81.65
19	网络工程	81.62
20	车辆工程	81.54
21	医学检验技术	80.96
22	能源与动力工程（动力机械工程及自动化）	80.94
23	通信工程	80.54
24	安全工程	80.50
25	光电信息科学与工程	80.12
	学校均值	79.87
26	机械设计制造及其自动化	79.84
27	机械设计制造及其自动化（卓越）	79.76
28	无机非金属材料工程	79.60
29	交通运输	79.56
30	材料成型及控制工程	79.55
31	市场营销（无锡机电学院）	79.54
32	电气工程及其自动化（无锡机电学院）	79.49
33	生物医学工程	79.49
34	电子信息工程	79.40
35	工程管理	79.26
36	软件工程（无锡机电学院）	79.21
37	建筑环境与能源应用工程	79.14
38	应用化学	79.04
39	机械电子工程（无锡机电学院）	78.91
40	信息与计算科学	78.78
41	食品科学与工程	78.69

续表

理工医类专业排名	专业	2018 年
42	自动化	78.61
43	能源与动力工程（流体机械及其自动控制卓越）	78.56
44	制药工程	78.56
45	环保设备工程	78.55
46	冶金工程	78.49
47	信息安全	78.48
48	数学与应用数学	78.03
49	物联网工程	77.58
50	高分子材料与工程	77.43
51	护理学	76.96
52	复合材料与工程	76.66
53	卫生检验与检疫	76.38
54	机械电子工程	76.00
55	能源与动力工程	75.63
56	电子信息科学与技术	75.56
57	环境工程	75.04
58	计算机科学与技术	75.02
59	软件工程	74.44
60	农业电气化	74.01
61	食品质量与安全	73.99
62	新能源科学与工程	72.86

理工医类 62 个专业中，物理学（师范）得分最高，为 87.05 分，新能源科学与工程得分最低，为 72.86 分，高低相差 14.19 分，差异显著。

5.3 目标定位满意度

5.3.1 文管类学院、专业比较

2018 年文管类各学院毕业生“目标定位满意度”见表 5-5。

表 5-5 2018 年度文管类各学院毕业生“目标定位满意度”分指标均分表

排名	学院	2018 年（总）	专业目标了解	社会需求吻合度	专业实力符合度	学校目标符合度	学生期望符合度
1	马克思	83.45	80.00	83.57	81.43	86.43	85.00
2	教师	83.33	84.17	82.50	84.17	83.33	83.33
3	管理	81.05	80.05	81.73	80.72	82.18	79.77
4	外语	79.48	78.36	79.29	79.10	81.53	78.17
	学校均值	78.62	78.54	79.39	78.68	79.33	76.72
5	艺术	78.03	79.42	78.27	78.08	77.89	76.54
6	财经	76.38	76.89	76.60	75.87	77.18	75.19
7	法学	76.16	76.83	78.29	75.73	76.46	74.09
8	文学	75.59	78.85	75.80	74.84	75.16	73.24

文管类 8 个学院的“目标定位满意度”总均分中，4 个学院高于学校均值，学院间高低相差 7.86 分，呈显著性差异。与 2017 年比，除教师教育学院有显著提升外，其他各学院目标定位满意度均有所降低。

2018 年度文管类各专业毕业生“目标定位满意度”见表 5-6。

表 5-6 2018 年度文管类各专业毕业生“目标定位满意度”分指标均分表

排名	专业	2018 年（总）	专业目标了解	社会需求吻合度	专业实力符合度	学校目标符合度	学生期望符合度
1	公共事业管理（医疗保险）	85.73	83.33	87.12	87.88	87.88	78.79
2	视觉传达设计	84.77	81.03	88.79	85.35	86.21	81.90
3	市场营销	84.53	81.36	84.75	84.32	86.02	84.32
4	思想政治教育（师范）	83.45	80.00	83.57	81.43	86.43	85.00
5	环境设计	83.33	84.00	81.50	81.50	86.50	83.00
6	教育技术学（师范）	83.33	84.17	82.50	84.17	83.33	83.33
7	人力资源管理	83.13	83.33	84.13	84.13	81.75	82.94
8	保险学	82.95	84.85	85.61	81.82	81.82	81.82
9	信息管理与信息系统	82.67	77.50	84.50	83.50	84.50	82.50
10	产品设计	81.40	81.71	82.93	81.10	82.32	79.88
11	电子商务	80.75	76.72	83.62	78.45	82.76	79.31

续表

排名	专业	2018 年（总）	专业目标了解	社会需求吻合度	专业实力符合度	学校目标符合度	学生期望符合度
12	美术学（师范）	80. 56	81. 48	78. 70	80. 56	76. 85	81. 48
13	工业工程	80. 00	79. 58	82. 50	78. 75	80. 00	79. 58
14	英语	79. 71	79. 12	79. 12	80. 00	81. 77	77. 94
15	日语	79. 08	77. 04	79. 59	77. 55	81. 12	78. 57
	学校均值	78. 62	78. 54	79. 39	78. 68	79. 33	76. 72
16	国际经济与贸易	78. 47	81. 25	78. 33	77. 92	78. 33	76. 67
17	物流管理	78. 14	80. 59	78. 24	76. 77	80. 00	75. 88
18	汉语言文学	78. 03	79. 70	78. 21	77. 35	78. 21	76. 07
19	工商管理	77. 30	77. 24	75. 00	76. 49	79. 10	76. 49
20	会计学	77. 04	75. 47	78. 30	77. 20	78. 46	75. 63
21	财务管理	76. 95	76. 21	77. 02	75. 00	78. 63	76. 61
22	财政学	76. 44	77. 89	76. 92	75. 96	75. 96	75. 96
23	法学	76. 16	76. 83	78. 29	75. 73	76. 46	74. 09
24	金融学	75. 49	76. 80	76. 35	74. 78	75. 68	74. 55
25	公共艺术	74. 84	74. 04	75. 00	75. 96	75. 00	74. 04
26	工业设计	74. 11	74. 11	76. 79	76. 79	72. 32	71. 43
27	统计学	73. 23	73. 49	68. 94	73. 49	75. 76	72. 73
28	动画	70. 00	79. 17	68. 33	70. 00	67. 50	67. 50
29	数字媒体艺术	69. 97	75. 00	69. 83	69. 83	68. 10	67. 24
30	汉语国际教育	68. 27	76. 28	68. 59	67. 31	66. 03	64. 74
31	能源经济	67. 34	71. 77	62. 90	66. 94	68. 55	64. 52

文管类 31 个专业中，15 个专业在该项指标上的得分高于全校均值；其中公共事业管理（医疗保险）、视觉传达设计和市场营销专业居前 3 位，数字媒体艺术、汉语国际教育和能源经济居后 3 位。专业间高低相差 18. 39 分，差异显著。

5. 3. 2　理工医类学院、专业比较

2018 年度理工医类各学院毕业生“目标定位满意度”见表 5-7。

表 5-7　2018 年度理工医类各学院毕业生“目标定位满意度”分指标均分表

排名	学院	2018 年（总）	专业目标了解	社会需求吻合度	专业实力符合度	学校目标符合度	学生期望符合度
1	农装	83.64	80.56	80.56	87.04	85.19	83.33
2	土木	81.06	79.14	83.28	81.44	82.36	79.60
3	医学	80.50	80.06	82.35	80.96	81.51	77.71
4	汽车	80.08	78.51	80.70	80.20	80.89	78.38
5	理学	79.97	79.01	79.95	80.42	81.37	78.66
6	机械	79.47	77.91	81.82	79.66	80.00	77.36
7	电气	79.41	78.76	81.27	79.68	79.29	77.84
8	无锡机电	78.70	79.11	79.67	78.78	78.56	77.22
	学校均值	78.62	78.54	79.39	78.68	79.33	76.72
9	能动	77.82	78.62	78.41	79.05	77.84	74.36
10	药学	77.79	78.66	78.03	77.55	78.82	75.64
11	材料	77.73	80.26	77.63	78.48	77.79	74.23
12	计算机	77.24	75.71	78.38	76.81	78.77	75.94
13	化工	77.10	76.67	75.95	77.14	79.05	75.71
14	环境	76.54	77.41	76.30	75.93	78.33	74.44
15	食品	74.34	76.55	73.62	73.62	74.83	71.38

理工医类 15 个学院中，8 个学院该项指标的得分高于学校均值，其中农业装备工程学院最高，食品科学与工程学院最低，高低相差 9.3 分。3 个学院稍高于 2017 年，其余学院均低于 2017 年，其中化学化工学院降低较多。

2018 年度理工医类各专业毕业生“目标定位满意度”见表 5-8。

表 5-8　2018 年度理工医类各专业毕业生“目标定位满意度”分指标均分表

排名	专业	2018 年（总）	专业目标了解	社会需求吻合度	专业实力符合度	学校目标符合度	学生期望符合度
1	电气工程及其自动化（卓越）	88.12	84.57	87.77	89.36	89.36	87.77
2	能源与动力工程（流体机械及其自动控制）	86.28	85.07	87.15	89.24	86.46	82.99
3	电气工程及其自动化	85.29	82.06	88.82	85.00	85.29	83.82

续表

排名	专业	2018 年（总）	专业目标了解	社会需求吻合度	专业实力符合度	学校目标符合度	学生期望符合度
4	医学影像学	84.85	86.51	88.49	83.73	84.92	81.75
5	数学与应用数学（师范）	83.91	79.94	85.76	84.59	85.17	84.30
6	农业机械化及其自动化	83.64	80.56	80.56	87.04	85.19	83.33
7	临床医学	82.89	82.50	85.31	83.28	83.75	80.63
8	土木工程	82.73	80.12	85.24	82.53	84.64	82.23
9	测控技术与仪器	82.57	81.63	84.18	82.14	84.69	79.08
10	物理学（师范）	82.15	81.13	82.55	82.55	83.96	79.72
11	交通工程	81.99	75.85	83.05	82.63	84.32	81.78
12	金属材料工程	81.72	83.16	81.12	83.16	81.63	80.10
13	网络工程	81.48	77.78	82.87	81.48	81.94	82.41
14	车辆工程（卓越）	81.07	79.29	81.43	81.43	81.43	80.00
15	电气工程及其自动化（无锡机电学院）	80.46	78.02	82.33	81.47	80.17	79.31
16	车辆工程	80.40	78.70	81.79	79.94	81.02	78.70
17	能源与动力工程（动力机械工程及自动化）	80.36	80.75	79.31	81.61	81.03	77.01
18	药物制剂	80.29	80.77	79.81	79.81	82.21	78.37
19	生物技术	80.25	82.41	80.56	79.63	76.85	80.56
20	数学类（中外合作办学）（数学与应用数学）	80.13	82.69	80.77	78.85	80.77	78.85
21	通信工程	80.07	77.45	81.37	79.90	82.84	78.92
22	机械设计制造及其自动化（卓越）	79.88	79.88	81.10	80.49	79.27	76.22
23	机械设计制造及其自动化	79.84	76.19	82.14	80.51	80.80	79.02
24	化学工程与工艺	79.72	78.77	80.66	79.72	80.19	77.36
25	市场营销（无锡机电学院）	79.40	82.41	77.78	78.70	80.56	76.39
26	工程管理	79.32	78.13	81.25	80.31	80.00	76.88
27	医学检验技术	79.13	77.12	79.01	80.42	81.60	76.18
	学校均值	78.62	78.54	79.39	78.68	79.33	76.72

续表

排名	专业	2018年（总）	专业目标了解	社会需求吻合度	专业实力符合度	学校目标符合度	学生期望符合度
28	信息安全	78. 57	79. 46	79. 02	76. 34	80. 80	77. 68
29	光电信息科学与工程	78. 52	78. 02	81. 90	76. 72	77. 59	78. 88
30	材料成型及控制工程	78. 43	79. 73	80. 41	79. 39	78. 04	74. 32
31	安全工程	78. 13	77. 88	79. 33	77. 40	79. 33	76. 44
32	能源与动力工程（流体机械及其自动控制卓越）	77. 83	76. 89	76. 89	81. 60	78. 30	71. 70
33	机械电子工程（无锡机电学院）	77. 59	79. 31	79. 74	78. 02	75. 43	75. 43
34	自动化	77. 58	75. 30	79. 76	79. 76	76. 79	76. 49
35	药学	77. 55	78. 70	78. 24	78. 24	77. 31	74. 54
36	高分子材料与工程	77. 46	80. 36	76. 34	77. 68	79. 46	74. 11
37	建筑环境与能源应用工程	77. 36	77. 36	80. 66	78. 30	76. 42	74. 53
38	软件工程（无锡机电学院）	77. 35	76. 82	78. 64	76. 82	78. 18	77. 73
39	电子信息工程	76. 70	75. 00	76. 39	77. 31	78. 70	75. 00
40	食品科学与工程	76. 56	78. 91	74. 22	75. 39	78. 13	73. 83
41	冶金工程	76. 54	81. 58	76. 97	75. 66	73. 03	73. 68
42	复合材料与工程	76. 33	78. 50	75. 00	77. 00	77. 50	73. 50
43	机械电子工程	76. 23	78. 24	79. 17	77. 31	76. 39	69. 91
44	交通运输	76. 04	76. 79	76. 79	75. 45	76. 34	75. 00
45	环境工程	75. 76	75. 45	75. 00	76. 36	77. 27	73. 64
46	生物医学工程	75. 74	79. 46	75. 89	75. 00	75. 00	74. 11
47	无机非金属材料工程	75. 67	79. 02	75. 00	77. 23	75. 89	70. 09
48	物联网工程	75. 63	73. 58	75. 94	75. 00	77. 83	75. 47
49	制药工程	75. 49	76. 47	75. 98	74. 51	76. 96	74. 02
50	能源与动力工程	75. 17	77. 03	75. 41	75. 41	75. 00	72. 15
51	农业电气化	75. 17	79. 00	75. 00	74. 00	76. 00	75. 00
52	环保设备工程	75. 15	80. 36	73. 21	72. 32	78. 57	72. 32
53	护理学	75. 13	73. 79	78. 63	75. 40	75. 81	71. 77

续表

排名	专业	2018 年（总）	专业目标了解	社会需求吻合度	专业实力符合度	学校目标符合度	学生期望符合度
54	应用化学	74.44	74.52	71.15	74.52	77.88	74.04
55	数学与应用数学	74.14	79.31	69.83	75.86	72.41	72.41
56	计算机科学与技术	73.86	74.02	75.49	73.04	74.51	71.08
57	软件工程	73.66	71.70	75.47	75.00	74.53	69.81
58	卫生检验与检疫	73.09	76.04	70.83	75.00	71.88	69.79
59	新能源科学与工程	72.71	76.47	72.55	71.57	73.53	70.10
60	电子信息科学与技术	72.25	77.23	76.79	70.54	69.64	68.30
61	信息与计算科学	70.70	70.97	68.55	70.16	75.00	66.94
62	食品质量与安全	68.75	70.83	69.44	68.52	69.91	63.89

理工医类 62 个专业中，27 个专业在该项指标上的得分高于全校均值；其中电气工程及其自动化（卓越）、能源与工程（流体机械及其自动控制）和电气工程及其自动化专业居前 3 位，电子信息科学与技术、信息与计算科学和食品质量与安全专业居后 3 位。专业高低相差约 20 分，差异显著。

5.4 课程设置满意度

5.4.1 文管类学院、专业比较

2018 年度文管类各学院毕业生“课程设置满意度”见表 5-9。

表 5-9　2018 年度文管类各学院毕业生“课程设置满意度”分指标均分表

排名	学院	2018 年（总）	各类课程比例	课程先后顺序	课程对专业素养提升度	教材选用
1	教师	81.67	82.50	80.83	85.83	77.50
2	管理	79.88	79.32	76.07	84.08	80.04
3	外语	79.76	77.80	78.92	82.84	79.48
	学校均值	78.10	77.33	75.40	82.13	77.54
4	马克思	77.68	76.43	70.71	82.86	80.71
5	艺术	76.83	75.96	73.17	82.21	75.96
6	法学	76.55	77.01	75.00	79.01	75.18

续表

排名	学院	2018 年（总）	各类课程比例	课程先后顺序	课程对专业素养提升度	教材选用
7	财经	75.98	74.81	72.18	81.07	75.87
8	文学	74.68	73.40	71.31	79.65	74.36

文管类 8 个学院中，5 个学院该项指标得分高于学校均值，其中教师教育学院最高，文学院最低，高低相差近 7 分。除教师教育学院较 2018 年略有增长外，其他学院均有所下降。

2018 年度文管类各专业毕业生“课程设置满意度”见表 5-10。

表 5-10　2018 年度文管类各专业毕业生“课程设置满意度”分指标均分表

排名	专业	2018 年（总）	各类课程比例	课程先后顺序	课程对专业素养提升度	教材选用
1	视觉传达设计	87.07	86.21	83.62	91.38	87.07
2	公共事业管理（医疗保险）	86.93	86.36	81.82	92.42	87.12
3	市场营销	85.70	86.02	83.47	88.56	84.75
4	环境设计	84.88	86.00	81.50	89.00	83.00
5	保险学	83.90	83.33	81.06	87.88	83.33
6	教育技术学（师范）	81.67	82.50	80.83	85.83	77.50
7	人力资源管理	81.65	79.76	79.37	86.11	81.35
8	信息管理与信息系统	81.25	81.00	78.50	86.00	79.50
9	美术学（师范）	80.79	80.56	78.70	85.19	78.70
10	工业工程	80.00	78.75	77.08	83.33	80.83
11	英语	79.85	77.94	78.82	82.65	80.00
12	日语	79.59	77.55	79.08	83.16	78.57
13	国际经济与贸易	78.44	79.17	75.83	80.83	77.92
	学校均值	78.10	77.33	75.40	82.13	77.54
14	汉语言文学	77.72	76.71	73.72	82.26	78.21
15	思想政治教育（师范）	77.68	76.43	70.71	82.86	80.71
16	产品设计	77.59	76.83	73.78	85.98	73.78
17	财务管理	77.32	77.42	73.39	83.87	74.60

续表

排名	专业	2018 年（总）	各类课程比例	课程先后顺序	课程对专业素养提升度	教材选用
18	财政学	77.16	76.92	74.04	79.81	77.88
19	法学	76.55	77.01	75.00	79.01	75.18
20	工商管理	76.12	75.75	69.78	83.21	75.75
21	电子商务	76.08	75.86	68.97	82.76	76.72
22	会计学	75.79	74.37	71.23	81.60	75.94
23	统计学	75.19	70.45	72.73	81.06	76.52
24	物流管理	75.15	75.00	71.47	76.76	77.35
25	公共艺术	74.04	71.15	69.23	82.69	73.08
26	金融学	73.54	71.62	68.02	80.18	74.32
27	动画	71.04	71.67	66.67	74.17	71.67
28	能源经济	69.76	68.55	70.97	70.16	69.35
29	工业设计	67.19	65.18	63.39	73.21	66.96
30	数字媒体艺术	65.73	62.07	62.07	69.83	68.97
31	汉语国际教育	65.54	63.46	64.10	71.79	62.82

文管类 31 个专业中，13 个专业在该项指标上的得分高于全校均值；其中视觉传达设计、公共事业管理（医疗保险）和市场营销居前 3 位，工业设计、数字媒体艺术和汉语国际教育居后 3 位。专业间高低相差 21.53 分，差异显著。

5.4.2　理工医类学院、专业比较

2018 年度理工医类各学院毕业生“课程设置满意度”见表 5-11。

表 5-11　2018 年度理工医类各学院毕业生“课程设置满意度”分指标均分表

排名	学院	2018 年（总）	各类课程比例	课程先后顺序	课程对专业素养提升度	教材选用
1	理学	80.90	79.95	80.42	84.08	79.13
2	医学	80.33	78.61	77.59	83.19	81.93
3	汽车	80.31	79.07	78.26	83.96	79.95
4	土木	80.29	80.67	78.68	85.58	76.23
5	机械	78.83	78.38	76.35	82.64	77.97

续表

排名	学院	2018 年（总）	各类课程比例	课程先后顺序	课程对专业素养提升度	教材选用
6	材料	78.73	79.41	76.63	82.12	76.78
7	农装	78.70	80.56	73.15	81.48	79.63
8	药学	78.42	78.82	74.04	83.28	77.55
	学校均值	78.10	77.33	75.40	82.13	77.54
9	无锡机电	77.83	77.44	76.33	81.33	76.22
10	电气	77.80	77.31	74.93	81.99	76.98
11	化工	76.79	75.95	71.67	82.14	77.38
12	计算机	76.73	76.49	75.79	79.72	74.92
13	能动	76.23	74.43	73.72	80.89	75.85
14	环境	75.88	72.78	73.52	80.00	77.22
15	食品	74.35	74.14	69.31	78.28	75.69

理工医类 15 个学院中，8 个学院该项指标得分高于学校均值，其中理学院最高，食品学院最低，高低相差 6.55 分，差异明显。

2018 年度理工医类各专业毕业生“课程设置满意度”见表 5-12。

表 5-12　2018 年度理工医类各专业毕业生“课程设置满意度”分指标均分表

排名	专业	2018 年（总）	各类课程比例	课程先后顺序	课程对专业素养提升度	教材选用
1	交通工程	84.96	84.32	83.90	87.71	83.90
2	能源与动力工程（流体机械及其自动控制）	84.72	84.03	82.29	89.58	82.99
3	金属材料工程	84.44	85.71	81.63	86.73	83.67
4	测控技术与仪器	84.31	85.20	81.63	86.22	84.18
5	电气工程及其自动化	83.82	84.12	81.47	87.06	82.65
6	数学类（中外合作办学）（数学与应用数学）	83.65	84.62	82.69	88.46	78.85
7	电气工程及其自动化（卓越）	83.38	81.91	78.72	87.77	85.11
8	临床医学	82.54	81.72	79.06	84.06	85.31
9	数学与应用数学（师范）	82.41	79.94	80.52	86.92	82.27

续表

排名	专业	2018 年（总）	各类课程比例	课程先后顺序	课程对专业素养提升度	教材选用
10	网络工程	82.18	82.41	82.87	83.33	80.09
11	医学影像学	82.14	80.95	80.95	83.73	82.94
12	土木工程	81.85	82.53	80.42	87.65	76.81
13	物理学（师范）	81.84	81.13	81.60	83.02	81.60
14	医学检验技术	80.42	77.36	78.77	84.20	81.37
15	车辆工程	80.25	79.01	78.40	83.95	79.63
16	药学	79.98	79.17	74.07	84.26	82.41
17	化学工程与工艺	79.95	80.66	76.42	83.49	79.25
18	冶金工程	79.93	78.29	78.95	80.92	81.58
19	环保设备工程	79.91	77.68	82.14	83.93	75.89
20	光电信息科学与工程	79.74	78.45	76.72	83.62	80.17
21	药物制剂	79.57	80.77	76.44	85.10	75.96
22	市场营销（无锡机电学院）	79.51	79.17	79.17	82.87	76.85
23	能源与动力工程（动力机械工程及自动化）	79.38	77.30	76.15	83.91	80.17
24	无机非金属材料工程	79.24	79.91	77.68	83.48	75.89
25	生物技术	79.17	78.70	71.30	86.11	80.56
26	车辆工程（卓越）	79.11	77.86	75.00	85.71	77.86
27	机械设计制造及其自动化（卓越）	78.96	78.05	77.44	88.41	71.95
28	农业机械化及其自动化	78.70	80.56	73.15	81.48	79.63
29	工程管理	78.67	78.75	76.88	83.44	75.63
30	数学与应用数学	78.45	77.59	81.03	82.76	72.41
31	复合材料与工程	78.38	80.00	78.00	81.00	74.50
	学校均值	78.10	77.33	75.40	82.13	77.54
32	机械设计制造及其自动化	78.09	77.98	74.55	81.85	77.98
33	通信工程	78.06	78.92	76.96	80.88	75.49
34	建筑环境与能源应用工程	77.83	75.00	77.36	80.66	78.30

续表

排名	专业	2018 年（总）	各类课程比例	课程先后顺序	课程对专业素养提升度	教材选用
35	交通运输	77.79	77.23	77.23	79.02	77.68
36	软件工程（无锡机电学院）	77.73	76.82	77.27	80.45	76.36
37	物联网工程	77.71	77.83	78.30	81.60	73.11
38	材料成型及控制工程	77.70	78.04	74.66	80.41	77.70
39	电气工程及其自动化（无锡机电学院）	77.59	77.59	75.00	81.03	76.72
40	安全工程	77.40	73.56	73.56	81.25	81.25
41	信息安全	77.23	75.89	76.79	78.57	77.68
42	电子信息工程	77.08	76.39	74.54	82.41	75.00
43	护理学	76.71	73.39	75.81	80.24	77.42
44	机械电子工程（无锡机电学院）	76.62	76.29	74.14	81.03	75.00
45	食品科学与工程	76.56	75.39	71.88	78.91	80.08
46	自动化	76.34	75.60	73.81	80.36	75.60
47	信息与计算科学	76.21	78.23	76.61	77.42	72.58
48	制药工程	75.61	76.47	71.57	80.39	74.02
49	生物医学工程	75.45	76.79	74.11	77.68	73.21
50	能源与动力工程（流体机械及其自动控制卓越）	75.12	71.70	72.17	79.72	76.89
51	机械电子工程	75.12	73.61	75.93	76.39	74.54
52	计算机科学与技术	74.63	74.02	73.53	78.43	72.55
53	能源与动力工程	74.14	72.36	71.14	79.07	73.98
54	高分子材料与工程	74.11	75.45	70.98	80.80	69.20
55	应用化学	73.56	71.15	66.83	80.77	75.48
56	环境工程	72.39	69.55	69.09	76.82	74.09
57	农业电气化	71.50	70.00	70.00	76.00	70.00
58	电子信息科学与技术	70.87	70.09	66.52	76.34	70.54
59	软件工程	70.40	69.81	66.04	75.47	70.28
60	卫生检验与检疫	69.79	70.83	58.33	79.17	70.83

续表

排名	专业	2018 年（总）	各类课程比例	课程先后顺序	课程对专业素养提升度	教材选用
61	食品质量与安全	69.33	70.37	65.28	73.61	68.06
62	新能源科学与工程	68.75	68.14	65.69	74.51	66.67

理工医类 62 个专业中，31 个专业在该项指标上的得分高于全校均值；其中交通工程、能源与动力工程（流体机械及其自动控制）和金属材料工程居前 3 位，卫生检验与检疫、食品质量与安全和新能源科学与工程居后 3 位。专业间高低相差 16.21 分，差异显著。

5.5 教学效果满意度

5.5.1 文管类学院、专业比较

2018 年度文管类各学院毕业生“教学效果满意度”见表 5-13。

表 5-13　2018 年度文管类各学院毕业生“教学效果满意度”分指标均分表

排名	学院	2018 年（总）	课堂教学内容	课堂教学方式	课堂师生互动	综合素质培养	课后师生互动	学业导师指导
1	教师	85.14	82.50	83.33	87.50	81.67	83.33	92.50
2	外语	82.62	81.90	83.02	83.40	74.81	86.38	86.19
3	马克思	81.31	81.43	83.57	80.71	75.00	80.71	86.43
4	管理	80.64	81.17	81.05	80.33	75.45	82.40	83.46
5	艺术	80.29	78.27	79.23	80.77	77.12	83.94	82.40
	学校均值	79.12	79.42	79.67	78.54	74.30	80.69	82.11
6	文学	77.67	78.05	77.89	78.53	70.67	78.21	82.69
7	财经	77.09	77.91	77.96	76.80	71.31	78.59	79.95
8	法学	76.52	76.46	76.46	75.73	71.53	76.64	82.30

文管类 8 个学院中，5 个学院该项指标得分高于学校均值，其中教师教育学院最高，法学院最低，高低相差 8.62 分，差异较明显。

2018 年度文管类各专业毕业生“教学效果满意度”见表 5-14。

表 5-14 2018 年度文管类各专业毕业生“教学效果满意度”分指标均分表

排名	专业	2018 年（总）	课堂教学内容	课堂教学方式	课堂师生互动	综合素质培养	课后师生互动	学业导师指导
1	环境设计	85.67	84.00	86.00	87.00	81.00	90.50	85.50
2	公共事业管理（医疗保险）	85.61	87.88	87.12	86.36	78.03	85.61	88.64
3	视觉传达设计	85.49	85.35	87.07	87.93	84.48	87.07	81.03
4	教育技术学（师范）	85.14	82.50	83.33	87.50	81.67	83.33	92.50
5	市场营销	84.11	84.32	84.75	84.75	79.66	85.17	86.02
6	美术学（师范）	83.64	83.33	83.33	86.11	78.70	85.19	85.19
7	信息管理与信息系统	82.67	82.00	83.50	82.50	79.00	83.50	85.50
8	日语	82.65	80.61	83.16	84.69	73.98	85.71	87.76
9	英语	82.60	82.65	82.94	82.65	75.29	86.77	85.29
10	人力资源管理	82.47	81.75	81.75	84.92	75.40	84.52	86.51
11	电子商务	81.90	81.03	84.48	79.31	75.86	81.90	88.79
12	产品设计	81.50	81.10	81.71	80.49	77.44	84.76	83.54
13	思想政治教育（师范）	81.31	81.43	83.57	80.71	75.00	80.71	86.43
14	保险学	80.93	83.33	79.55	78.79	78.03	80.30	85.61
15	汉语言文学	80.80	81.41	80.98	80.77	74.15	81.84	85.68
16	公共艺术	80.13	77.89	76.92	81.73	81.73	80.77	81.73
17	财政学	79.65	79.81	79.81	79.81	76.92	81.73	79.81
	学校均值	79.12	79.42	79.67	78.54	74.30	80.69	82.11
18	工商管理	78.17	78.73	77.24	77.61	75.37	80.60	79.48
19	工业工程	77.92	80.00	78.33	75.42	74.58	80.00	79.17
20	财务管理	77.82	79.84	80.65	77.42	70.16	78.63	80.24
21	统计学	77.53	78.79	78.03	78.79	71.21	78.03	80.30
22	工业设计	77.38	74.11	74.11	75.89	71.43	82.14	86.61
23	会计学	77.36	78.93	79.40	76.73	71.70	79.72	77.67
24	物流管理	77.21	78.24	77.94	76.18	70.00	80.29	80.59

续表

排名	专业	2018 年（总）	课堂教学内容	课堂教学方式	课堂师生互动	综合素质培养	课后师生互动	学业导师指导
25	法学	76. 52	76. 46	76. 46	75. 73	71. 53	76. 64	82. 30
26	能源经济	76. 34	77. 42	75. 00	80. 65	66. 13	77. 42	81. 45
27	国际经济与贸易	76. 11	75. 00	77. 08	75. 00	71. 67	77. 92	80. 00
28	金融学	75. 15	74. 78	74. 78	74. 55	69. 37	76. 58	80. 86
29	动画	73. 06	68. 33	70. 83	72. 50	71. 67	78. 33	76. 67
30	数字媒体艺术	71. 41	67. 24	68. 10	70. 69	68. 10	77. 59	76. 72
31	汉语国际教育	68. 27	67. 95	68. 59	71. 80	60. 26	67. 31	73. 72

文管类 31 个专业中，17 个专业在该项指标上的得分高于全校均值；其中环境设计、公共事业管理（医疗保险）和视觉传达设计专业居前 3 位，动画、数字媒体艺术和汉语国际教育专业居后 3 位。专业间高低相差 17. 4 分，差异显著。除公共事业管理（医疗保险）、视觉传达设计教育技术学（师范）和美术学（师范）专业得分高于 2017 年均值外，其他学院得分均有所滑落。

5. 5. 2　理工医类学院、专业比较

2018 年度理工医类各学院毕业生“教学效果满意度”见表 5-15。

表 5-15　2018 年度理工医类各学院毕业生“教学效果满意度”分指标均分表

排名	学院	2018 年（总）	课堂教学内容	课堂教学方式	课堂师生互动	综合素质培养	课后师生互动	学业导师指导
1	农装	84. 72	84. 26	81. 48	83. 33	81. 48	87. 96	89. 81
2	理学	82. 19	83. 37	84. 32	82. 55	77. 12	83. 25	82. 55
3	化工	81. 11	80. 95	81. 43	80. 48	77. 86	80. 71	85. 24
4	汽车	80. 97	81. 77	81. 89	79. 39	75. 13	82. 52	85. 15
5	药学	80. 18	80. 73	79. 62	78. 98	76. 59	81. 69	83. 44
6	土木	80. 06	79. 75	79. 91	80. 67	76. 99	81. 90	81. 13
7	医学	79. 79	83. 07	82. 41	79. 52	75. 36	79. 34	79. 04
8	机械	79. 47	79. 73	79. 59	77. 57	76. 35	79. 59	83. 99
	学校均值	79. 12	79. 42	79. 67	78. 54	74. 30	80. 69	82. 11
9	电气	78. 75	78. 23	79. 35	77. 37	73. 28	80. 87	83. 38

续表

排名	学院	2018年（总）	课堂教学内容	课堂教学方式	课堂师生互动	综合素质培养	课后师生互动	学业导师指导
10	材料	78.28	78.33	79.18	77.09	72.68	81.73	80.65
11	无锡机电	78.00	78.78	77.33	78.44	74.22	80.22	79.00
12	能动	77.81	77.56	77.70	76.99	72.80	80.04	81.75
13	食品	77.39	77.41	78.45	75.00	73.62	78.62	81.21
14	环境	76.88	77.59	77.96	76.30	71.30	77.41	80.74
15	计算机	76.38	75.08	76.73	76.02	72.33	78.69	79.40

理工医类15个学院中，8个学院该项指标得分高于学校均值，其中农装学院最高，计算机学院最低，高低相差8.34分，差异较明显。

2018年度理工医类各专业毕业生“教学效果满意度”见表5-16。

表5-16 2018年度理工医类各专业毕业生“教学效果满意度”分指标均分表

排名	专业	2018年（总）	课堂教学内容	课堂教学方式	课堂师生互动	综合素质培养	课后师生互动	学业导师指导
1	物理学（师范）	87.42	89.62	86.79	89.15	82.55	87.74	88.68
2	能源与动力工程（流体机械及其自动控制）	85.24	86.46	86.46	85.76	81.25	85.76	85.76
3	交通工程	84.89	84.32	86.44	84.32	78.81	86.44	88.98
4	农业机械化及其自动化	84.72	84.26	81.48	83.33	81.48	87.96	89.81
5	测控技术与仪器	83.93	84.18	84.69	82.14	82.14	84.18	86.22
6	电气工程及其自动化	83.92	83.53	84.41	83.24	79.12	85.88	87.35
7	电气工程及其自动化（卓越）	83.42	83.51	84.57	80.32	81.38	85.64	85.11
8	土木工程	82.38	81.63	82.83	83.43	78.92	84.64	82.83
9	数学类（中外合作办学）（数学与应用数学）	82.37	80.77	80.77	84.62	76.92	88.46	82.69
10	金属材料工程	82.23	83.67	83.16	81.63	78.57	84.69	81.63
11	数学与应用数学（师范）	81.73	82.85	84.59	80.52	77.62	81.98	82.85
12	临床医学	81.41	85.47	83.28	81.56	77.34	80.63	80.16
13	网络工程	81.40	82.41	81.94	82.41	79.17	81.48	81.02
14	药物制剂	81.33	81.73	81.25	79.33	78.85	81.73	85.10

续表

排名	专业	2018 年（总）	课堂教学内容	课堂教学方式	课堂师生互动	综合素质培养	课后师生互动	学业导师指导
15	化学工程与工艺	81. 29	82. 08	82. 08	80. 19	78. 30	80. 19	84. 91
16	药学	81. 17	81. 94	81. 02	80. 09	77. 78	83. 80	82. 41
17	光电信息科学与工程	81. 11	82. 33	81. 90	80. 17	74. 14	84. 05	84. 05
18	应用化学	80. 93	79. 81	80. 77	80. 77	77. 40	81. 25	85. 58
19	车辆工程（卓越）	80. 83	77. 86	82. 14	78. 57	75. 00	85. 71	85. 71
20	能源与动力工程（动力机械工程及自动化）	80. 75	83. 05	80. 17	79. 02	76. 15	82. 76	83. 33
21	生物技术	80. 40	77. 78	80. 56	76. 85	80. 56	79. 63	87. 04
22	医学影像学	80. 29	82. 94	82. 94	78. 57	73. 81	79. 37	84. 13
23	机械设计制造及其自动化（卓越）	80. 28	80. 49	84. 15	75. 61	77. 44	79. 27	84. 76
24	交通运输	80. 28	80. 80	82. 59	79. 02	72. 32	80. 36	86. 61
25	医学检验技术	80. 15	83. 49	83. 25	79. 48	75. 94	78. 77	79. 95
26	通信工程	80. 15	77. 45	80. 88	78. 92	74. 51	85. 29	83. 82
27	建筑环境与能源应用工程	80. 11	82. 55	80. 19	77. 83	73. 58	82. 55	83. 96
28	车辆工程	79. 94	81. 33	80. 86	78. 09	74. 23	81. 02	84. 10
29	安全工程	79. 65	80. 29	81. 25	80. 77	74. 04	83. 17	78. 37
30	食品科学与工程	79. 49	82. 03	82. 03	76. 17	75. 78	80. 86	80. 08
31	无机非金属材料工程	79. 39	80. 36	80. 36	79. 91	74. 55	80. 80	80. 36
	学校均值	79. 12	79. 42	79. 67	78. 54	74. 30	80. 69	82. 11
32	材料成型及控制工程	79. 11	79. 05	79. 05	77. 70	72. 97	82. 09	83. 78
33	生物医学工程	79. 02	75. 00	80. 36	78. 57	70. 54	82. 14	87. 50
34	机械设计制造及其自动化	78. 87	78. 42	77. 83	77. 23	77. 38	78. 42	83. 93
35	能源与动力工程（流体机械及其自动控制卓越）	78. 77	76. 42	76. 42	77. 36	71. 70	80. 19	90. 57
36	信息与计算科学	78. 63	81. 45	83. 06	79. 84	70. 97	78. 23	78. 23
37	冶金工程	78. 62	81. 58	80. 26	77. 63	72. 37	80. 92	78. 95
38	市场营销（无锡机电学院）	78. 47	79. 63	76. 85	79. 17	74. 07	80. 09	81. 02

续表

排名	专业	2018年（总）	课堂教学内容	课堂教学方式	课堂师生互动	综合素质培养	课后师生互动	学业导师指导
39	电气工程及其自动化（无锡机电学院）	78.23	79.74	77.59	80.17	75.86	79.31	76.72
40	制药工程	77.94	78.43	76.47	77.45	73.04	79.41	82.84
41	机械电子工程（无锡机电学院）	77.87	76.72	77.16	77.59	73.71	81.90	80.17
42	数学与应用数学	77.73	76.72	81.90	78.45	72.41	81.90	75.00
43	工程管理	77.66	77.81	76.88	77.81	75.00	79.06	79.38
44	信息安全	77.53	75.00	79.02	78.13	70.98	80.36	81.70
45	软件工程（无锡机电学院）	77.42	79.09	77.73	76.82	73.18	79.55	78.18
46	环保设备工程	77.23	77.68	76.79	75.00	66.96	77.68	89.29
47	电子信息工程	77.16	78.24	76.85	74.54	71.30	79.17	82.87
48	卫生检验与检疫	76.91	75.00	76.04	76.04	77.08	79.17	78.13
49	自动化	76.74	75.89	77.08	76.49	69.94	78.87	82.14
50	物联网工程	76.18	75.47	74.53	75.47	71.23	80.66	79.72
51	护理学	75.60	79.44	80.65	76.61	70.16	77.02	69.76
52	复合材料与工程	75.25	74.50	76.50	72.00	71.00	81.50	76.00
53	高分子材料与工程	75.07	71.88	76.34	73.66	66.96	80.36	81.25
54	机械电子工程	74.92	76.39	74.54	73.15	69.44	74.54	81.48
55	能源与动力工程	74.53	74.59	74.19	73.98	70.33	77.64	76.42
56	环境工程	74.09	75.00	75.45	72.73	70.91	71.82	78.64
57	电子信息科学与技术	74.03	73.66	75.45	72.77	69.20	76.34	76.79
58	食品质量与安全	73.38	71.76	73.15	72.69	67.59	75.46	79.63
59	农业电气化	72.83	72.00	73.00	70.00	66.00	74.00	82.00
60	计算机科学与技术	72.47	70.59	74.02	72.55	71.08	73.53	73.04
61	新能源科学与工程	71.81	68.14	72.55	70.59	67.16	75.00	77.45
62	软件工程	70.36	69.34	69.81	68.40	66.98	70.75	76.89

理工医类62个专业中，31个专业在该项指标上的得分高于学校均值；其中物理学（师范）、能源与动力工程（流体机械及其自动控制）和交通工程专业居

前 3 位，计算机科学与技术、新能源科学与工程和软件工程专业居后 3 位。专业间高低相差 17.06 分，差异显著。

5.6　实践教学满意度

5.6.1　文管类学院、专业比较

2018 年度文管类各学院毕业生“实践教学满意度”见表 5-17。

表 5-17　2018 年度文管类各学院毕业生“实践教学满意度”分指标均分表

排名	学院	2018 年（总）	设计性综合性实验比例	重复性验证性试验比例	创新动手能力培养	实习指导
1	教师	86.25	90.83	84.17	82.50	90.83
2	艺术	80.99	83.46	76.06	81.25	84.42
3	外语	78.89	74.25	71.46	77.80	88.99
4	管理	78.48	78.59	69.23	78.70	85.15
	学校均值	78.02	77.03	71.44	77.29	83.99
5	马克思	76.43	71.43	67.14	73.57	88.57
6	财经	74.48	71.80	66.85	73.79	82.52
7	法学	72.35	69.89	64.96	70.80	81.93
8	文学	71.55	70.51	61.22	69.23	82.69

文管类 8 个学院中，4 个学院该项指标得分高于学校均值，其中教师教育学院最高，文学院最低，高低相差 14.7 分，差异较明显。

2018 年度文管类各专业毕业生“实践教学满意度”见表 5-18。

表 5-18　2018 年度文管类各专业毕业生“实践教学满意度”分指标均分表

排名	专业	2018 年（总）	设计性综合性实验比例	重复性验证性试验比例	创新动手能力培养	实习指导
1	环境设计	86.75	89.00	83.00	80.30	88.64
2	视觉传达设计	86.64	89.66	78.45	69.76	83.47
3	教育学（师范）	86.25	90.83	84.17	76.92	85.58
4	公共事业管理（医疗保险）	85.86	87.12	78.79	82.93	84.15
5	美术学（师范）	82.87	82.41	76.85	81.90	85.35

续表

排名	专业	2018年（总）	设计性综合性实验比例	重复性验证性试验比例	创新动手能力培养	实习指导
6	公共艺术	81.73	83.65	72.12	77.50	79.17
7	信息管理与信息系统	81.67	85.00	72.50	70.80	81.93
8	市场营销	81.00	80.93	72.88	76.12	83.21
9	产品设计	80.39	82.93	75.00	76.67	81.67
10	电子商务	80.03	81.03	68.97	69.64	84.82
11	英语	79.71	74.71	73.82	82.58	93.18
12	财政学	78.53	77.89	67.31	84.62	84.62
13	动画	78.19	79.17	75.83	73.33	83.75
	学校均值	78.02	77.03	71.44	60.90	75.64
14	保险	77.78	68.94	68.94	72.01	85.04
15	日语	77.47	73.47	67.35	87.00	88.50
16	人力资源管理	77.45	76.19	63.49	74.21	81.13
17	工商管理	76.80	75.00	70.15	82.50	90.83
18	思想政治教育（师范）	76.43	71.43	67.14	73.20	81.08
19	物流管理	75.78	77.35	68.53	84.26	88.89
20	国际经济与贸易	75.49	75.83	70.42	69.36	83.87
21	工业工程	75.35	73.33	63.75	80.16	88.89
22	统计学	75.13	75.00	71.21	77.55	89.80
23	金融学	74.40	71.17	69.37	82.20	87.29
24	财务管理	74.33	74.60	69.76	88.79	86.21
25	汉语言文学	74.15	71.58	63.89	70.69	76.72
26	工业设计	73.96	81.25	67.86	73.57	88.57
27	数字媒体艺术	73.56	75.86	74.14	77.27	80.30
28	会计学	73.53	70.76	62.74	73.82	82.35
29	法学	72.35	69.89	64.96	82.50	84.00
30	能源经济	70.43	60.48	58.87	77.29	83.99
31	汉语国际教育	63.78	67.31	53.21	77.94	88.53

文管类 31 个专业中，13 个专业在该项指标上的得分高于全校均值；其中环境设计、视觉传达设计和教育学（师范）居前 3 位，法学、能源经济和汉语国际教育居后 3 位。专业间高低相差近 23 分，差异显著。除视觉传达设计、教育学（师范）、公共事业管理（医疗保险）和美术学（师范）等 4 个专业较 2017 年有所提升外，其他均下降。

5.6.2　理工医类学院、专业比较

2018 年度理工医类各学院毕业生“实践教学满意度”见表 5-19。

表 5-19　2018 年度理工医类各学院毕业生“实践教学满意度”分指标均分表

排名	学院	2018 年（总）	设计性综合性实验比例	重复性验证性试验比例	创新动手能力培养	实训现实情境模拟	实训课综合素质培养	实习指导
1	农装	86.42	86.11	80.56	88.89	87.04	87.04	88.89
2	化工	80.52	82.14	76.19	79.52	78.81	82.38	84.05
3	土木	80.32	79.75	73.93	77.76	82.36	81.75	86.35
4	医学	79.94	78.92	75.96	80.18	81.69	82.29	80.60
5	理学	79.91	77.83	71.34	80.78	81.13	82.43	85.97
6	药学	79.78	78.34	77.71	78.82	79.62	79.62	84.55
7	电气	79.38	78.76	74.54	78.50	79.49	80.01	84.96
8	无锡机电	79.35	80.44	75.33	78.33	79.78	79.89	82.33
9	汽车	79.06	76.50	71.87	78.76	80.39	81.33	85.53
10	机械	78.49	78.24	70.00	78.24	80.07	80.74	83.65
	学校均值	78.02	77.03	71.44	77.29	78.84	79.53	83.99
11	材料	77.94	75.46	70.20	77.32	79.95	80.50	84.21
12	环境	77.81	75.56	72.59	75.37	77.78	78.33	87.22
13	能动	77.04	75.14	70.53	74.86	78.48	79.40	83.81
14	食品	76.93	77.24	73.28	75.69	74.31	76.03	85.00
15	计算机	75.30	76.26	68.40	74.45	75.63	76.65	80.42

理工医类 15 个学院中，10 个学院该项指标得分高于学校均值，其中农装学院最高，计算机学院最低，高低相差 11.12 分，差异较明显。

2018 年度理工医类各专业毕业生“实践教学满意度”见表 5-20。

表 5-20　2018 年度理工医类各专业毕业生“实践教学满意度”分指标均分表

排名	专业	2018 年（总）	设计性综合性实验比例	重复性验证性试验比例	创新动手能力培养	实训现实情境模拟	实训课综合素质培养	实习指导
1	农业机械化及其自动化	86.42	86.11	80.56	88.89	87.04	87.04	88.89
2	物理学（师范）	86.16	82.08	78.77	88.21	88.68	90.09	89.15
3	电气工程及其自动化（卓越）	85.90	84.57	79.79	86.70	86.70	88.30	89.36
4	能源与动力工程（流体机械及其自动控制）	84.90	81.25	78.13	83.33	88.19	88.54	89.93
5	电气工程及其自动化	83.48	82.94	76.76	83.53	84.41	84.12	89.12
6	测控技术与仪器	83.42	80.61	78.57	84.18	83.67	84.69	88.78
7	交通工程	83.40	82.63	75.85	84.75	85.17	84.32	87.71
8	土木工程	82.83	82.83	76.51	80.72	84.94	83.73	88.25
9	药物制剂	82.37	82.69	80.29	82.21	80.29	80.77	87.98
10	化学工程与工艺	82.08	83.49	79.25	79.25	81.13	84.43	84.91
11	安全工程	81.65	76.44	77.88	82.21	82.69	81.25	89.42
12	生物技术	81.48	85.19	79.63	80.56	75.00	77.78	90.74
13	药学	81.40	81.02	80.56	80.09	83.33	81.94	81.48
14	金属材料工程	80.78	79.08	69.90	80.10	83.67	85.20	86.73
15	医学检验技术	80.58	81.37	77.59	79.72	80.90	80.90	83.02
16	临床医学	80.57	78.28	76.41	81.41	82.19	83.91	81.25
17	市场营销（无锡机电学院）	80.56	79.17	75.93	79.17	81.94	82.41	84.72
18	数学与应用数学（师范）	80.09	79.36	70.64	79.94	82.27	82.56	85.76
19	机械设计制造及其自动化	80.06	79.46	72.47	80.06	82.44	82.14	83.78
20	电气工程及其自动化（无锡机电学院）	79.89	81.47	75.00	80.17	79.74	81.03	81.90
21	能源与动力工程（动力机械工程及自动化）	79.84	78.16	75.57	79.60	79.60	80.75	85.34
22	车辆工程（卓越）	79.29	75.00	69.29	82.86	79.29	81.43	87.86
23	医学影像学	79.23	77.38	75.79	76.98	80.95	82.54	81.75

续表

排名	专业	2018 年（总）	设计性综合性实验比例	重复性验证性试验比例	创新动手能力培养	实训现实情境模拟	实训课综合素质培养	实习指导
24	网络工程	79. 17	81. 02	68. 06	81. 48	80. 09	80. 56	83. 80
25	无机非金属材料工程	79. 17	81. 25	71. 43	78. 57	79. 46	79. 91	84. 38
26	电子信息工程	79. 01	80. 56	73. 61	76. 39	79. 17	80. 09	84. 26
27	食品科学与工程	78. 97	78. 13	75. 78	77. 73	79. 69	78. 91	83. 59
28	软件工程（无锡机电学院）	78. 94	81. 82	74. 55	77. 27	79. 55	78. 64	81. 82
29	应用化学	78. 93	80. 77	73. 08	79. 81	76. 44	80. 29	83. 17
30	信息与计算科学	78. 63	76. 61	69. 35	77. 42	74. 19	75. 81	83. 06
31	护理学	78. 49	79. 84	73. 39	80. 24	82. 66	81. 45	73. 39
32	卫生检验与检疫	78. 47	73. 96	72. 92	82. 29	81. 25	79. 17	81. 25
33	车辆工程	78. 40	74. 54	71. 60	77. 01	81. 17	81. 33	84. 72
34	能源与动力工程（流体机械及其自动控制卓越）	78. 38	77. 36	72. 17	74. 06	78. 30	81. 13	87. 26
35	机械电子工程（无锡机电学院）	78. 09	79. 31	75. 86	76. 72	78. 02	77. 59	81. 03
	学校均值	78. 02	77. 03	71. 44	77. 29	78. 84	79. 53	83. 99
36	材料成型及控制工程	77. 76	75. 68	64. 19	79. 05	80. 41	80. 41	86. 82
37	工程管理	77. 71	76. 56	71. 25	74. 69	79. 69	79. 69	84. 38
38	冶金工程	77. 63	70. 39	71. 05	75. 00	79. 61	80. 92	88. 82
39	光电信息科学与工程	77. 37	76. 29	68. 53	78. 88	77. 59	79. 31	83. 62
40	自动化	76. 98	74. 40	72. 02	77. 08	77. 68	77. 68	83. 04
41	生物医学工程	76. 93	82. 14	76. 79	73. 21	73. 21	72. 32	83. 93
42	高分子材料与工程	76. 93	74. 11	76. 34	74. 55	77. 68	78. 57	80. 36
43	环保设备工程	76. 93	74. 11	71. 43	68. 75	77. 68	80. 36	89. 29
44	信息安全	76. 56	76. 34	71. 88	75. 00	75. 89	77. 68	82. 59
45	通信工程	76. 55	73. 53	70. 59	74. 51	77. 45	77. 94	85. 29
46	建筑环境与能源应用工程	76. 49	73. 58	68. 87	75. 00	78. 30	80. 19	83. 02

续表

排名	专业	2018年（总）	设计性综合性实验比例	重复性验证性试验比例	创新动手能力培养	实训现实情境模拟	实训课综合素质培养	实习指导
47	数学类（中外合作办学）（数学与应用数学）	76.28	69.23	57.69	82.69	82.69	82.69	82.69
48	电子信息科学与技术	76.04	74.11	72.77	73.66	76.79	77.68	81.25
49	复合材料与工程	75.42	70.50	70.50	75.50	79.00	78.50	78.50
50	制药工程	75.41	71.08	72.06	74.02	75.00	75.98	84.31
51	物联网工程	75.24	75.00	67.92	74.06	77.36	77.36	79.72
52	机械设计制造及其自动化（卓越）	75.20	78.05	57.32	77.44	78.05	79.27	81.10
53	交通运输	75.07	74.11	64.29	73.66	75.00	79.02	84.38
54	环境工程	74.62	75.45	68.18	72.27	73.18	74.55	84.09
55	新能源科学与工程	73.77	74.02	69.12	69.12	74.51	73.53	82.35
56	数学与应用数学	73.71	70.69	68.10	72.41	70.69	75.00	85.34
57	能源与动力工程	73.44	71.75	66.67	72.56	74.59	75.41	79.67
58	机械电子工程	72.84	74.54	65.74	67.13	73.61	75.46	80.56
59	食品质量与安全	72.22	72.22	67.13	70.83	67.59	71.76	83.80
60	农业电气化	72.17	71.00	69.00	72.00	69.00	72.00	80.00
61	计算机科学与技术	72.14	74.02	61.76	73.53	73.04	75.49	75.00
62	软件工程	71.93	77.36	69.81	67.92	69.81	70.75	75.94

理工医类62个专业中，35个专业在该项指标上的得分高于全校均值；其中农业机械化及其自动化、物理学（师范）、电气工程及其自动化（卓越）专业居前3位，农业电气化、计算机科学与技术、软件工程专业居后3位。专业间高低相差14.49分，差异显著。

5.7 毕业设计（论文）满意度

5.7.1 文管类学院、专业比较

2018年度文管类各学院毕业生“毕业设计（论文）满意度”见表5-21。

表 5-21 2018 年度文管类各学院毕业生“毕业设计（论文）满意度”分指标均分表

排名	学院	2018 年（总）	指导频度	指导质量
1	教师	91.25	91.67	90.83
2	外语	90.76	91.05	90.49
3	管理	88.26	88.17	88.34
4	马克思	88.21	88.57	87.86
5	文学	87.18	87.18	87.18
6	艺术	86.30	85.96	86.64
	学校均值	86.10	86.06	86.15
7	财经	85.63	85.39	85.87
8	法学	85.49	85.58	85.40

文管类 8 个学院中，6 个学院该项指标得分高于学校均值，其中教师学院最高，法学院最低，高低相差近 6 分。除外语学院稍高于 2017 年之外，其他学院均低于 2017 年。

2018 年度文管类各专业毕业生“毕业设计（论文）满意度”见表 5-22。

表 5-22 2018 年度文管类各专业毕业生“毕业设计（论文）满意度”分指标均分表

排名	专业	2018 年（总）	指导频度	指导质量
1	公共事业管理（医疗保险）	92.80	93.18	92.42
2	日语	91.33	91.84	90.82
3	教育技术学（师范）	91.25	91.67	90.83
4	信息管理与信息系统	90.75	90.00	91.50
5	人力资源管理	90.67	90.48	90.87
6	英语	90.44	90.59	90.29
7	电子商务	90.09	89.66	90.52
8	视觉传达设计	90.09	87.93	92.24
9	环境设计	90.00	90.50	89.50
10	美术学（师范）	89.81	88.89	90.74
11	市场营销	88.77	88.14	89.41
12	思想政治教育（师范）	88.21	88.57	87.86

续表

排名	专业	2018 年（总）	指导频度	指导质量
13	汉语言文学	87.71	87.82	87.61
14	保险学	87.50	87.12	87.88
15	金融学	86.94	86.94	86.94
16	物流管理	86.76	86.77	86.77
17	统计学	86.74	86.36	87.12
18	财务管理	86.69	86.29	87.10
19	工商管理	86.19	87.31	85.08
	学校均值	86.10	86.06	86.15
20	能源经济	85.89	84.68	87.10
21	产品设计	85.67	84.76	86.59
22	财政学	85.58	85.58	85.58
23	汉语国际教育	85.58	85.26	85.90
24	法学	85.49	85.58	85.40
25	工业设计	84.82	83.93	85.71
26	公共艺术	84.62	83.65	85.58
27	会计学	84.43	84.12	84.75
28	工业工程	84.17	83.75	84.58
29	国际经济与贸易	83.54	83.75	83.33
30	动画	82.50	84.17	80.83
31	数字媒体艺术	80.60	81.03	80.17

文管类 31 个专业中，19 个专业在该项指标上的得分高于全校均值；其中公共事业管理（医疗保险）、日语和教育技术学（师范）专业居前 3 位，国际经济与贸易、动画和数字媒体艺术居后 3 位。专业间高低相差约 12 分。除公共事业管理（医疗保险）、日语和人力资源管理等 3 个专业较于 2017 年略有提升外，其他均低于 2017 年。

5.7.2 理工医类学院、专业比较

2018 年度理工医类各学院毕业生“毕业设计（论文）满意度”见表 5-23。

表5-23　2018年度理工医类各学院毕业生“毕业设计（论文）满意度”分指标均分表

排名	学院	2018年（总）	指导频度	指导质量
1	理学	89.68	89.86	89.50
2	食品	89.05	89.48	88.62
3	农装	88.43	88.89	87.96
4	汽车	88.06	88.10	88.03
5	药学	87.90	88.22	87.58
6	环境	87.69	87.59	87.78
7	土木	87.50	87.58	87.42
8	电气	86.38	86.35	86.41
	学校均值	86.10	86.06	86.15
9	化工	86.07	85.48	86.67
10	机械	86.05	86.01	86.08
11	材料	85.22	85.37	85.06
12	能动	85.19	85.09	85.30
13	无锡机电	83.78	83.67	83.89
14	计算机	83.77	83.65	83.88
15	医学	79.70	79.46	79.94

理工医类15个学院中，8个学院该项指标得分高于学校均值，其中理学院最高，医学院最低，高低相差约10分，差异较明显。

2018年度理工医类各专业毕业生“毕业设计（论文）满意度”见表5-24。

表5-24　2018年度理工医类各专业毕业生“毕业设计（论文）满意度”分指标均分表

排名	专业	2018年（总）	指导频度	指导质量
1	物理学（师范）	92.92	93.40	92.45
2	电气工程及其自动化（卓越）	90.96	91.49	90.43
3	生物技术	90.28	91.67	88.89
4	环保设备工程	89.73	90.18	89.29
5	食品科学与工程	89.65	89.84	89.45

续表

排名	专业	2018 年（总）	指导频度	指导质量
6	数学类（中外合作办学）（数学与应用数学）	89.42	90.38	88.46
7	电气工程及其自动化	89.41	90.29	88.53
8	土木工程	89.31	89.16	89.46
9	能源与动力工程（流体机械及其自动控制）	89.24	88.19	90.28
10	药物制剂	89.18	88.94	89.42
11	信息与计算科学	89.11	89.52	88.71
12	测控技术与仪器	88.78	88.78	88.78
13	交通工程	88.77	88.14	89.41
14	制药工程	88.73	89.71	87.75
15	数学与应用数学（师范）	88.66	88.66	88.66
16	安全工程	88.46	87.50	89.42
17	农业机械化及其自动化	88.43	88.89	87.96
18	车辆工程（卓越）	88.21	89.29	87.14
19	电子信息工程	88.19	87.04	89.35
20	网络工程	88.19	88.43	87.96
21	能源与动力工程（动力机械工程及自动化）	88.07	87.93	88.22
22	车辆工程	87.96	88.12	87.81
23	食品质量与安全	87.73	87.96	87.50
24	建筑环境与能源应用工程	87.50	87.74	87.26
25	交通运输	87.50	87.50	87.50
26	数学与应用数学	87.50	87.07	87.93
27	冶金工程	87.17	88.16	86.18
28	金属材料工程	86.99	86.73	87.24
29	通信工程	86.76	87.75	85.78
30	无机非金属材料工程	86.61	86.61	86.61
31	应用化学	86.30	86.06	86.54
32	机械设计制造及其自动化（卓越）	86.28	86.59	85.98

续表

排名	专业	2018 年（总）	指导频度	指导质量
33	生物医学工程	86.16	84.82	87.50
	学校均值	86.10	86.06	86.15
34	材料成型及控制工程	85.98	86.49	85.47
35	信息安全	85.94	85.27	86.61
36	环境工程	85.91	86.36	85.45
37	药学	85.88	86.11	85.65
38	化学工程与工艺	85.85	84.91	86.79
39	机械设计制造及其自动化	85.79	86.01	85.57
40	工程管理	85.63	85.94	85.31
41	机械电子工程	85.42	84.26	86.57
42	光电信息科学与工程	84.91	84.91	84.91
43	市场营销（无锡机电学院）	84.72	85.19	84.26
44	能源与动力工程（流体机械及其自动控制卓越）	84.20	84.43	83.96
45	高分子材料与工程	84.15	83.93	84.38
46	软件工程（无锡机电学院）	84.09	84.09	84.09
47	机械电子工程（无锡机电学院）	84.05	83.62	84.48
48	自动化	83.93	84.23	83.63
49	医学检验技术	83.25	83.73	82.78
50	能源与动力工程	83.13	83.33	82.93
51	新能源科学与工程	83.09	82.84	83.33
52	软件工程	83.02	82.08	83.96
53	电气工程及其自动化（无锡机电学院）	82.33	81.90	82.76
54	农业电气化	82.00	81.00	83.00
55	电子信息科学与技术	81.92	81.70	82.14
56	物联网工程	81.13	81.13	81.13
57	临床医学	80.78	80.47	81.09
58	医学影像学	80.56	80.56	80.56

续表

排名	专业	2018 年（总）	指导频度	指导质量
59	复合材料与工程	80.50	80.50	80.50
60	卫生检验与检疫	79.17	78.13	80.21
61	计算机科学与技术	77.21	76.96	77.45
62	护理学	70.16	68.95	71.37

理工医类 62 个专业中，33 个专业得分高于全校均值，其中物理学（师范）、电气工程及其自动化（卓越）、生物技术专业居前 3 位，卫生检验与检疫、计算机科学与技术、护理学居后 3 位。专业间高低相差近 23 分，差异显著。

5.8 考试情况满意度

5.8.1 文管类学院、专业比较

2018 年度文管类各学院毕业生“考试情况满意度”见表 5-25。

表 5-25 2018 年度文管类各学院毕业生“考试情况满意度”分指标均分表

排名	学院	2018 年（总）	检验能力达成	内容覆盖	考试风气
1	教师	86.67	85.00	84.17	90.83
2	外语	86.63	87.13	88.62	84.14
3	马克思	85.48	83.57	84.29	88.57
4	管理	84.32	85.87	85.65	81.45
5	艺术	82.72	85.29	84.71	78.17
	学校均值	82.07	83.72	78.83	83.67
6	财经	81.31	82.52	82.48	78.93
7	文学	80.82	82.21	83.67	78.83
8	法学	78.53	79.38	80.84	75.37

文管类 8 个学院中，5 个学院该项指标得分均高于学校均值，其中教师教育学院最高，法学院最低，高低相差约 8 分。

2018 年度文管类各专业毕业生“考试情况满意度”见表 5-26。

表 5-26　2018 年度文管类各专业毕业生“考试情况满意度”分指标均分表

排名	专业	2018 年（总）	检验能力达成	内容覆盖	考试风气
1	环境设计	88.33	91.50	90.00	83.50
2	公共事业管理（医疗保险）	87.88	88.64	88.64	86.36
3	日语	87.59	88.78	89.29	84.69
4	视觉传达设计	87.07	90.52	89.66	81.03
5	人力资源管理	86.90	89.29	87.70	83.73
6	教育技术学（师范）	86.67	85.00	84.17	90.83
7	信息管理与信息系统	86.67	87.50	88.50	84.00
8	英语	86.08	86.18	88.24	83.82
9	财政学	85.58	87.50	84.62	84.62
10	思想政治教育（师范）	85.48	83.57	84.29	88.57
11	市场营销	84.89	84.75	86.02	83.90
12	美术学（师范）	84.88	88.89	85.19	80.56
13	保险学	84.60	85.61	86.36	81.82
14	公共艺术	83.65	85.58	85.58	79.81
15	电子商务	83.62	87.93	83.62	79.31
16	汉语言文学	82.98	85.26	83.97	79.70
17	产品设计	82.93	85.37	84.76	78.66
18	工业工程	82.78	85.00	85.00	78.33
19	工商管理	82.59	83.96	83.96	79.85
	学校均值	82.07	83.72	78.83	83.67
20	物流管理	81.96	83.53	83.53	78.82
21	统计学	81.82	84.85	84.09	76.52
22	会计学	81.81	83.18	82.86	79.40
23	财务管理	81.59	81.86	83.47	79.44
24	金融学	80.18	81.53	80.18	78.83
25	动画	80.00	82.50	81.67	75.83
26	国际经济与贸易	79.58	80.00	81.25	77.50

续表

排名	专业	2018 年（总）	检验能力达成	内容覆盖	考试风气
27	法学	78.53	79.38	80.84	75.37
28	能源经济	77.96	79.03	81.45	73.39
29	工业设计	75.89	77.68	79.46	70.54
30	数字媒体艺术	75.00	75.86	77.59	71.55
31	汉语国际教育	74.36	73.08	72.44	77.56

文管类 31 个专业中，19 个专业在该项指标上的得分高于全校均值；其中环境设计、公共事业管理（医疗保险）和日语专业居前 3 位，工业设计、数字媒体艺术和汉语国际教育居后 3 位。专业间高低相差近 14 分，差异显著。

5.8.2 理工医类学院、专业比较

2018 年度理工医类各学院毕业生“考试情况满意度”见表 5-27。

表 5-27 2018 年度理工医类各学院毕业生“考试情况满意度”分指标均分表

排名	学院	2018 年（总）	检验能力达成	内容覆盖	考试风气
1	农装	87.65	89.81	87.04	86.11
2	理学	85.89	87.97	87.38	82.31
3	电气	83.22	84.50	84.43	80.74
4	医学	82.85	84.46	84.82	79.28
5	药学	82.64	84.55	84.24	79.14
6	化工	82.30	84.29	84.29	78.33
7	土木	82.26	83.44	84.20	79.14
8	汽车	82.12	84.34	83.83	78.20
	学校均值	82.07	83.72	78.83	83.67
9	无锡机电	81.56	84.11	82.33	78.22
10	材料	81.37	83.75	83.20	77.17
11	能动	80.47	82.17	82.03	77.20
12	机械	80.38	82.50	82.43	76.22
13	食品	80.23	81.90	84.14	74.66

续表

排名	学院	2018 年（总）	检验能力达成	内容覆盖	考试风气
14	计算机	80.06	80.74	81.53	77.91
15	环境	78.95	80.93	81.30	74.63

理工医类 15 个学院中，8 个学院该项指标得分高于学校均值，其他学院均低于学校均值，其中农装学院最高，环境学院最低，高低相差近 9 分。

2018 年度理工医类各专业毕业生“考试情况满意度”见表 5-28。

表 5-28　2018 年度理工医类各专业毕业生“考试情况满意度”分指标均分表

排名	专业	2018 年（总）	检验能力达成	内容覆盖	考试风气
1	能源与动力工程（流体机械及其自动控制）	88.43	89.24	89.93	86.11
2	农业机械化及其自动化	87.65	89.81	87.04	86.11
3	物理学（师范）	87.58	90.57	91.04	81.13
4	电气工程及其自动化（卓越）	87.23	89.89	88.83	82.98
5	电气工程及其自动化	86.67	86.47	87.65	85.88
6	数学类（中外合作办学）（数学与应用数学）	86.54	88.46	84.62	86.54
7	测控技术与仪器	86.22	87.24	87.24	84.18
8	数学与应用数学（师范）	85.95	87.79	86.05	84.01
9	交通工程	85.45	86.86	86.86	82.63
10	金属材料工程	85.20	85.71	86.22	83.67
11	药学	85.03	87.50	86.57	81.02
12	信息与计算科学	84.95	85.48	87.90	81.45
13	医学影像学	84.26	84.13	84.92	83.73
14	化学工程与工艺	83.96	85.85	87.26	78.77
15	网络工程	83.80	86.11	84.26	81.02
16	土木工程	83.63	85.54	86.14	79.22
17	生物医学工程	83.63	84.82	84.82	81.25
18	临床医学	83.44	84.84	85.16	80.31
19	数学与应用数学	83.33	86.21	85.34	78.45

续表

排名	专业	2018年（总）	检验能力达成	内容覆盖	考试风气
20	电子信息工程	83.18	82.87	84.26	82.41
21	药物制剂	83.01	85.58	85.10	78.37
22	电子信息科学与技术	82.89	83.48	83.93	81.25
23	医学检验技术	82.86	84.91	84.43	79.25
24	车辆工程（卓越）	82.86	84.29	85.00	79.29
25	交通运输	82.74	82.59	83.93	81.70
26	冶金工程	82.68	82.89	86.18	78.95
27	食品科学与工程	82.42	85.16	85.94	76.17
28	市场营销（无锡机电学院）	82.41	86.11	85.65	75.46
29	机械电子工程（无锡机电学院）	82.18	84.05	82.33	80.17
	学校均值	82.07	83.72	78.83	83.67
30	安全工程	81.73	84.62	86.06	74.52
31	信息安全	81.70	83.04	83.04	79.02
32	能源与动力工程（动力机械工程及自动化）	81.61	83.91	83.33	77.59
33	建筑环境与能源应用工程	81.60	84.91	82.08	77.83
34	卫生检验与检疫	81.60	83.33	82.29	79.17
35	生物技术	81.48	82.41	87.04	75.00
36	无机非金属材料工程	81.40	84.38	84.38	75.45
37	通信工程	81.37	82.35	83.82	77.94
38	环保设备工程	81.25	82.14	83.04	78.57
39	高分子材料与工程	81.25	85.27	83.48	75.00
40	材料成型及控制工程	81.19	84.12	82.77	76.69
41	能源与动力工程（流体机械及其自动控制卓越）	80.97	83.96	83.49	75.47
42	软件工程（无锡机电学院）	80.91	82.73	81.82	78.18
43	工程管理	80.83	81.25	82.19	79.06
44	车辆工程	80.81	84.26	82.72	75.46
45	电气工程及其自动化（无锡机电学院）	80.75	83.62	79.74	78.88
46	应用化学	80.61	82.69	81.25	77.88

续表

排名	专业	2018 年（总）	检验能力达成	内容覆盖	考试风气
47	护理学	80. 38	83. 47	85. 48	72. 18
48	机械设计制造及其自动化	80. 16	82. 59	82. 74	75. 15
49	物联网工程	80. 03	79. 72	80. 19	80. 19
50	制药工程	79. 74	80. 39	80. 88	77. 94
51	自动化	79. 56	83. 04	80. 95	74. 70
52	机械电子工程	79. 01	81. 48	80. 09	75. 46
53	光电信息科学与工程	78. 88	81. 03	80. 60	75. 00
54	机械设计制造及其自动化（卓越）	78. 25	79. 88	81. 10	73. 78
55	计算机科学与技术	78. 10	77. 94	79. 90	76. 47
56	能源与动力工程	77. 24	78. 86	79. 07	73. 78
57	食品质量与安全	77. 01	77. 78	80. 56	72. 69
58	复合材料与工程	77. 00	79. 50	77. 00	74. 50
59	农业电气化	76. 67	78. 00	78. 00	74. 00
60	新能源科学与工程	75. 33	75. 49	76. 47	74. 02
61	软件工程	75. 16	75. 00	77. 83	72. 64
62	环境工程	75. 15	76. 82	75. 91	72. 73

理工医类 62 个专业中，29 个专业在该项指标上的得分高于全校均值；其中能源与动力工程（流体机械及其自动控制）、农业机械化及其自动化、物理学（师范）专业居前 3 位，新能源科学与工程、软件工程、环境工程居后 3 位。专业间高低相差约 13 分，差异显著。

5.9　师资队伍满意度

5.9.1　文管类学院、专业比较

2018 年度文管类各学院毕业生“师资队伍满意度”见表 5-29。

表 5-29　2018 年度文管类各学院毕业生“师资队伍满意度”分指标均分表

排名	学院	2018 年（总）	教学能力	学术水平	敬业精神	总体实力
1	外语	90.44	89.55	90.67	92.35	89.18
2	教师	89.58	88.33	90.00	91.67	88.33
3	马克思	88.75	87.86	87.14	92.86	87.14
4	管理	88.06	87.72	87.67	89.85	87.00
	学校均值	85.82	85.43	85.68	87.25	84.93
5	文学	84.90	85.42	85.10	87.34	81.73
6	财经	84.85	84.66	84.81	86.31	83.64
7	艺术	84.83	85.29	84.71	86.25	83.08
8	法学	84.53	84.12	84.67	87.23	82.12

文管类 8 个学院中，4 个学院该项指标得分高于学校均值，其中外国语学院最高，法学院最低，高低相差近 6 分。

2018 年度文管类各专业毕业生“师资队伍满意度”见表 5-30。

表 5-30　2018 年度文管类各专业毕业生“师资队伍满意度”分指标均分表

排名	专业	2018 年（总）	教学能力	学术水平	敬业精神	总体实力
1	公共事业管理（医疗保险）	94.13	93.94	94.70	94.70	93.18
2	日语	91.58	90.82	92.35	92.86	90.31
3	电子商务	90.73	90.52	91.38	91.38	89.66
4	人力资源管理	89.78	89.29	90.48	91.67	87.70
5	英语	89.78	88.82	89.71	92.06	88.53
6	教育技术学（师范）	89.58	88.33	90.00	91.67	88.33
7	信息管理与信息系统	89.50	88.50	87.00	93.00	89.50
8	视觉传达设计	88.79	88.79	87.07	89.66	89.66
9	市场营销	88.77	88.56	88.14	88.98	89.41
10	环境设计	88.75	91.00	88.50	89.50	86.00
11	思想政治教育（师范）	88.75	87.86	87.14	92.86	87.14
12	统计学	88.26	87.12	90.15	88.64	87.12

续表

排名	专业	2018 年（总）	教学能力	学术水平	敬业精神	总体实力
13	财政学	87.98	87.50	88.46	88.46	87.50
14	汉语言文学	87.66	88.46	87.61	89.53	85.04
15	美术学（师范）	87.27	85.19	87.96	87.96	87.96
16	保险学	86.36	87.88	86.36	87.88	83.33
17	物流管理	86.25	87.65	86.47	87.65	83.24
18	产品设计	85.82	85.98	84.76	85.98	86.59
	学校均值	85.82	85.43	85.68	87.25	84.93
19	工商管理	85.35	83.58	83.96	88.06	85.82
20	工业工程	85.31	84.58	85.00	87.92	83.75
21	财务管理	85.18	85.08	83.87	87.50	84.27
22	工业设计	85.04	86.61	85.71	90.18	77.68
23	能源经济	84.88	83.06	84.68	86.29	85.48
24	国际经济与贸易	84.58	84.17	83.75	85.83	84.58
25	会计学	84.55	84.43	84.75	86.16	82.86
26	法学	84.53	84.12	84.67	87.23	82.12
27	公共艺术	83.65	83.65	84.62	84.62	81.73
28	金融学	83.05	83.11	83.11	84.46	81.53
29	数字媒体艺术	78.23	77.59	78.45	81.03	75.86
30	动画	78.13	79.17	78.33	79.17	75.83
31	汉语国际教育	76.60	76.28	77.56	80.77	71.79

文管类 31 个专业中，18 个专业在该项指标上的得分高于全校均值；其中公共事业管理（医疗保险）、日语和电子商务专业居前 3 位，数字媒体艺术、动画、汉语国际教育居后 3 位。专业间高低相差 17.53 分，差异显著。

5.9.2　理工医类学院、专业比较

2018 年度理工医类各学院毕业生“师资队伍满意度”见表 5-31。

表 5-31　2018 年度理工医类各学院毕业生“师资队伍满意度”分指标均分表

排名	学院	2018 年（总）	教学能力	学术水平	敬业精神	总体实力
1	农装	89.81	87.96	89.81	89.81	91.67
2	理学	88.97	88.56	89.03	90.21	88.09
3	汽车	86.83	86.47	86.40	87.28	87.16
4	材料	86.44	86.46	86.07	87.77	85.45
5	电气	86.30	85.62	86.41	86.81	86.35
6	药学	86.23	86.31	86.62	86.62	85.35
7	化工	86.19	85.71	85.71	87.14	86.19
	学校均值	85.82	85.43	85.68	87.25	84.93
8	医学	85.63	85.06	86.02	86.69	84.76
9	土木	85.39	85.43	84.82	86.35	84.97
10	食品	85.09	83.79	85.00	86.38	85.17
11	机械	84.78	84.59	84.39	86.28	83.85
12	环境	84.58	83.15	83.89	87.41	83.89
13	能动	84.32	82.95	84.45	86.58	83.31
14	计算机	84.24	83.96	83.88	85.22	83.88
15	无锡机电	83.28	83.11	82.89	85.78	81.33

理工医类 15 个学院中，7 个学院该项指标得分高于学校均值，其中农装学院最高，无锡机电最低，高低相差 6.53 分。

2018 年度理工医类各专业毕业生“师资队伍满意度”见表 5-32。

表 5-32　2018 年度理工医类各专业毕业生“师资队伍满意度”分指标均分表

排名	专业	2018 年（总）	教学能力	学术水平	敬业精神	总体实力
1	物理学（师范）	91.16	91.51	91.51	91.51	90.09
2	交通工程	89.83	90.25	89.41	88.56	91.10
3	农业机械化及其自动化	89.81	87.96	89.81	89.81	91.67
4	金属材料工程	89.54	89.80	89.80	88.78	89.80
5	电气工程及其自动化（卓越）	89.36	87.23	90.43	89.36	90.43
6	数学与应用数学（师范）	89.32	88.95	89.24	91.28	87.79

续表

排名	专业	2018 年（总）	教学能力	学术水平	敬业精神	总体实力
7	车辆工程（卓越）	89.29	89.29	89.29	90.71	87.86
8	生物医学工程	89.29	89.29	89.29	90.18	88.39
9	能源与动力工程（流体机械及其自动控制）	88.98	88.54	87.85	90.63	88.89
10	数学类（中外合作办学）（数学与应用数学）	88.94	88.46	88.46	88.46	90.38
11	电气工程及其自动化	88.75	87.94	88.53	90.00	88.53
12	网络工程	88.66	89.35	88.89	89.81	86.57
13	医学影像学	88.29	88.49	88.49	90.48	85.71
14	药物制剂	88.22	88.46	88.94	87.50	87.98
15	测控技术与仪器	88.14	86.73	87.76	89.29	88.78
16	通信工程	87.99	87.75	87.75	88.24	88.24
17	信息与计算科学	87.90	86.29	88.71	90.32	86.29
18	土木工程	87.88	87.95	86.45	88.86	88.25
19	冶金工程	87.83	88.82	88.16	89.47	84.87
20	无机非金属材料工程	87.61	87.50	86.61	90.18	86.16
21	生物技术	87.27	87.96	87.96	87.04	86.11
22	化学工程与工艺	87.26	85.85	86.79	87.74	88.68
23	建筑环境与能源应用工程	86.91	84.43	87.26	92.45	83.49
24	能源与动力工程（流体机械及其自动控制卓越）	86.91	85.38	87.74	88.21	86.32
25	机械设计制造及其自动化（卓越）	86.89	88.41	85.98	87.80	85.37
26	医学检验技术	86.62	85.38	87.03	87.26	86.79
27	材料成型及控制工程	86.57	86.49	85.47	88.18	86.15
28	安全工程	86.54	84.13	85.10	91.35	85.58
29	光电信息科学与工程	86.53	86.21	86.21	87.50	86.21
30	交通运输	86.27	85.71	85.27	88.39	85.71
31	电子信息工程	86.23	86.11	85.65	85.65	87.50
32	能源与动力工程（动力机械工程及自动化）	85.92	85.34	86.21	85.63	86.49

续表

排名	专业	2018年（总）	教学能力	学术水平	敬业精神	总体实力
33	车辆工程	85.88	85.34	85.19	86.57	86.42
	学校均值	85.82	85.43	85.68	87.25	84.93
34	高分子材料与工程	85.60	86.61	85.27	85.71	84.82
35	药学	85.53	85.19	85.19	87.04	84.72
36	数学与应用数学	85.13	84.48	84.48	85.34	86.21
37	应用化学	85.10	85.58	84.62	86.54	83.65
38	制药工程	84.93	85.29	85.78	85.29	83.33
39	卫生检验与检疫	84.90	83.33	87.50	87.50	81.25
40	物联网工程	84.79	84.91	84.91	85.85	83.49
41	食品质量与安全	84.72	83.33	83.80	87.50	84.26
42	临床医学	84.65	83.91	84.69	85.31	84.69
43	食品科学与工程	84.47	82.42	84.77	85.16	85.55
44	环保设备工程	84.38	84.82	83.04	85.71	83.93
45	信息安全	84.38	82.59	84.82	85.27	84.82
46	护理学	84.07	84.68	84.68	85.08	81.85
47	电子信息科学与技术	83.93	83.93	83.93	84.38	83.48
48	市场营销（无锡机电学院）	83.91	84.26	82.41	86.57	82.41
49	机械设计制造及其自动化	83.89	83.93	84.08	84.97	82.59
50	软件工程（无锡机电学院）	83.75	82.27	83.18	87.27	82.27
51	自动化	83.71	83.04	83.93	84.23	83.63
52	农业电气化	83.00	82.00	84.00	84.00	82.00
53	环境工程	82.84	81.36	83.18	84.55	82.27
54	工程管理	82.81	82.81	83.13	83.75	81.56
55	电气工程及其自动化（无锡机电学院）	82.76	83.19	82.76	85.34	79.74
56	机械电子工程（无锡机电学院）	82.76	82.76	83.19	84.05	81.03
57	复合材料与工程	81.75	80.00	82.00	84.50	80.50
58	机械电子工程	81.02	80.09	79.17	85.19	79.63

续表

排名	专业	2018 年（总）	教学能力	学术水平	敬业精神	总体实力
59	新能源科学与工程	81.00	79.41	81.37	84.31	78.92
60	能源与动力工程	80.74	79.47	81.10	81.91	80.49
61	计算机科学与技术	79.90	80.39	77.94	80.88	80.39
62	软件工程	79.60	78.77	78.77	81.13	79.72

理工医类 62 个专业中，33 个专业在该项指标上的得分高于全校均值；其中物理学（师范）、交通工程、农业机械化及其自动化专业居前 3 位，能源与动力工程、计算机科学与技术、软件工程居后 3 位。专业间高低相差 11.56 分，差异显著。

5.10 管理服务满意度

5.10.1 文管类学院、专业比较

2018 年度文管类各学院毕业生“管理服务满意度”见表 5-33。

表 5-33　2018 年度文管类各学院毕业生“管理服务满意度”分指标均分表

排名	学院	2018 年（总）	服务态度	信息公开	就业指导
1	教师	91.11	92.50	91.67	89.17
2	马克思	89.05	90.71	90.71	85.71
3	外语	85.26	87.31	85.82	82.65
4	管理	84.59	85.71	83.74	84.30
	学校均值	82.41	83.05	82.21	81.98
5	财经	81.70	81.80	81.99	81.31
6	法学	81.27	81.93	81.39	80.47
7	艺术	80.35	81.63	79.04	80.38
8	文学	78.95	79.49	78.85	78.53

文管类 8 个学院中，4 个学院该项指标得分高于学校均值，其中教师教育学院最高，文学院最低，高低相差约 12 分，差异较明显。

2018 年度文管类各专业毕业生“管理服务满意度”见表 5-34。

表 5-34 2018 年度文管类各专业毕业生“管理服务满意度”分指标均分表

排名	专业	2018 年(总)	服务态度	信息公开	就业指导
1	教育技术学（师范）	91.11	92.50	91.67	89.17
2	思想政治教育（师范）	89.05	90.71	90.71	85.71
3	公共事业管理（医疗保险）	88.89	90.15	89.39	87.12
4	日语	88.44	91.33	87.76	86.22
5	财政学	87.18	87.50	88.46	85.58
6	信息管理与信息系统	87.17	88.00	86.50	87.00
7	视觉传达设计	86.49	87.93	84.48	87.07
8	环境设计	86.33	87.50	85.50	86.00
9	电子商务	85.63	87.07	85.35	84.48
10	保险学	85.61	84.85	85.61	86.36
11	市场营销	85.31	86.86	85.17	83.90
12	人力资源管理	84.26	85.32	83.73	83.73
13	工业工程	84.03	85.00	81.67	85.42
14	能源经济	83.87	83.87	84.68	83.07
15	物流管理	83.43	83.82	82.94	83.53
16	英语	83.43	85.00	84.71	80.59
17	财务管理	82.93	83.47	83.07	82.26
18	统计学	82.58	83.33	83.33	81.06
	学校均值	82.41	83.05	82.21	81.98
19	国际经济与贸易	81.81	82.08	80.83	82.50
20	工商管理	81.72	83.58	79.85	81.72
21	美术学（师范）	81.48	83.33	79.63	81.48
22	法学	81.27	81.93	81.39	80.47
23	会计学	81.03	80.03	81.76	81.29
24	汉语言文学	80.91	81.41	80.77	80.56
25	公共艺术	80.45	80.77	79.81	80.77
26	产品设计	80.08	82.32	77.44	80.49
27	金融学	78.60	79.96	78.60	77.25

续表

排名	专业	2018 年(总)	服务态度	信息公开	就业指导
28	工业设计	76.19	78.57	75.89	74.11
29	动画	73.89	71.67	73.33	76.67
30	数字媒体艺术	73.85	76.72	72.41	72.41
31	汉语国际教育	73.08	73.72	73.08	72.44

文管类 31 个专业中，18 个专业在该项指标上的得分高于全校均值；教育技术学（师范）、思想政治教育（师范）和公共事业管理（医疗保险）专业居前 3 位，动画、数字媒体艺术和汉语国际教育居后 3 位。专业间高低相差约 18 分，差异显著。

5.10.2　理工医类学院、专业比较

2018 年度理工医类各学院毕业生“管理服务满意度”见表 5-35。

表 5-35　2018 年度理工医类各学院毕业生“管理服务满意度”分指标均分表

排名	学院	2018 年（总）	服务态度	信息公开	就业指导
1	理学	86.20	86.56	86.44	85.61
2	农装	85.19	84.26	85.19	86.11
3	化工	84.29	85.00	83.57	84.29
4	汽车	84.06	84.71	83.77	83.71
5	土木	83.74	84.51	82.67	84.05
6	电气	83.38	83.44	83.05	83.64
7	药学	83.17	84.55	82.96	82.01
	学校均值	82.41	83.05	82.21	81.98
8	材料	81.94	82.20	81.42	82.20
9	能动	81.72	82.74	82.39	80.04
10	计算机	81.34	81.53	81.37	81.13
11	环境	81.11	80.93	81.48	80.93
12	医学	81.08	81.81	81.02	80.42
13	机械	81.06	81.35	80.20	81.62
14	无锡机电	80.63	81.11	80.33	80.44
15	食品	80.23	82.07	80.69	77.93

理工医类15个学院中，7个学院该项指标得分高于学校均值，其中理学院最高，食品学院最低，高低相差约6分。

2018年度理工医类各专业毕业生“管理服务满意度”见表5-36。

表5-36　2018年度理工医类各专业毕业生“管理服务满意度”分指标均分表

排名	专业	2018年（总）	服务态度	信息公开	就业指导
1	物理学（师范）	90.72	90.57	89.62	91.98
2	能源与动力工程（流体机械及其自动控制）	88.66	88.89	89.58	87.50
3	电气工程及其自动化（卓越）	88.65	86.17	88.30	91.49
4	交通工程	88.42	90.68	88.56	86.02
5	电气工程及其自动化	87.16	88.24	86.18	87.06
6	化学工程与工艺	86.01	86.32	84.91	86.79
7	数学与应用数学（师范）	85.95	85.47	86.63	85.76
8	测控技术与仪器	85.54	86.22	84.69	85.71
9	土木工程	85.34	86.75	83.74	85.54
10	农业机械化及其自动化	85.19	84.26	85.19	86.11
11	通信工程	85.13	84.80	85.78	84.80
12	安全工程	84.78	84.62	83.17	86.54
13	网络工程	84.72	85.19	83.80	85.19
14	数学类（中外合作办学）（数学与应用数学）	84.62	86.54	82.69	84.62
15	车辆工程（卓越）	84.52	84.29	85.00	84.29
16	药物制剂	84.46	87.98	83.65	81.73
17	药学	84.41	84.26	85.65	83.33
18	交通运输	84.23	84.82	84.82	83.04
19	生物医学工程	84.23	86.61	82.14	83.93
20	金属材料工程	83.84	81.63	83.67	86.22
21	电子信息工程	83.49	83.33	84.26	82.87
22	材料成型及控制工程	83.45	84.12	83.45	82.77
23	信息与计算科学	83.06	83.07	85.48	80.65
24	能源与动力工程（动力机械工程及自动化）	83.05	84.48	81.90	82.76

续表

排名	专业	2018 年（总）	服务态度	信息公开	就业指导
25	生物技术	83.02	82.41	82.41	84.26
26	建筑环境与能源应用工程	83.02	84.91	83.49	80.66
27	车辆工程	82.87	82.72	82.41	83.49
28	物联网工程	82.86	83.96	80.19	84.43
29	数学与应用数学	82.76	86.21	82.76	79.31
30	无机非金属材料工程	82.74	81.70	80.80	85.71
31	应用化学	82.53	83.65	82.21	81.73
32	食品科学与工程	82.42	85.55	82.42	79.30
	学校均值	82.41	83.05	82.21	81.98
33	工程管理	82.08	82.19	81.56	82.50
34	医学影像学	82.01	82.94	81.75	81.35
35	信息安全	81.99	80.80	83.48	81.70
36	临床医学	81.77	81.41	81.41	82.50
37	光电信息科学与工程	81.61	81.47	81.47	81.90
38	机械电子工程（无锡机电学院）	81.61	81.03	81.47	82.33
39	医学检验技术	81.60	84.43	82.08	78.30
40	能源与动力工程（流体机械及其自动控制卓越）	81.45	84.91	81.13	78.30
41	环保设备工程	81.25	80.36	82.14	81.25
42	机械设计制造及其自动化	80.90	81.85	79.32	81.55
43	高分子材料与工程	80.80	82.14	80.80	79.46
44	电气工程及其自动化（无锡机电学院）	80.60	79.74	79.74	82.33
45	市场营销（无锡机电学院）	80.56	82.87	80.09	78.70
46	制药工程	80.56	81.37	79.41	80.88
47	电子信息科学与技术	80.51	81.25	80.36	79.91
48	冶金工程	80.04	81.58	78.95	79.61
49	软件工程（无锡机电学院）	79.70	80.91	80.00	78.18
50	复合材料与工程	79.67	81.00	79.50	78.50

续表

排名	专业	2018 年（总）	服务态度	信息公开	就业指导
51	自动化	79.66	79.17	78.87	80.95
52	护理学	79.30	78.63	79.44	79.84
53	机械设计制造及其自动化（卓越）	78.86	78.66	77.44	80.49
54	能源与动力工程	78.86	78.46	80.08	78.05
55	机械电子工程	78.55	77.31	79.63	78.70
56	农业电气化	78.33	78.00	81.00	76.00
57	新能源科学与工程	77.78	79.90	77.94	75.49
58	环境工程	77.58	77.73	79.55	75.46
59	计算机科学与技术	76.96	77.45	76.96	76.47
60	卫生检验与检疫	76.39	78.13	76.04	75.00
61	软件工程	76.26	76.89	77.83	74.06
62	食品质量与安全	76.23	77.78	77.78	73.15

理工医类 62 个专业中，32 个专业得分高于全校均值；其中物理学（师范）、能源与动力工程（流体机械及其自动控制）、电气工程及其自动化（卓越）专业居前 3 位，卫生检验与检疫、软件工程、食品质量与安全居后 3 位。专业间高低相差 14.49 分，差异显著。

5.11 专业总体满意度

5.11.1 文管类学院、专业比较

2018 年度文管类各学院毕业生“专业总体满意度”见表 5-37。

表 5-37 2018 年度文管类各学院毕业生“专业总体满意度”分指标均分表

排名	学院	2018 年（总）	专业态度	就业去向	推荐情况
1	教师	83.61	84.17	89.17	77.50
2	马克思	80.00	82.14	85.00	72.86
3	艺术	77.69	82.40	77.02	73.65
4	外语	77.18	82.65	74.07	74.81

续表

排名	学院	2018 年（总）	专业态度	就业去向	推荐情况
5	管理	77.15	81.22	75.78	74.44
6	法学	76.82	81.75	79.20	69.53
	学校均值	76.75	79.25	78.27	72.73
7	财经	74.61	77.67	75.39	70.78
8	文学	72.97	75.96	73.88	69.07

文管类 8 个学院中，6 个学院该项指标得分高于学校均值，其中教师教育学院最高，文学院最低，高低相差近 11 分。且无论是专业态度满意度、就业去向满意度，还是推荐情况满意度，教师教育学院均最高，文学院均最低。

2018 年度文管类各专业毕业生“专业总体满意度”见表 5-38。

表 5-38　2018 年度文管类各专业毕业生“专业总体满意度”分指标均分表

排名	专业	2018 年（总）	专业态度	就业去向	推荐情况
1	视觉传达设计	86.21	87.93	85.34	85.34
2	教育技术学（师范）	83.61	84.17	89.17	77.50
3	环境设计	82.50	85.50	81.50	80.50
4	美术学（师范）	82.10	89.81	81.48	75.00
5	市场营销	81.92	86.02	80.93	78.81
6	公共事业管理（医疗保险）	81.82	84.85	80.30	80.30
7	思想政治教育（师范）	80.00	82.14	85.00	72.86
8	信息管理与信息系统	79.33	82.00	78.50	77.50
9	英语	78.82	84.12	76.18	76.18
10	人力资源管理	78.31	83.33	76.98	74.60
11	财务管理	77.69	79.84	81.45	71.77
12	工业设计	77.68	83.93	83.93	65.18
13	保险学	77.27	81.82	73.48	76.52
14	汉语言文学	76.92	78.85	78.85	73.08
15	法学	76.82	81.75	79.20	69.53
	学校均值	76.75	79.25	78.27	72.73
16	电子商务	76.72	81.03	76.72	72.41
17	金融学	76.35	78.15	80.86	70.05

续表

排名	专业	2018年（总）	专业态度	就业去向	推荐情况
18	公共艺术	76.28	84.62	70.19	74.04
19	产品设计	76.02	77.44	75.00	75.61
20	工业工程	75.56	81.67	72.92	72.08
21	会计学	75.05	75.16	78.46	71.54
22	财政学	75.00	83.65	66.35	75.00
23	国际经济与贸易	74.44	77.08	73.75	72.50
24	日语	74.32	80.10	70.41	72.45
25	物流管理	73.92	77.06	71.18	73.53
26	工商管理	73.63	77.61	73.88	69.40
27	统计学	71.72	80.30	65.91	68.94
28	动画	70.83	76.67	70.00	65.83
29	数字媒体艺术	67.53	74.14	66.38	62.07
30	汉语国际教育	61.11	67.31	58.97	57.05
31	能源经济	60.22	73.39	50.81	56.45

文管类31个专业中，15个专业在该项指标上的得分高于全校均值；其中视觉传达设计、教育技术学（师范）和环境设计专业居前3位，数字媒体艺术、汉语国际教育和能源经济居后3位。专业间高低相差约26分，差异非常显著。

5.11.2 理工医类学院、专业比较

2018年度理工医类各学院毕业生“专业总体满意度”分指标均分见表5-39。

表5-39 2018年度理工医类各学院毕业生“专业总体满意度”分指标均分表

排名	学院	2018年（总）	专业态度	就业去向	推荐情况
1	理学	81.01	83.49	83.96	75.59
2	汽车	79.76	80.83	81.83	76.63
3	医学	79.70	80.30	87.47	71.33
4	土木	79.40	80.68	82.52	75.00
5	药学	78.66	80.57	82.33	73.09
6	电气	77.92	78.96	79.16	75.66

续表

排名	学院	2018 年（总）	专业态度	就业去向	推荐情况
7	农装	77.78	81.48	76.85	75.00
8	机械	77.00	78.04	78.99	73.99
9	无锡机电	76.81	78.56	79.11	72.78
	学校均值	76.75	79.25	78.27	72.73
10	化工	76.11	80.71	74.29	73.33
11	计算机	75.86	78.15	76.81	72.64
12	材料	74.10	76.86	74.69	70.74
13	环境	72.96	75.56	74.44	68.89
14	能动	72.94	75.78	73.37	69.67
15	食品	71.90	75.86	73.10	66.72

理工医类 15 个学院中，9 个学院该项指标得分高于学校均值，其中理学院最高，食品学院最低，高低相差约 9 分，差异较明显。

2018 年度理工医类各专业毕业生“专业总体满意度”分指标均分情况见表 5-40。

表 5-40　2018 年度理工医类各专业毕业生“专业总体满意度”分指标均分表

排名	专业	2018 年(总)	专业态度	就业去向	推荐情况
1	物理学（师范）	86.95	89.15	90.09	81.60
2	电气工程及其自动化（卓越）	86.35	87.23	87.77	84.04
3	医学影像学	83.47	82.94	92.06	75.40
4	电气工程及其自动化	83.33	84.71	83.82	81.47
5	临床医学	82.92	84.84	89.69	74.22
6	数学与应用数学（师范）	82.66	83.14	90.12	74.71
7	车辆工程	82.41	82.56	84.26	80.40
8	车辆工程（卓越）	82.38	81.43	87.86	77.86
9	土木工程	81.22	83.13	86.15	74.40
10	数学类（中外合作办学）（数学与应用数学）	80.13	82.69	80.77	76.92
11	生物技术	79.94	81.48	83.33	75.00
12	药学	79.78	81.48	84.72	73.15

续表

排名	专业	2018年(总)	专业态度	就业去向	推荐情况
13	测控技术与仪器	79.59	82.65	75.00	81.12
14	药物制剂	79.17	80.29	82.21	75.00
15	自动化	78.27	76.49	82.14	76.19
16	通信工程	78.27	80.88	78.43	75.49
17	医学检验技术	78.14	77.59	85.14	71.70
18	软件工程（无锡机电学院）	77.88	78.64	83.18	71.82
19	机械设计制造及其自动化（卓越）	77.85	76.22	84.15	73.17
20	农业机械化及其自动化	77.78	81.48	76.85	75.00
21	电气工程及其自动化（无锡机电学院）	77.73	79.74	78.88	74.57
22	能源与动力工程（动力机械工程及自动化）	77.59	77.87	81.32	73.56
23	工程管理	77.50	78.13	78.75	75.63
24	交通工程	77.40	82.63	77.12	72.46
25	机械设计制造及其自动化	77.33	77.83	80.21	73.96
26	能源与动力工程（流体机械及其自动控制）	77.31	82.64	76.04	73.26
27	金属材料工程	77.21	80.61	76.53	74.49
28	化学工程与工艺	77.20	82.55	75.94	73.11
29	光电信息科学与工程	77.16	78.45	79.74	73.28
30	制药工程	76.96	79.90	79.90	71.08
31	软件工程	76.89	77.36	83.49	69.81
32	机械电子工程（无锡机电学院）	76.87	77.16	78.88	74.57
	学校均值	76.75	79.25	78.27	72.73
33	交通运输	76.34	78.13	76.79	74.11
34	网络工程	76.23	81.94	73.15	73.61
35	安全工程	76.12	78.37	77.40	72.60
36	电子信息工程	75.62	75.46	77.32	74.07
37	材料成型及控制工程	75.56	77.37	76.35	72.97
38	计算机科学与技术	75.33	75.00	79.90	71.08

续表

排名	专业	2018 年(总)	专业态度	就业去向	推荐情况
39	生物医学工程	75. 30	78. 57	73. 21	74. 11
40	应用化学	75. 00	78. 85	72. 60	73. 56
41	市场营销（无锡机电学院）	74. 69	78. 70	75. 46	69. 91
42	物联网工程	74. 37	75. 94	74. 53	72. 64
43	信息安全	74. 26	77. 68	71. 88	73. 21
44	无机非金属材料工程	73. 96	76. 34	78. 57	66. 96
45	信息与计算科学	73. 92	79. 03	70. 97	71. 77
46	环保设备工程	73. 81	78. 57	78. 57	64. 29
47	复合材料与工程	73. 67	77. 50	71. 50	72. 00
48	护理学	73. 66	72. 18	86. 29	62. 50
49	数学与应用数学	73. 28	79. 31	69. 83	70. 69
50	能源与动力工程	73. 24	74. 80	75. 00	69. 92
51	高分子材料与工程	73. 21	76. 34	72. 77	70. 54
52	建筑环境与能源应用工程	73. 11	73. 59	75. 00	70. 76
53	机械电子工程	72. 84	75. 46	74. 07	68. 98
54	能源与动力工程（流体机械及其自动控制卓越）	72. 64	74. 53	73. 59	69. 81
55	食品科学与工程	71. 22	75. 39	71. 09	67. 19
56	卫生检验与检疫	70. 83	76. 04	73. 96	62. 50
57	电子信息科学与技术	69. 94	74. 55	70. 09	65. 18
58	环境工程	69. 55	71. 36	69. 55	67. 73
59	冶金工程	69. 30	71. 71	70. 40	65. 79
60	食品质量与安全	68. 67	73. 61	70. 37	62. 04
61	农业电气化	68. 33	70. 00	68. 00	67. 00
62	新能源科学与工程	66. 18	72. 06	63. 73	62. 75

理工医类 62 个专业该项得分，32 个专业高于全校平均值，其中物理学（师范）、电气工程及其自动化（卓越）、医学影像学专业居前 3 位，食品质量与安全、农业电气化、新能源科学与工程居专业后 3 位。专业间高低相差近 21 分，差异显著。

5.12 影响满意度因素及分析

5.12.1 对专业最满意因素分析

“本专业最满意因素”的问卷设置了9个选择项，由学生进行选择（可多选）。表5-41通过选择频次统计汇总了各学院毕业生的选择情况，通过选择频次反映学生对各个选项的满意度。

表5-41 2018年度全校各学院毕业生对“本专业最满意因素”统计表

单位	A师资力量雄厚	B学习机会多	C考试测评到位	D职业技能提升度高	E图书资料丰厚	F教学设备完善	G学习氛围好	H实践实习机会多	I奖助学金资源丰富
学校	*0.167	0.146	0.089	0.122	0.120	0.084	0.115	0.111	▽0.046
财经	*0.162	0.134	0.095	0.122	0.137	0.083	0.141	0.086	▽0.039
法学	0.149	0.152	0.085	0.102	*0.177	0.095	0.132	0.080	▽0.030
管理	*0.171	0.148	0.084	0.124	0.106	0.089	0.116	0.115	▽0.046
教师教育	*0.172	0.131	0.074	*0.172	0.074	0.057	0.156	0.131	▽0.033
马克思	0.157	*0.173	0.110	0.126	0.126	0.063	0.142	0.079	▽0.024
外语	*0.162	0.133	0.098	0.113	0.119	0.111	0.143	▽0.057	0.064
文学	0.142	0.140	0.097	0.089	*0.178	0.070	0.146	0.085	▽0.055
艺术	*0.164	0.150	0.073	0.139	0.126	0.065	0.116	0.126	▽0.040
材料	*0.175	0.144	0.095	0.120	0.120	0.097	0.086	0.130	▽0.034
电气	*0.164	0.141	0.087	0.125	0.118	0.090	0.113	0.111	▽0.051
化工	0.167	*0.175	0.084	0.123	0.131	0.086	0.120	0.081	▽0.034
环境	*0.159	0.148	0.111	0.133	0.100	0.096	0.093	0.109	▽0.052
机械	*0.174	0.143	0.080	0.133	0.119	0.092	0.094	0.118	▽0.047
计算机	*0.166	0.152	0.096	0.110	0.149	0.087	0.102	0.090	▽0.047
理学院	*0.167	0.148	0.108	0.138	0.129	0.072	0.109	0.090	▽0.039
能动	*0.160	0.142	0.090	0.100	0.102	0.071	0.132	0.135	▽0.067
农装	*0.175	0.140	▽0.070	0.114	0.123	0.114	0.079	0.105	0.079
汽车	*0.186	0.159	0.080	0.118	0.111	0.076	0.107	0.119	▽0.045
食品	*0.173	0.127	0.090	0.106	0.119	0.079	0.133	0.121	▽0.052

续表

单位	A 师资力量雄厚	B 学习机会多	C 考试测评到位	D 职业技能提升度高	E 图书资料丰厚	F 教学设备完善	G 学习氛围好	H 实践实习机会多	I 奖助学金资源丰富
土木	*0. 180	0. 148	0. 080	0. 121	0. 106	0. 080	0. 116	0. 129	▽0. 040
无锡机电	0. 129	0. 152	0. 103	0. 147	0. 080	0. 085	0. 090	*0. 163	▽0. 050
药学	*0. 183	0. 153	0. 086	0. 139	0. 133	0. 080	0. 098	0. 096	▽0. 032
医学	*0. 177	0. 140	0. 085	0. 118	0. 107	0. 083	0. 127	0. 115	▽0. 049

标注“*”为各学院学生满意度最高的要素，标注“▽”为各单位学生满意度最低的要素。

5. 12. 2　本专业最突出问题分析

“本专业存在最突出的问题”问卷设置了 8 个选择项，由学生进行选择（可多选）。表 5-42 通过选择频次统计汇总了各学院毕业生的选择情况，反映学生认为比较突出的问题。

表 5-42　2018 年度全校各学院“毕业生认为本专业最突出的问题”统计表

单位	A 培养目标定位不准确	B 缺乏个性化培养	C 硬件不能满足要求	D 教师队伍实力有限	E 教材于教学内容陈旧	F 选修课数量不足、课程安排冲突	G 案例教学不足	H 实践实习机会少
学校	0. 115	*0. 260	0. 111	0. 043	0. 097	0. 076	0. 117	0. 181
财经	0. 115	*0. 248	0. 075	0. 049	0. 105	0. 068	0. 125	0. 215
法学	0. 091	*0. 246	0. 091	0. 079	0. 079	0. 058	0. 164	0. 191
管理	0. 097	*0. 275	0. 070	0. 028	0. 143	0. 056	0. 126	0. 206
教师教育	0. 067	0. 217	*0. 233	0. 083	0. 133	0. 083	0. 117	0. 067
马克思	0. 074	*0. 368	0. 015	0. 044	0. 059	0. 118	0. 059	0. 265
外语	0. 147	*0. 230	0. 065	0. 032	0. 065	0. 061	0. 094	0. 306
文学	0. 118	*0. 253	0. 055	0. 077	0. 085	0. 110	0. 102	0. 201
艺术	0. 143	0. 193	*0. 196	0. 067	0. 092	0. 053	0. 088	0. 169
材料	0. 094	*0. 282	0. 119	0. 036	0. 086	0. 070	0. 134	0. 179
电气	0. 123	*0. 244	0. 105	0. 032	0. 096	0. 077	0. 106	0. 217
化工	0. 073	*0. 278	0. 128	0. 021	0. 098	0. 098	0. 090	0. 214

续表

单位	A 培养目标定位不准确	B 缺乏个性化培养	C 硬件不能满足要求	D 教师队伍实力有限	E 教材于教学内容陈旧	F 选修课数量不足、课程安排冲突	G 案例教学不足	H 实践实习机会少
环境	0.104	*0.239	0.110	0.057	0.082	0.072	0.132	0.204
机械	0.096	*0.296	0.117	0.033	0.088	0.091	0.117	0.161
计算机	0.123	0.228	0.102	0.032	0.116	0.060	0.105	*0.233
理学院	0.126	*0.243	0.143	0.050	0.052	0.059	0.128	0.200
能动	0.133	*0.259	0.134	0.046	0.092	0.078	0.111	0.146
农装	0.105	*0.246	0.070	0.018	0.158	0.175	0.158	0.070
汽车	0.109	*0.274	0.106	0.018	0.114	0.082	0.121	0.175
食品	0.098	*0.275	0.160	0.025	0.079	0.084	0.104	0.174
土木	0.139	*0.265	0.102	0.057	0.075	0.069	0.142	0.151
无锡机电	0.131	*0.258	0.098	0.078	0.115	0.094	0.133	0.094
药学	0.129	*0.260	0.157	0.040	0.083	0.100	0.086	0.146
医学	0.115	*0.304	0.132	0.048	0.082	0.098	0.112	0.108

标注“*”为各学院毕业生认为问题最突出的方面。

5.12.3 需进一步改进的因素

关于各学院哪些方面需要改进，表 5-43 列举了 7 个与本科教学建设相关的因素，由学生选择（可多选）。学生对 7 个因素的选择频次反映出学生认为各因素需要改进的程度。

表 5-43　2018 年度全校各学院毕业生希望本学院今后进一步改进的因素统计表

单位名称	A 师资水平	B 教学内容	C 教学模式	D 考核测评方式	E 师生交流	F 硬件设备	G 图书等教育资源
学校	0.080	0.166	*0.225	0.126	0.152	0.129	0.123
财经	0.083	0.184	*0.218	0.117	0.156	0.111	0.133
法学	0.105	0.133	*0.213	0.120	0.136	0.117	0.176
管理	0.065	0.175	*0.241	0.135	0.150	0.108	0.126
教师教育	0.127	0.238	0.143	0.079	0.095	*0.270	0.048

续表

单位名称	A 师资水平	B 教学内容	C 教学模式	D 考核测评方式	E 师生交流	F 硬件设备	G 图书等教育资源
马克思	0.100	0.150	*0.263	0.100	0.175	0.063	0.150
外语	0.056	0.175	*0.239	0.127	0.146	0.112	0.146
文学	0.105	0.151	*0.216	0.136	0.125	0.094	0.173
艺术	0.104	0.175	*0.201	0.080	0.124	0.197	0.118
材料	0.063	0.140	*0.216	0.145	0.179	0.143	0.113
电气	0.077	0.157	*0.237	0.137	0.151	0.129	0.111
化工	0.033	0.172	0.217	0.119	*0.221	0.111	0.127
环境	0.083	0.178	*0.234	0.121	0.151	0.104	0.130
机械	0.077	0.158	*0.222	0.157	0.166	0.134	0.086
计算机	0.057	0.197	*0.257	0.118	0.150	0.123	0.099
理学院	0.090	0.169	*0.212	0.099	0.167	0.137	0.126
能动	0.083	0.177	*0.234	0.125	0.119	0.138	0.123
农装	0.075	0.208	*0.302	0.075	0.170	0.113	0.057
汽车	0.061	0.191	*0.218	0.152	0.153	0.122	0.104
食品	0.034	0.130	*0.212	0.143	0.132	0.201	0.148
土木	0.113	0.175	*0.228	0.151	0.139	0.095	0.098
无锡机电	0.107	0.171	*0.203	0.111	0.141	0.117	0.149
药学	0.104	0.155	*0.218	0.093	0.144	0.169	0.117
医学	0.095	0.126	*0.237	0.116	0.175	0.111	0.141

标注“*”的为各学院学生希望改进方面的选择频次最高。

学生希望学校今后加以改进的地方，全校得分均值依次为：教学模式 22.5%，教学内容 16.6%，师生交流 15.2%，硬件设备 12.9%，考核测评方式 12.6%，图书等教育资源 12.3%，师资水平 8%。在“师资水平”方面，教师教育、土木学院毕业生期待较大；在“教学内容”方面，教师教育、农装学院毕业生期待较大；在“教学模式”方面，农装、马克思、计算机学院毕业生期待较大；在“考核测评方式”方面，机械、汽车、土木学院毕业生期待较大；在“师生交流”方面，化工、材料学院毕业生期待较大；在“硬件设备”方面，教师教育、食品学院毕业生期待较大；在“图书等教育资源”方面，法学、文学院毕业生期待较大。

5.13 研究发现

（一）数据覆盖面广，代表性强

2018 年问卷调查覆盖全部有毕业生的专业（方向），共涉及 23 个学院（含无锡机电学院）93 个专业（方向）。5436 位毕业生中，5423 人参与了调查，参与率 99.76%，有效率 100%。问卷基本覆盖 2018 届毕业生，数据分析结果具有很强的代表性、真实性。

（二）专业间满意度排名位次变化较大

文管类 31 个专业的总满意度，16 个专业得分高于学校均值，15 个专业得分低于学校均值。其中，公共事业管理（医疗保险）最高，汉语国际教育最低，高低相差约 18 分，差异显著。31 个专业的满意度均值排名列表中，名次提升幅度超过 10 个位次的专业有：视觉传达设计、环境设计、市场营销、信息管理与信息系统、人力资源管理、保险学；名次降低幅度超过 10 个位次的专业有：公共艺术、工商管理、法学、能源经济、数字媒体艺术。

理工类 62 个专业的总满意度，25 个专业得分高于学校均值，37 个专业得分低于学校均值。其中，物理学（师范）均值最高，新能源科学与工程均值最低，高低相差 14.19 分，差异显著。62 个专业的满意度均值排名列表中，名次提升在 30 个位次以上的有：物理学（师范）、能源与动力工程（流体机械及其自动控制）、医学影像、临床医学、医学检验技术、交通运输；名次提升在 20 个位次以上的有：车辆工程（卓越）、生物医学工程、电子信息工程、工程管理；名次下降在 20 个位次以上的有：冶金工程、信息安全、数学与应用数学、高分子材料与工程、卫生检验与检疫、机械电子工程、计算机科学与技术、食品质量与安全。

（三）一级指标表现差距较大

一级指标按指标分值从大到小的顺序排列为：毕业设计、师资队伍、管理服务、考试情况、教学效果、目标定位、课程设置、实践教学、专业总体。指标之间的分值差距为 9.4 分，差距显著。23 个学院在一级指标的满意度表现上，学院之间的差距比较大，每个一级指标的学院之间的差距都在 10 分左右。

8 个文管类学院中，教师教育学院在“课程设置”“教学效果”“实践教学”

“毕业设计（论文）”“考试情况”“管理服务”“专业总体”等 7 个指标上都居于首位。马克思主义学院在“目标定位”指标上居于首位。外语学院在“师资队伍”等指标上居于首位。文学院在“目标定位”“课程设置”“实践教学”“管理服务”“专业总体”等 5 个指标上居于末位。法学院在“教学效果”“毕业设计（论文）”“考试情况”“师资队伍”等 4 个指标上居末位。

15 个理工医类学院中，农业装备学院在“目标定位”“教学效果”“实践教学”“考试情况”“师资队伍”等 5 个指标上居于首位，理学院在“课程设置”“毕业论文（设计）”“专业总体”“管理服务”4 个指标上居于首位。食品学院在“目标定位”“课程设置”“管理服务”“专业总体”指标上居于末位。计算机学院在“教学效果”“实践教学”，医学院在“毕业论文（设计）”指标上居于末位。环境学院在“考试情况”指标上居于末位。无锡机电在“师资队伍”指标上居于末位。

（四）“最满意的因素”“最突出的问题”“学生的期待”意见比较集中

专业最满意的方面，学生对 9 个选项的选择频度居于首位的，“师资力量雄厚”有 18 个学院，“学习机会多”有 2 个学院，“图书资料丰厚”有 2 个学院，“职业技能提升度高”有 1 个学院，“实践实习机会多”有 1 个学院。总的来说，学生对“师资力量”的认可度比较高。

专业最突出的问题方面，选择频度居于首位的，“缺乏个性化培养”有 20 个学院，“硬件不能满足要求”有 2 个学院，“实践实习机会少”有 1 个学院。大部分学生都认为培养过程中，“缺乏个性化”是专业存在的最突出的问题。

学生希望本专业今后最需要改进的方面，意见比较集中，21 个学院的毕业生对“教学模式”的选择频度居 7 个方面的首位，其次为“教学内容”“师生交流”“硬件设备”“图书等教育资源”等，对其他选项也都有不同程度的期盼。毕业生对以上这些教学要素改进的期盼值得学校、学院、专业的关注和重视。

第6章 × 2019年专业教学满意度测评实践

6.1 调查样本

2019年度某校本科生专业教学满意度测评共调查了全校应届毕业生5743人，实际参与问卷调查5656人，参与率98.49%，有效率100%。全校2019年应届毕业的专业（含方向）共有100个，涉及学院23个（含无锡机电学院）。调查样本的基本情况如表6-1所示。

表6-1 2019年全校总体参与情况统计表

分类	全校学院数	参评学院	全校专业数	参评专业数	毕业生数	参评人数	参评率
文管类	8	8	32	32	1663	1649	99%
理工医类	15	15	68	68	4080	3782（4007）	98%

6.2 专业教学满意度总体情况

6.2.1 全校总体满意度情况及其年度比较

此次调查结果显示，某校毕业生对专业教学满意度的总体均分为83.28分，与2018年相比提高3.41分，其中毕业设计（论文）满意度得分最高，师资队伍满意度次之，专业总体满意度相对较低。具体从人文社科和理工医两大类描述各学院、专业毕业生满意度情况，见表6-2。

表6-2 2019年度全校毕业生总满意度均分

年度	总满意度	目标定位	课程设置	教学效果	实践教学	毕业设计	考试	师资队伍	管理服务	专业总体
2019	83.28	81.40	81.69	83.25	82.12	88.47	85.44	88.14	84.71	80.32

6.2.2　文管类满意度总体情况

2019 年度文管类各学院毕业生总满意度见图 6-1。

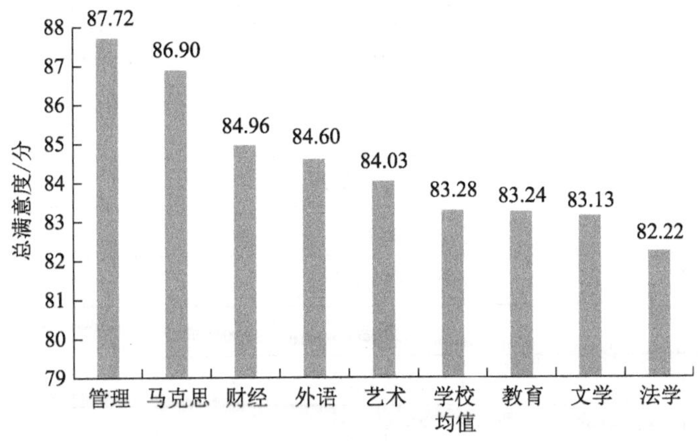

图 6-1　2019 年度文管类各学院毕业生总满意度均分图

文管类 8 个学院的总体满意度，管理学院最高，法学院最低，其中 5 个学院高于全校均值，3 个学院低于全校均值。

2019 年度文管类各专业毕业生总满意度见表 6-3。

表 6-3　2019 年度文管类各专业毕业生总满意度年度均分表

人文专业排名	专业	2019 年
1	电子商务	94. 58
2	市场营销	93. 64
3	信息管理与信息系统	90. 33
4	财务管理	89. 75
5	汉语言文学（师范）	89. 71
6	工业工程	88. 77
7	产品设计	87. 77
8	国际经济与贸易	87. 38
9	思想政治教育（师范）	86. 9
10	财政学	86. 61
11	环境设计（艺术设计（环境艺术设计））	86. 2

续表

人文专业排名	专业	2019 年
12	保险	86.16
13	工业设计	85.79
14	金融学	85.72
15	人力资源管理	85.24
16	工商管理	85.13
17	视觉传达设计	84.94
18	英语	84.9
19	公共艺术	84.86
20	物流管理	84.58
21	日语	84.17
22	汉语言文学	83.69
	学校均值	83.28
23	教育学（师范）	83.24
24	会计学	83.06
25	法学（法学（经济法））	82.22
26	统计学	81.79
27	动画	80.52
28	数字媒体艺术［艺术设计（媒体艺术设计）］	80
29	美术学（师范）	78.93
30	能源经济	78.44
31	公共事业管理（医疗保险）	77.88
32	汉语国际教育（对外汉语）	74.47

文管类 32 个专业中，电子商务得分最高，为 94.58 分，汉语国际教育最低为 74.47 分，高低相差 20.11 分，差异显著。

6.2.3 理工医类满意度总体情况

2019 年度理工医类各学院毕业生总满意度见图 6-2。

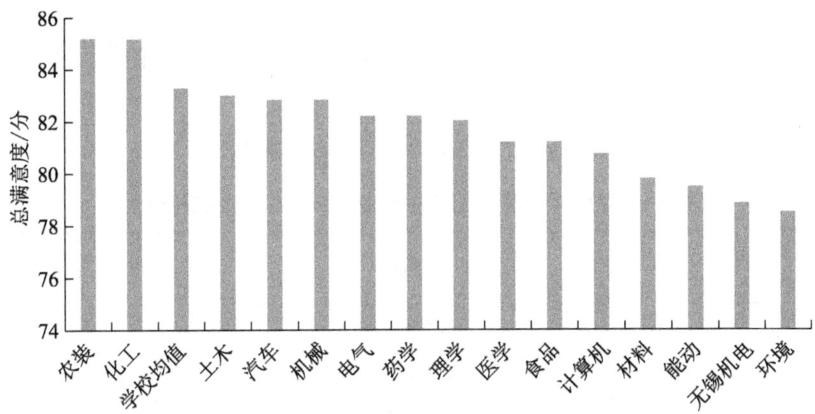

图 6-2　2019 年度理工医类各学院毕业生总满意度均分图

2019 年度理工医类各学院毕业生总满意度见表 6-4。

表 6-4　2019 年度理工医类各学院毕业生总满意度均分表

学院排名	学院	2019 年
1	农装	85. 18
2	化工	85. 11
	学校均值	83. 28
3	土木	83
4	汽车	82. 83
5	机械	82. 83
6	电气	82. 2
7	药学	82. 2
8	理学	82. 02
9	医学	81. 2
10	食品	81. 2
11	计算机	80. 74
12	材料	79. 8
13	能动	79. 49
14	无锡机电	78. 84
15	环境	78. 5

理工医类15个学院的总体满意度，农业装备工程学院得分最高，环境与安全工程学院得分最低，其中2个学院得分高于全校均值，13个学院得分低于全校均值。

2019年度理工医类各专业毕业生总满意度见表6-5。

表6-5　2019年度理工医类各专业毕业生总满意度均分表

理工医类专业排名	专业	2019年
1	药物制剂	89.64
2	数学与应用数学（师范）	86.66
3	应用化学	86.52
4	机械设计制造及其自动化（模具）	86.01
5	电气工程及其自动化	85.88
6	车辆工程	85.83
7	农业机械化及其自动化	85.18
8	冶金工程	85.02
9	机械电子工程	84.97
10	计算机科学与技术	84.72
11	软件工程	84.17
12	临床医学	84.13
13	土木工程（交通土建工程）	84.06
14	金属材料工程	83.98
15	电气工程及其自动化（卓越）	83.86
16	物理学（师范）	83.77
17	自动化	83.73
18	化学工程与工艺	83.72
19	能源与动力工程（动力机械工程及自动化） ［热能与动力工程（动力机械工程及自动化）］	83.66
20	农业电气化（农业电气化与自动化）	83.4
	学校均值	83.28
21	土木工程（建筑工程）	83.17

续表

理工医类专业排名	专业	2019 年
22	药学	82.99
23	能源与动力工程（流体机械及其自动化） ［热能与动力工程（流体机械及其自动控制）］	82.9
24	通信工程	82.84
25	数学类（中外合作办学）（数学与应用数学） ［数学与应用数学（国际课程实验班）］	82.78
26	光电信息科学与工程（光信息科学与技术）	82.58
27	交通工程	82.4
28	工程管理	82.2
29	医学检验技术	81.77
30	医学检验	81.68
31	机械设计制造及其自动化	81.66
32	测控技术与仪器	81.64
33	食品质量与安全	81.62
34	高分子材料与工程	81.42
35	能源与动力工程（工程热物理与节能减排技术） ［热能与动力工程（工程热物理与节能减排技术）］	80.97
36	市场营销（无锡机电学院）	80.77
37	机械设计制造及其自动化（卓越）	80.49
38	生物医学工程	80.22
39	环境工程	80.05
40	护理学	80.01
41	生物工程	79.99
42	能源与动力工程（电厂热能工程及自动化） ［热能与动力工程（电厂热能工程及自动化）］	79.76
43	交通运输（汽车运用与物流工程）	79.47
44	建筑环境与能源应用工程（建筑环境与设备工程）	79.38
44	医学影像学	79.38
46	车辆工程（卓越）	79.2

续表

理工医类专业排名	专业	2019年
47	电气工程及其自动化（无锡机电学院）	79.19
48	能源与动力工程（流体机械及其自动控制卓越）［热能与动力工程（流体机械及其自动控制卓越）］	79.18
49	物联网工程（无锡机电学院）	79.17
50	安全工程	78.67
51	电子信息科学与技术	78.47
52	食品科学与工程	78.23
52	食品科学与工程（食品机械及自动化）	78.23
54	物联网工程	78.19
55	复合材料与工程	78.15
56	网络工程	78.1
57	临床医学（全科医学）	77.9
58	电子信息工程	77.28
59	信息安全	76.88
60	卫生检验与检疫（卫生检验）	76.38
61	无机非金属材料工程	76.33
62	机械设计制造及其自动化（无锡机电学院）	76.3
63	环保设备工程	75.71
64	数学与应用数学	75.2
65	制药工程	74.84
66	材料成型及控制工程	74.8
67	信息与计算科学	74.73
68	新能源科学与工程	73.65

理工医类68个专业中，药物制剂专业得分最高，为89.64分，新能源科学与工程专业得分最低，为73.65分，高低相差15.99分，差异显著。

6.3　目标定位满意度

6.3.1　文管类学院、专业比较

2019 年度文管类各学院毕业生“目标定位满意度”见表 6-6。

表 6-6　2019 年度文管类各学院毕业生“目标定位满意度”均分表

排名	学院	2019 年（总）
1	管理	86.84
2	马克思	85.86
3	财经	82.99
4	艺术	81.91
5	外语	80.69
	学校均值	80.62
6	文学	79.9
7	法学	78.94
8	教师	77.92

2019 年度文管类各学院毕业生“目标定位满意度”见表 6-7。

表 6-7　2019 年度文管类各学院毕业生“目标定位满意度”均分表

排名	学院	2019 年（总）	专业目标了解	社会需求吻合度	专业实力符合度	学校目标符合度	学生期望符合度
1	管理	86.84	86.36	87.68	87.29	86.84	85.59
2	马克思	85.86	81.82	83.33	87.88	90.15	84.09
3	财经	82.99	82.47	83.38	83.21	83.59	82.11
4	艺术	81.91	83.33	82.51	81.50	81.59	81.04
5	外语	80.69	78.47	79.20	82.21	82.12	79.93
	学校均值	80.62	81.41	81.11	80.80	81.31	79
6	文学	79.9	82.86	79.86	79.07	80.43	78.14
7	法学	78.94	80	78.89	79.17	80.28	76.11
8	教师	77.92	77.5	79.17	78.75	80	78.33

文管类 8 个学院“目标定位满意度总均分”中，5 个学院得分高于学校均值，学院间高低相差 8.92 分，呈显著性差异。

2019 年度文管类各专业毕业生“目标定位满意度”见表 6-8。

表 6-8　2019 年度文管类各专业毕业生“目标定位满意度”均分表

排名	专业	2019 年（总）	专业目标了解	社会需求吻合度	专业实力符合度	学校目标符合度	学生期望符合度
1	电子商务	93.33	92.14	92.86	94.29	94.29	92.14
2	市场营销	92.4	89.47	93.86	92.54	93.42	92.54
3	信息管理与信息系统	90.94	87.72	92.11	91.45	92.11	90.79
4	工业工程	88.82	88.16	91.23	89.69	86.84	87.28
5	汉语言文学（师范）	87.95	88.08	90.77	87.5	87.69	86.15
6	财务管理	87.92	82.92	90.83	88.75	88.75	87.50
7	产品设计	87.05	85.81	87.84	87.5	86.49	87.16
8	保险	86.76	86.61	87.50	85.71	88.39	86.61
9	思想政治教育（师范）	85.86	81.82	83.33	87.88	90.15	84.09
10	国际经济与贸易	85.2	84.91	84.48	85.13	85.78	85.78
11	物流管理	83.99	85.32	86.11	83.93	83.73	80.95
12	人力资源管理	83.93	87.05	84.38	82.59	83.48	83.48
13	工商管理	83.53	82.42	83.20	84.38	84.38	82.42
14	环境设计	83.41	84.13	85.10	82.45	82.69	83.65
15	工业设计	83.33	83.59	84.38	82.42	85.16	82.03
16	财政学	82.93	83.87	80.65	83.47	84.68	81.45
17	金融学	82.79	82.24	82.94	82.94	83.18	82.71
18	会计学	82.75	81.47	84.09	82.95	83.04	81.99
19	公共艺术	82.08	85.83	82.50	80.42	82.50	80.83
20	动画	81.25	80.36	80.36	81.25	82.14	82.14
21	日语	81.21	78.51	78.95	82.68	82.89	81.58
	学校均值	80.62	81.41	81.11	80.80	81.31	79
22	视觉传达设计	80.56	80.56	82.64	80.90	80.56	77.78

续表

排名	专业	2019 年（总）	专业目标了解	社会需求吻合度	专业实力符合度	学校目标符合度	学生期望符合度
23	英语	80. 31	78. 44	79. 38	81. 88	81. 56	78. 75
24	汉语言文学	79. 53	83. 33	77. 19	79. 17	79. 82	78. 51
25	法学	78. 94	80. 00	78. 89	79. 17	80. 28	76. 11
26	数字媒体艺术	78. 72	83. 93	79. 46	76. 79	77. 68	77. 68
27	统计学	77. 96	77. 42	75. 81	79. 44	79. 84	75. 81
28	教育学（师范）	77. 92	77. 50	79. 17	78. 75	80. 00	78. 33
29	美术学（师范）	76. 53	81. 67	74. 17	77. 92	73. 33	74. 17
30	公共事业管理（医疗保险）	75. 29	76. 72	73. 28	78. 45	73. 28	71. 55
31	能源经济	73. 65	82. 35	72. 79	73. 16	72. 79	67. 65
32	汉语国际教育	70. 44	75. 94	69. 34	68. 63	72. 17	67. 92

文管类 32 个专业中，21 个专业在该项指标上的得分高于全校均值；其中电子商务、市场营销、信息管理与信息系统专业居前 3 位，公共事业管理（医疗保险）、能源经济、汉语国际教育居后 3 位。专业间高低相差 22. 89 分，差异显著。

6. 3. 2　理工医类学院、专业比较

2019 年度理工类各学院毕业生“目标定位满意度”见表 6-9。

表 6-9　2019 年度理工医类各学院毕业生“目标定位满意度”均分表

排名	学院	2019 年（总）	专业目标了解	社会需求吻合度	专业实力符合度	学校目标符合度	学生期望符合度
1	农装	82. 72	80. 88	81. 62	84. 93	85. 29	78. 68
2	化工	82. 66	84. 23	80. 41	83. 11	82. 66	83. 56
3	土木	82. 27	82. 61	82. 61	81. 52	83. 23	82. 14
4	机械	81. 57	81. 54	82. 24	81. 83	82. 31	79. 68
5	汽车	81. 39	80. 60	82. 47	82. 15	81. 68	79. 31
	学校均值	80. 62	81. 41	81. 11	80. 80	81. 31	79
6	电气	80. 44	80. 07	82. 37	79. 90	80. 86	79. 54

续表

排名	学院	2019年（总）	专业目标了解	社会需求吻合度	专业实力符合度	学校目标符合度	学生期望符合度
7	理学	80.21	80.61	80.10	80.17	81.12	79.08
8	医学	79.92	81.15	80.79	80.07	80.07	77.36
9	药学	79.29	80.17	79.74	79.02	79.89	78.74
10	能动	79.17	80.82	79.45	79.62	79.45	76.03
11	计算机	78.6	80.57	79.36	77.86	79.86	76.07
12	材料	78.04	80.17	76.61	78.46	79.05	75.49
13	无锡机电	77.72	77.89	78.89	77.39	78.11	76.67
14	食品	77.60	80.43	75.36	77.63	78.80	74.82
15	环境	77.53	80.83	78.50	76.50	78.83	74.00

理工医类15个学院中，5个学院该项指标得分高于学校均值，其中农业装备工程学院最高，环境与安全工程学院最低，高低相差5.19分。

2019年度理工医类各专业毕业生“目标定位满意度”见表6-10。

表6-10　2019年度理工医类各专业毕业生“目标定位满意度”均分表

排名	专业	2019年（总）	专业目标了解	社会需求吻合度	专业实力符合度	学校目标符合度	学生期望符合度
1	药物制剂	88.19	85.19	87.96	89.35	88.89	88.43
2	机械设计制造及自动化（模具）	86.82	85.66	87.70	86.89	87.30	86.48
3	数学与应用数学（师范）	86.61	83.21	88.57	87.68	86.43	86.07
4	电气工程及其自动化	85.81	84.52	87.80	85.71	86.90	84.23
5	土木工程（交通土建工程）	85.64	84.87	86.18	86.18	87.50	82.89
6	车辆工程	84.93	82.81	86.16	85.60	85.94	83.48
7	应用化学	84.09	85.91	81.82	84.77	83.18	84.09
8	临床医学	83.86	85.05	86.38	83.33	84.39	80.69
9	能源与动力工程（动力机械工程及自动化）	83.45	82.19	83.22	84.93	83.56	81.85
10	能源与动力工程（流体机械及其自动控制）	83.16	81.76	82.77	84.80	84.80	80.07

续表

排名	专业	2019 年（总）	专业目标了解	社会需求吻合度	专业实力符合度	学校目标符合度	学生期望符合度
11	电气工程及其自动化（卓越）	83. 13	84. 15	84. 15	83. 54	81. 10	82. 32
12	机械电子工程	82. 99	82. 08	84. 58	82. 92	83. 33	82. 08
13	计算机科学与技术	82. 79	84. 26	85. 19	81. 25	83. 80	81. 02
14	自动化	82. 76	78. 75	86. 25	83. 91	82. 19	81. 56
15	农业机械化及其自动化	82. 72	80. 88	81. 62	84. 93	85. 29	78. 68
16	冶金工程	82. 62	82. 98	81. 38	82. 98	84. 57	80. 85
17	能源与动力工程（流体机械及其自动控制卓越）	82. 47	83. 96	80. 66	85. 14	82. 08	77. 83
18	金属材料工程	82. 32	83. 33	80. 30	83. 52	82. 95	80. 30
19	土木工程（建筑工程）	82. 24	81. 97	82. 38	81. 76	82. 79	82. 79
20	数学类（中外合作办学）（数学与应用数学）	81. 94	83. 33	80. 56	80. 56	86. 11	80. 56
21	高分子材料与工程	81. 48	82. 54	82. 94	81. 75	81. 75	78. 17
22	化学工程与工艺	81. 25	82. 59	79. 02	81. 47	82. 14	83. 04
23	机械设计制造及其自动化	81. 21	82. 08	81. 60	81. 84	81. 60	78. 30
24	通信工程	81. 07	82. 20	80. 93	81. 14	82. 20	78. 81
25	电气工程及其自动化（无锡机电学院）	81. 03	81. 90	84. 05	81. 25	79. 31	78. 45
	学校均值	80. 62	81. 41	81. 11	80. 80	81. 31	79
26	软件工程	80. 39	81. 47	83. 19	79. 74	81. 47	76. 72
27	交通工程	80. 36	80. 80	81. 70	81. 70	79. 46	76. 79
28	工程管理	80. 24	81. 85	80. 65	78. 43	81. 05	81. 05
29	医学检验	80. 07	79. 26	77. 84	82. 24	81. 25	77. 56
30	光电信息科学与工程	79. 92	79. 09	81. 36	79. 77	81. 36	78. 18
31	护理学	79. 91	79. 02	83. 04	79. 69	79. 46	78. 57
32	环境工程	79. 90	83. 33	78. 95	79. 82	82. 02	75. 44

续表

排名	专业	2019年（总）	专业目标了解	社会需求吻合度	专业实力符合度	学校目标符合度	学生期望符合度
33	市场营销（无锡机电学院）	79.70	76.82	79.55	80.00	81.36	80.45
34	农业电气化	79.53	81.62	80.15	76.47	81.62	80.88
35	药学	79.52	81.36	80.08	79.66	79.24	79.66
36	测控技术与仪器	79.51	81.25	78.75	79.17	80.83	77.92
37	食品质量与安全	79.47	80.91	79.55	79.09	81.36	74.55
38	物理学（师范）	79.25	80.21	78.65	79.95	79.17	77.60
39	医学检验技术	79.05	78.37	77.16	80.89	80.29	76.68
40	能源与动力工程（电厂热能工程及自动化）	79.02	82.89	78.95	78.51	78.07	77.19
41	建筑环境与能源应用工程	78.96	82.50	80.00	78.75	80.00	73.75
42	医学影像学	78.75	78.00	83.00	77.75	78.00	78.00
43	食品科学与工程	78.54	82.58	74.24	79.17	78.03	78.03
44	能源与动力工程（工程热物理与节能减排技术）	78.44	75.79	79.76	79.17	80.16	76.59
45	机械设计制造及其自动化（卓越）	78.39	77.60	79.17	79.69	79.17	75.00
46	车辆工程（卓越）	77.88	75.45	80.45	78.64	78.18	75.91
47	物联网工程	77.87	81.47	78.02	76.72	79.31	75.00
48	安全工程	77.37	78.88	79.74	76.72	78.45	73.71
49	物联网工程（无锡机电学院）	76.74	75.45	78.64	76.36	77.73	75.91
50	复合材料与工程	76.60	77.40	75.00	76.68	78.37	75.48
51	临床医学（全科医学）	75.77	80.92	76.32	75.00	74.78	72.59
52	电子信息工程	75.76	79.09	78.18	74.32	75.00	73.64
53	交通运输（汽车运用与物流工程）	75.72	78.85	76.44	75.00	75.96	73.08
54	电子信息科学与技术	75.58	75.44	78.07	73.25	78.07	75.44
55	食品科学与工程（食品机械及自动化）	75.30	79.46	70.54	76.34	76.79	72.32

续表

排名	专业	2019 年（总）	专业目标了解	社会需求吻合度	专业实力符合度	学校目标符合度	学生期望符合度
56	信息安全	75.22	77.19	75.00	74.78	76.32	73.25
57	网络工程	74.80	77.34	74.61	74.02	76.56	72.27
58	卫生检验与检疫	74.50	82.00	75.00	73.00	72.00	72.00
59	生物工程	74.43	77.27	72.73	73.30	76.14	73.86
60	生物医学工程	74.14	74.14	72.41	74.57	75.00	74.14
61	环保设备工程	73.93	80.00	75.71	70.71	74.29	72.14
62	信息与计算科学	73.61	80.83	74.17	70.00	75.83	70.83
63	材料成型及控制工程	73.59	76.79	73.66	73.66	74.55	69.20
64	机械设计制造及其自动化（无锡机电学院）	73.39	77.19	73.25	71.93	74.12	71.93
65	无机非金属材料工程	72.75	78.04	68.24	73.14	73.65	70.27
66	数学与应用数学	72.36	73.33	68.33	72.92	74.17	72.50
67	新能源科学与工程	72.20	78.45	73.71	70.47	70.26	69.83
68	制药工程	71.17	74.59	72.13	69.26	72.54	69.26

理工医类 68 个专业中，25 个专业在该项指标上的得分高于全校均值，其中药物制剂、机械设计制造及自动化（模具）、数学与应用数学（师范）专业居前 3 位，数学与应用数学、新能源科学与工程、制药工程居后 3 位。专业间高低相差约 17 分，差异显著。

6.4 课程设置满意度

6.4.1 文管类学院、专业比较

2019 年度文管类各学院毕业生“课程设置满意度”见表 6-11。

表 6-11　2019 年度文管类各学院毕业生“课程设置满意度”均分表

排名	学院	2019 年（总）	各类课程比例	课程先后顺序	课程对专业素养提升度	教材选用
1	管理	87.04	86.12	85.05	89.29	87.68
2	马克思	85.23	84.09	78.79	87.88	90.15

续表

排名	学院	2019年（总）	各类课程比例	课程先后顺序	课程对专业素养提升度	教材选用
3	财经	83.03	82.22	81.25	85.26	83.28
4	外语	82.12	81.39	81.2	83.76	82.12
5	文学	81.54	81.43	79.29	82.29	83.14
6	艺术	81.27	80.59	79.21	84.71	80.59
7	教师	81.25	80.83	79.17	82.5	84.17
	学校均值	81.04	80.05	78.81	83.49	81.65
8	法学	79.79	79.72	78.33	81.11	80

文管类8个学院中，7个学院该项指标得分高于学校均值，其中管理学院最高，法学院最低，高低相差约7分，差异较明显。

2019年度文管类各专业毕业生“课程设置满意度”见表6-12。

表6-12　2019年度文管类各专业毕业生“课程设置满意度”均分比较表

排名	专业	2019年（总）	各类课程比例	课程先后顺序	课程对专业素养提升度	教材选用
1	电子商务	94.29	95.00	93.57	93.57	95.00
2	市场营销	93.42	92.54	91.23	95.18	94.74
3	信息管理与信息系统	90.35	90.35	87.28	92.54	91.23
4	工业工程	88.16	87.28	86.84	91.23	87.28
5	财务管理	87.81	86.25	86.67	89.17	89.17
6	汉语言文学（师范）	87.6	88.46	84.23	88.85	88.85
7	保险	87.5	89.29	87.50	89.29	83.93
8	产品设计	86.49	84.46	86.49	91.22	83.78
9	国际经济与贸易	86.1	85.34	85.78	87.93	85.34
10	思想政治教育（师范）	85.23	84.09	78.79	87.88	90.15
11	物流管理	84.42	82.94	82.94	85.71	86.11
12	汉语言文学	83.88	84.65	83.33	84.21	83.33
13	财政学	83.87	83.87	82.26	84.68	84.68
14	人力资源管理	83.48	82.59	80.80	86.16	84.38

续表

排名	专业	2019 年（总）	各类课程比例	课程先后顺序	课程对专业素养提升度	教材选用
15	金融学	83.41	83.18	79.21	84.11	86.68
16	工业设计	83.4	85.94	78.91	85.94	82.81
16	工商管理	83.4	81.64	80.08	88.28	83.59
18	公共艺术	83.33	85.00	80.83	86.67	80.83
19	日语	83.11	84.65	82.89	83.33	81.58
20	环境设计	83.05	81.25	80.77	87.02	83.17
21	会计学	81.6	79.90	80.59	84.62	81.29
22	英语	81.41	79.06	80.00	84.06	82.50
23	教育学（师范）	81.25	80.83	79.17	82.50	84.17
	学校均值	81.04	80.05	78.81	83.49	81.65
24	动画	81.03	82.14	81.25	83.04	77.68
25	法学	79.79	79.72	78.33	81.11	80.00
26	数字媒体艺术	79.69	76.79	80.36	82.14	79.46
27	统计学	78.43	77.42	75.00	85.48	75.81
28	视觉传达设计	78.13	78.47	75.00	79.86	79.17
29	公共事业管理（医疗保险）	77.59	75.86	78.45	78.45	77.59
30	能源经济	73.9	73.53	72.79	77.21	72.06
31	美术学（师范）	72.92	69.17	68.33	79.17	75.00
32	汉语国际教育	71.58	69.34	68.87	72.17	75.94

文管类 32 个专业中，23 个专业在该项指标上的得分高于全校均值；其中电子商务、市场营销、信息管理与信息系统居前 3 位，能源经济、美术学（师范）、汉语国际教育居后 3 位。专业间高低相差近 23 分，差异显著。

6.4.2 理工医类学院、专业比较

2019 年度理工医类各学院毕业生“课程设置满意度”见表 6-13。

表 6-13　2019 年度理工医类各学院毕业生“课程设置满意度”均分表

排名	学院	2019 年（总）	各类课程比例	课程先后顺序	课程对专业素养提升度	教材选用
1	化工	83.78	81.76	80.63	88.29	84.91
2	土木	83.15	81.68	81.68	86.34	82.92
3	农装	81.8	82.35	75.74	84.56	84.56
4	机械	81.59	81.03	78.59	84.55	82.18
	学校均值	81.04	80.05	78.81	83.49	81.65
5	医学	81.03	78.67	78.27	83.75	83.43
6	药学	80.46	79.74	77.73	81.90	82.76
7	理学	80.26	78.95	78.95	82.40	80.74
8	汽车	80.14	78.45	78.02	83.62	80.46
9	材料	79.5	78.63	78.70	80.73	79.96
10	电气	79.49	79.28	75.79	82.24	80.66
11	计算机	79.04	78.71	77.93	80.29	79.21
12	能动	78.65	78.49	76.03	81.30	78.77
13	食品	78.62	76.99	76.81	82.25	78.08
14	环境	77.54	76.50	75.50	80.33	77.83
15	无锡机电	77.53	76.67	75.67	81.44	76.33

理工医类 15 个学院中，4 个学院该项指标得分高于学校均值，其中化工学院最高，无锡机电最低，高低相差约 6 分，差异明显。

2019 年度理工医类各专业毕业生“课程设置满意度”见表 6-14。

表 6-14　2019 年度理工医类各专业毕业生“课程设置满意度”均分表

排名	专业	2019 年（总）	各类课程比例	课程先后顺序	课程对专业素养提升度	教材选用
1	药物制剂	88.66	87.50	86.11	91.67	89.35
2	冶金工程	86.30	86.70	86.17	86.70	85.64
3	土木工程（交通土建工程）	86.02	85.53	83.55	90.79	84.21
4	金属材料工程	84.66	82.58	82.95	87.12	85.98

续表

排名	专业	2019 年（总）	各类课程比例	课程先后顺序	课程对专业素养提升度	教材选用
5	临床医学	84.13	82.67	81.88	86.24	85.71
6	机械电子工程	83.96	82.08	81.67	86.25	85.83
7	数学与应用数学（师范）	83.93	82.14	82.14	85.36	86.07
8	应用化学	83.86	80.91	79.55	89.09	85.91
9	化学工程与工艺	83.71	82.59	81.70	87.50	83.93
10	机械设计制造及其自动化（模具）	83.40	83.20	77.46	89.75	83.20
11	数学类（中外合作办学）（数学与应用数学）	82.99	80.56	83.33	86.11	81.94
12	能源与动力工程（流体机械及其自动控制）	82.69	82.77	79.05	84.80	84.12
13	电气工程及其自动化	82.66	82.44	78.27	85.12	84.82
14	计算机科学与技术	82.41	81.48	81.48	81.48	85.19
15	土木工程（建筑工程）	82.27	80.33	81.15	84.02	83.61
16	工程管理	82.26	80.65	81.05	85.89	81.45
17	车辆工程	82.09	79.46	80.36	85.94	82.59
18	测控技术与仪器	82.08	81.67	80.42	85.00	81.25
19	高分子材料与工程	82.04	81.75	80.95	84.52	80.95
20	交通工程	82.03	81.25	79.91	83.93	83.04
21	能源与动力工程（动力机械工程及自动化）	81.93	80.48	79.45	85.62	82.19
22	护理学	81.92	78.57	79.91	83.04	86.16
23	医学检验技术	81.85	78.61	79.09	84.62	85.10
24	农业机械化及其自动化	81.80	82.35	75.74	84.56	84.56
25	通信工程	81.78	80.51	80.93	83.47	82.20
26	软件工程	81.68	82.76	79.31	82.76	81.90
27	药学	81.67	80.93	78.81	83.47	84.32
28	光电信息科学与工程	81.48	82.73	79.09	82.73	81.36
29	物理学（师范）	81.25	80.21	77.60	82.81	84.38

续表

排名	专业	2019年（总）	各类课程比例	课程先后顺序	课程对专业素养提升度	教材选用
30	自动化	81.09	81.56	77.19	85.00	80.63
	学校均值	81.04	80.05	78.81	83.49	81.65
31	食品科学与工程	80.49	78.03	77.27	82.58	84.09
31	电气工程及其自动化（卓越）	80.49	79.27	77.44	82.93	82.32
33	医学检验	80.47	76.99	77.84	84.09	82.95
34	机械设计制造及其自动化	80.25	79.48	76.65	82.55	82.31
35	食品质量与安全	79.77	78.64	78.64	83.64	77.27
36	建筑环境与能源应用工程	79.58	78.33	77.50	82.92	79.58
37	能源与动力工程（电厂热能工程及自动化）	79.50	78.95	77.63	81.58	79.82
38	能源与动力工程（流体机械及其自动控制卓越）	79.36	77.83	78.30	82.55	78.77
39	市场营销（无锡机电）	79.09	78.18	78.18	82.27	77.73
40	临床医学（全科医学）	79.00	77.63	75.88	81.36	81.14
41	生物工程	78.98	76.14	78.41	82.95	78.41
41	物联网工程（无锡机电）	78.98	77.27	78.64	83.64	76.36
43	能源与动力工程（工程热物理与节能减排技术）	78.97	79.37	77.38	81.35	77.78
44	环境工程	78.84	78.07	73.68	84.21	79.39
45	机械设计制造及其自动化（卓越）	78.78	77.60	77.60	81.77	78.13
46	医学影像学	78.75	77.00	77.00	82.00	79.00
47	安全工程	78.56	75.86	78.02	78.88	81.47
47	电气工程及其自动化（无锡机电）	78.56	78.02	75.00	83.62	77.59
49	农业电气化	78.31	80.15	72.79	79.41	80.88
50	物联网工程	77.80	78.02	78.02	79.31	75.86
51	电子信息工程	77.50	77.27	72.73	80.91	79.09
52	网络工程	77.34	76.17	75.78	79.69	77.73

续表

排名	专业	2019 年（总）	各类课程比例	课程先后顺序	课程对专业素养提升度	教材选用
53	电子信息科学与技术	77.08	75.88	76.32	78.51	77.63
54	复合材料与工程	76.92	75.00	75.00	77.40	80.29
55	交通运输（汽车运用与物流工程）	76.32	75.00	75.00	79.81	75.48
56	无机非金属材料工程	75.76	75.00	77.03	75.00	76.01
57	车辆工程（卓越）	75.45	74.09	72.27	79.55	75.91
58	数学与应用数学	75.00	78.33	75.83	76.67	69.17
59	生物医学工程	74.35	73.28	70.69	78.45	75.00
60	食品科学与工程（食品机械及自动化）	73.88	73.21	71.43	78.57	72.32
61	环保设备工程	73.75	75.00	74.29	76.43	69.29
62	信息与计算科学	73.75	69.17	74.17	78.33	73.33
63	机械设计制造及其自动化（无锡机电）	73.57	73.25	71.05	76.32	73.68
64	信息安全	73.46	73.68	72.37	75.00	72.81
65	材料成型及控制工程	72.21	71.88	70.54	74.55	71.88
66	制药工程	72.03	71.72	69.26	71.72	75.41
67	新能源科学与工程	70.69	72.41	65.52	73.71	71.12
68	卫生检验与检疫	68.00	63.00	59.00	76.00	74.00

理工医类 68 个专业中，30 个专业在该项指标上的得分高于全校均值；其中药物制剂、冶金工程、土木工程（交通土建工程）居前 3 位，制药工程、新能源科学与工程、卫生检验与检疫居后 3 位。专业间高低相差近 21 分，差异显著。

6.5 教学效果满意度

6.5.1 文管类学院、专业比较

2019 年度文管类各学院毕业生“教学效果满意度”见表 6-15。

表 6-15　2019 年度文管类各学院毕业生“教学效果满意度”均分表

排名	学院	2019 年（总）	课堂教学内容	课堂教学方式	课堂师生互动	综合素质培养	课后师生互动	学业导师指导
1	马克思	89.65	92.42	89.39	90.15	81.82	92.42	91.67
2	管理	87.81	88.10	87.92	87.26	85.29	89.65	88.64
3	财经	84.87	85.92	85.82	85.57	78.91	86.18	86.48
4	外语	84.58	85.04	84.31	84.85	79.93	87.23	86.13
5	艺术	84.42	84.62	82.97	83.70	81.59	86.90	86.72
6	教师	83.89	85.00	85.00	85.83	78.33	85.00	90.83
7	文学	83.33	83.86	84.14	82.71	76.29	86.71	86.29
	学校均值	82.81	83.10	83.09	82.21	77.79	84.00	84.34
8	法学	81.57	81.67	81.39	79.44	75.28	84.17	87.50

文管类 8 个学院中，7 个学院该项指标的得分高于学校均值，其中马克思主义学院最高，法学院最低，高低相差约 8 分，差异较明显。

2019 年度文管类各专业毕业生“教学效果满意度”见表 6-16。

表 6-16　2019 年度文管类各专业毕业生“教学效果满意度”均分表

排名	专业	2019 年（总）	课堂教学内容	课堂教学方式	课堂师生互动	综合素质培养	课后师生互动	学业导师指导
1	电子商务	95.36	94.29	95.00	95.71	95.00	95.71	96.43
2	市场营销	94.81	95.18	95.18	95.61	93.42	95.18	94.30
3	财务管理	89.86	90.83	91.67	90.83	81.25	91.67	92.92
4	思想政治教育（师范）	89.65	92.42	89.39	90.15	81.82	92.42	91.67
5	产品设计	89.53	89.19	85.81	89.19	88.51	92.57	91.89
6	汉语言文学（师范）	89.17	89.62	89.62	88.46	84.62	91.15	91.54
7	财政学	88.98	87.90	87.10	92.74	82.26	94.35	89.52
8	信息管理与信息系统	88.05	90.35	89.47	89.04	91.67	92.54	92.11
9	工业设计	87.63	86.72	86.72	87.50	86.72	90.63	87.50
10	国际经济与贸易	87.57	88.36	87.07	87.07	85.34	88.36	89.22
11	工业工程	87.13	88.60	88.60	86.84	82.46	89.91	86.40

续表

排名	专业	2019 年（总）	课堂教学内容	课堂教学方式	课堂师生互动	综合素质培养	课后师生互动	学业导师指导
12	环境设计	86.22	86.54	85.58	84.62	81.25	88.94	90.38
13	保险	85.71	84.82	87.50	86.61	80.36	85.71	89.29
14	公共艺术	85.69	83.33	85.83	83.33	85.00	88.33	88.33
15	物流管理	85.45	87.70	84.52	85.32	79.76	88.49	86.90
16	日语	85.38	85.53	84.65	85.53	80.26	88.16	88.16
17	工商管理	85.35	84.38	83.59	85.16	83.98	86.33	88.67
18	视觉传达设计	85.30	86.81	84.72	83.33	83.33	85.42	88.19
19	金融学	85.09	86.45	85.75	85.75	79.91	86.45	84.58
20	人力资源管理	84.45	86.61	85.71	83.48	81.70	86.61	82.59
21	汉语言文学	84.36	84.65	85.09	84.21	76.32	88.16	87.72
22	英语	84.01	84.69	84.06	84.38	79.69	86.56	84.69
23	教育学（师范）	83.89	85.00	85.00	85.83	78.33	85.00	90.83
24	统计学	83.20	85.48	83.87	83.87	74.19	83.87	87.90
	学校均值	82.81	83.10	83.09	82.21	77.79	84.00	84.34
25	会计学	81.67	83.74	83.57	81.82	76.57	81.99	82.34
26	法学	81.57	81.67	81.39	79.44	75.28	84.17	87.50
27	能源经济	81.37	80.15	82.35	83.09	70.59	84.56	87.50
28	美术学（师范）	79.58	80.83	78.33	81.67	72.50	82.50	81.67
29	动画	79.02	80.36	75.89	77.68	74.11	83.93	82.14
30	数字媒体艺术	78.72	79.46	76.79	79.46	78.57	79.46	78.57
31	公共事业管理（医疗保险）	77.30	73.28	81.90	74.14	72.41	81.03	81.03
32	汉语国际教育	75.08	75.94	76.42	74.06	66.04	79.72	78.30

文管类 32 个专业中，24 个专业在该项指标上的得分高于全校均值；其中电子商务、市场营销、财务管理专业居前 3 位，数字媒体艺术、公共事业管理（医疗保险）、汉语国际教育居后 3 位。专业间高低相差约 20 分，差异显著。

6.5.2 理工医类学院、专业比较

2019 年度理工医类各学院毕业生“教学效果满意度”见表 6-17。

表 6-17　2019 年度理工医类各学院毕业生“教学效果满意度”均分表

排名	学院	2019 年（总）	课堂教学内容	课堂教学方式	课堂师生互动	综合素质培养	课后师生互动	学业导师指导
1	农装	86.03	86.76	87.50	86.03	81.62	86.76	87.50
2	化工	85.92	84.91	87.61	85.81	81.31	87.84	87.84
3	土木	83.15	83.85	84.01	83.54	78.42	85.09	84.01
4	机械	83.01	82.82	83.08	82.63	79.49	83.91	86.15
	学校均值	82.81	83.10	83.09	82.21	77.79	84.00	84.34
5	药学	82.35	83.05	83.05	82.33	77.59	84.05	84.77
6	电气	82.02	82.76	83.22	81.12	78.22	82.24	84.54
7	汽车	81.9	82.18	82.47	81.32	76.36	84.41	84.63
8	医学	81.61	84.38	84.31	82.23	77.60	81.67	79.47
9	食品	81.25	81.16	80.07	79.53	77.36	83.15	85.14
10	理学	80.78	81.25	81.12	80.61	75.38	83.55	82.78
11	材料	80.41	81.49	81.08	79.40	74.44	81.84	84.22
12	计算机	80.14	80.14	81.14	80.57	74.71	82.07	82.21
13	能动	79.24	80.62	80.48	79.66	73.36	81.71	79.59
14	无锡机电	78.52	76.67	77.78	77.67	76.33	80.56	82.11
15	环境	78.25	79.00	77.50	77.33	72.83	78.17	84.67

理工医类 15 个学院中，4 个学院该项指标得分高于学校均值，其中农业装备工程学院最高，环境学院最低，高低相差近 8 分，差异较明显。

2019 年度理工医类各专业毕业生“教学效果满意度”见表 6-18。

表 6-18　2019 年度理工医类各专业毕业生“教学效果满意度”均分表

排名	专业	2019 年（总）	课堂教学内容	课堂教学方式	课堂师生互动	综合素质培养	课后师生互动	学业导师指导
1	药物制剂	90.20	91.67	89.35	90.28	87.04	91.20	91.67
2	应用化学	87.12	87.73	88.64	85.91	82.73	90.00	87.73

续表

排名	专业	2019 年（总）	课堂教学内容	课堂教学方式	课堂师生互动	综合素质培养	课后师生互动	学业导师指导
3	冶金工程	86.97	86.70	88.30	87.77	83.51	89.36	86.17
4	农业机械化及其自动化	86.03	86.76	87.50	86.03	81.62	86.76	87.50
5	农业电气化	85.42	84.56	86.03	85.29	81.62	85.29	89.71
6	机械设计制造及其自动化（模具）	85.25	84.02	87.30	85.66	83.20	85.25	86.07
7	电气工程及其自动化	85.22	84.23	86.31	84.23	82.74	86.90	86.90
8	机械电子工程	85.21	85.83	85.00	84.17	81.25	84.17	90.83
9	数学与应用数学（师范）	85.00	86.79	84.64	85.00	81.07	86.79	85.71
10	食品科学与工程	84.97	86.36	84.09	81.82	81.06	85.61	90.91
11	金属材料工程	84.85	85.98	85.61	83.33	78.79	87.50	87.88
12	化学工程与工艺	84.75	82.14	86.61	85.71	79.91	85.71	87.95
13	车辆工程	84.15	85.04	85.27	83.26	78.35	87.05	85.94
14	数学类（中外国际办学）（数学与应用数学）	84.03	81.94	84.72	81.94	81.94	83.33	90.28
15	软件工程	83.91	83.19	86.21	84.05	79.74	84.91	85.34
16	土木工程（交通土建工程）	83.88	86.18	84.87	82.89	79.61	88.16	81.58
17	计算机科学与技术	83.72	83.80	83.80	85.65	77.78	85.19	86.11
18	临床医学	83.62	85.58	86.64	84.26	80.03	83.20	82.01
19	能源与动力工程（流体机械及其自动控制）	83.50	84.80	86.15	84.12	79.39	83.78	82.77
20	光电信息科学与工程	83.48	82.27	83.64	83.64	78.18	85.91	87.27
21	护理学	83.48	86.16	86.61	83.48	78.13	85.27	81.25
22	物理学（师范）	83.42	84.38	84.38	83.85	77.60	85.94	84.38
23	能源与动力工程（动力机械工程及自动化）	83.28	84.25	84.25	81.16	79.45	84.93	85.62
24	医学检验技术	83.25	87.26	85.58	84.13	78.61	83.89	80.05
25	自动化	83.23	83.75	82.81	82.19	80.00	82.50	88.13

续表

排名	专业	2019 年（总）	课堂教学内容	课堂教学方式	课堂师生互动	综合素质培养	课后师生互动	学业导师指导
26	土木工程（建筑工程）	83.13	84.84	84.43	84.02	76.23	85.25	84.02
27	电气工程及其自动化（卓越）	83.03	84.15	85.98	82.93	78.05	82.32	84.76
28	医学检验	82.95	84.94	86.08	82.95	79.83	80.40	83.52
	学校均值	82.81	83.10	83.09	82.21	77.79	84.00	84.34
29	工程管理	82.73	81.45	83.06	83.47	79.84	83.06	85.48
30	药学	82.70	84.32	83.47	83.05	77.97	83.90	85.59
31	通信工程	82.56	83.47	83.05	82.63	75.85	84.32	86.02
32	交通工程	82.29	82.59	83.04	82.14	74.11	84.38	87.50
33	机械设计制造及其自动化	82.15	83.25	81.84	82.78	76.89	82.78	85.38
34	生物医学工程	81.75	81.03	84.48	81.90	78.45	81.03	83.62
35	测控技术与仪器	81.74	80.00	79.17	80.83	81.25	85.83	83.33
36	食品质量与安全	80.91	80.45	80.00	80.00	76.36	81.82	84.09
37	高分子材料与工程	80.62	82.94	81.35	79.37	75.00	81.35	83.73
38	市场营销（无锡机电）	80.61	77.73	80.00	80.45	77.73	82.73	85.00
39	机械设计制造及其自动化（卓越）	80.38	80.73	82.29	77.60	77.60	79.69	84.38
40	复合材料与工程	79.33	80.77	79.33	78.37	72.60	78.85	86.06
41	能源与动力工程（工程热物理与节能减排技术）	79.17	80.16	79.37	78.97	73.02	82.54	80.95
42	生物工程	79.17	77.27	77.27	78.41	77.27	82.95	81.82
43	物联网工程（无锡机电）	79.17	77.73	79.55	78.18	76.82	81.36	81.36
44	交通运输（汽车运用与物流工程）	79.17	78.37	80.29	79.81	74.52	81.25	80.77
45	食品科学与工程（食品机械及自动化）	79.17	79.46	77.68	76.79	75.00	83.04	83.04
46	能源与动力工程（电厂热能工程及自动化）	79.09	82.02	81.14	78.51	71.93	81.58	79.39

续表

排名	专业	2019 年（总）	课堂教学内容	课堂教学方式	课堂师生互动	综合素质培养	课后师生互动	学业导师指导
47	能源与动力工程（流体机械及其自动控制卓越）	79.09	82.55	81.13	80.66	74.06	82.08	74.06
48	环境工程	78.95	78.95	78.51	77.19	76.32	78.07	84.65
49	安全工程	78.88	80.17	75.43	78.88	72.41	78.45	87.93
50	物联网工程	78.66	78.02	79.74	76.29	75.86	81.03	81.03
51	卫生检查与检疫	78.50	78.00	75.00	81.00	79.00	73.00	85.00
52	电气工程及其自动化（无锡机电）	78.30	75.86	77.16	77.59	78.02	80.60	80.60
53	建筑环境与能源应用工程	78.26	79.58	80.42	77.50	70.42	81.67	80.00
54	无机非金属材料工程	77.98	79.05	78.04	75.00	72.30	79.39	84.12
55	电子信息科学与技术	77.85	79.82	79.39	75.88	75.00	76.75	80.26
56	车辆工程（卓越）	77.65	76.82	75.91	78.18	72.27	81.36	81.36
57	临床医学（全科医学）	77.56	81.80	81.58	78.07	72.59	79.17	72.15
58	电子信息工程	76.97	80.91	78.64	75.91	70.00	79.09	77.27
59	医学影像学	76.92	80.00	78.00	78.00	72.50	79.50	73.50
60	网络工程	76.89	78.91	78.91	77.73	70.70	78.13	76.95
61	机械设计制造及其自动化（无锡机电）	76.10	75.44	74.56	74.56	72.81	77.63	81.58
62	环保设备工程	76.07	77.14	79.29	75.00	67.86	77.86	79.29
63	信息安全	75.58	73.68	75.44	77.63	68.86	79.39	78.51
64	新能源科学与工程	75.14	73.71	73.28	77.16	69.83	78.02	78.88
65	制药工程	75.07	74.18	77.05	74.59	68.85	77.87	77.87
66	材料成型及控制工程	73.66	74.11	75.00	74.55	65.63	75.45	77.23
67	信息与计算科学	73.19	70.00	74.17	74.17	65.83	79.17	75.83
68	数学与应用数学	72.36	74.17	72.50	70.83	64.17	76.67	75.83

理工医 68 个专业中，28 个专业在该项指标上的得分高于全校均值；其中药物制剂、应用化学、冶金工程专业居前 3 位，材料成型及控制工程、信息与计算科学、数学与应用数学居后 3 位。专业间高低相差近 18 分，差异显著。

6.6 实践教学满意度

6.6.1 文管类学院、专业比较

2019 年度文管类各学院毕业生“实践教学满意度”见表 6-19。

表 6-19 2019 年度文管类各学院毕业生“实践教学满意度”均分表

排名	学院	2019 年（总）	设计性综合性实验比例	重复性验证性试验比例	创新动手能力培养	实习指导
1	管理	85.74	85.77	79.55	87.02	90.61
2	艺术	85.21	87.18	81.23	85.44	87.00
3	外语	82.98	83.03	79.93	81.20	87.77
4	马克思	82.77	77.27	77.27	84.09	92.42
5	财经	82.29	81.76	76.42	82.22	88.77
	学校均值	81.83	80.99	76.95	81.35	86.01
6	教师	81.04	77.50	70.83	84.17	91.67
7	法学	80.07	77.78	75.56	81.39	85.56
8	文学	79.64	77.29	71.43	80.14	89.71

文管类 15 个学院中，5 个学院该项指标得分高于学校均值，其中管理学院最高，文学院最低，高低相差约 6 分，差异较明显。

2019 年度文管类各专业毕业生“实践教学满意度”见表 6-20。

表 6-20 2019 年度文管类各专业毕业生“实践教学满意度”均分表

排名	专业	2019 年（总）	设计性综合性实验比例	重复性验证性试验比例	创新动手能力培养	实习指导
1	市场营销	92.76	94.30	85.09	95.61	96.05
2	电子商务	91.61	92.14	85.71	92.86	95.71
3	环境设计	89.18	92.31	87.02	87.02	90.38
4	信息管理与信息系统	88.82	87.28	81.58	91.23	92.11
5	产品设计	88.18	89.86	85.81	88.51	88.51
6	财务管理	86.88	85.00	80.00	87.50	95.00
7	公共艺术	87.29	90.83	84.17	86.67	87.50

续表

排名	专业	2019 年（总）	设计性综合性实验比例	重复性验证性试验比例	创新动手能力培养	实习指导
8	国际经济与贸易	86.75	87.93	81.47	86.64	90.95
9	工业设计	86.33	86.72	80.47	86.72	91.41
10	汉语言文学（师范）	86.25	85.00	79.23	86.92	93.85
11	工业工程	85.75	87.28	79.39	86.84	89.47
12	英语	85.16	86.88	82.19	82.50	89.06
13	保险	84.60	85.71	79.46	83.93	89.29
14	人力资源管理	84.04	84.82	79.91	82.59	88.84
15	财政学	83.27	81.45	75.81	82.26	93.55
16	物流管理	83.04	83.73	77.78	83.73	86.90
17	金融学	82.94	82.01	76.40	83.41	89.95
18	动画	82.81	83.04	79.46	84.82	83.93
19	思想政治教育（师范）	82.77	77.27	77.27	84.09	92.42
20	工商管理	82.32	81.25	73.83	84.38	89.84
	学校均值	81.83	80.99	76.95	81.35	86.01
21	教育学（师范）	81.04	77.50	70.83	84.17	91.67
22	数字媒体艺术［艺术设计（媒体艺术设计）］	80.80	83.93	81.25	80.36	77.68
23	法学［法学（经济法）］	80.07	77.78	75.56	81.39	85.56
24	日语	79.93	77.63	76.75	79.39	85.96
25	统计学	79.44	78.23	74.19	79.84	85.48
26	会计学	79.24	78.50	73.60	79.72	85.14
27	视觉传达设计	87.50	90.97	79.17	88.89	90.97
28	汉语言文学	79.06	76.75	68.86	80.70	89.91
29	能源经济	77.21	78.68	73.53	72.79	83.82
30	公共事业管理（医疗保险）	76.94	71.55	73.28	76.72	86.21
31	美术学（师范）	75.00	74.17	67.50	77.50	80.83
32	汉语国际教育	72.17	68.40	64.62	71.23	84.43

文管类32个专业中，20个专业在该项指标上的得分高于全校均值；其中市场营销、电子商务、环境设计居前3位，公共事业管理（医疗保险）、美术学（师范）、汉语国际教育居后3位。专业间高低相差近21分，差异显著。

6.6.2 理工医类学院、专业比较

2019年度理工医类各学院毕业生“实践教学满意度”见表6-21。

表6-21 2019年度理工医类各学院毕业生“实践教学满意度”均分表

排名	学院	2019年（总）	设计性综合性实验比例	重复性验证性试验比例	创新动手能力培养	实训现实情境模拟	实训课综合素质培养	实习指导
1	农装	86.03	82.35	77.94	86.76	88.24	88.24	92.65
2	化工	85.96	85.81	82.88	86.94	84.91	85.81	89.19
3	土木	82.61	82.61	79.50	82.92	81.99	82.61	86.02
4	机械	82.28	81.09	76.92	81.73	83.21	84.17	86.54
5	药学	82.04	83.62	81.18	79.89	81.18	81.90	85.06
	学校均值	81.83	80.99	76.95	81.35	81.45	82.18	86.01
6	食品	81.82	79.89	80.07	79.53	82.43	82.25	86.59
7	汽车	81.78	79.31	75.36	81.90	82.97	83.26	87.86
8	理学	80.99	79.46	75.38	81.63	82.27	82.27	84.95
9	医学	80.92	80.59	78.47	81.63	81.87	82.63	80.31
10	电气	80.87	78.95	77.17	79.08	81.64	81.84	86.51
11	材料	80.12	79.96	74.51	78.63	80.66	82.05	84.92
12	能动	79.47	78.49	75.41	78.90	80.62	80.89	82.53
13	计算机	79.46	79.00	74.07	78.57	78.79	80.79	85.57
14	环境	79.08	79.33	74.00	76.83	78.17	80.33	85.83
15	无锡机电	78.93	79.89	73.78	78.56	79.22	79.22	82.89

理工医类15个学院中，5个学院该项指标得分高于学校均值，其中农业装备工程学院最高，无锡机电最低，高低相差约7分，差异较明显。

2019年度理工医类各专业毕业生“实践教学满意度”见表6-22。

表 6-22　2019 年度理工医类各专业毕业生“实践教学满意度”均分表

排名	专业	2019 年（总）	设计性综合性实验比例	重复性验证性试验比例	创新动手能力培养	实训现实情境模拟	实训课综合素质培养	实习指导
1	药物制剂	88.43	89.81	84.72	89.35	89.35	88.43	88.89
2	农业机械化及其自动化	86.03	82.35	77.94	86.76	88.24	88.24	92.65
3	应用化学	85.98	85	81.82	88.18	85	85	90.91
4	化学工程与工艺	85.94	86.61	83.93	85.71	84.82	86.61	87.5
5	机械设计制造及其自动化（模具）	85.52	84.84	80.33	85.66	86.07	86.89	89.34
6	冶金工程	85.28	82.45	77.66	86.17	88.3	89.36	87.77
7	车辆工程	85.04	81.7	78.35	85.49	87.72	87.05	89.96
8	物理学（师范）	84.98	84.9	80.21	84.9	85.94	84.9	89.06
9	金属材料工程	84.53	83.71	77.65	84.09	86.74	86.74	88.26
10	数学与应用数学（师范）	84.52	81.79	78.21	84.29	85.71	87.5	89.64
11	电气工程及其自动化	84.47	80.95	80.95	83.04	87.2	86.61	88.1
12	机械电子工程	84.44	83.75	79.58	82.5	84.17	87.92	88.75
13	药学	84.25	84.75	86.02	81.78	83.47	83.05	88.14
14	临床医学	83.82	83.6	81.88	84.39	84.92	85.32	82.8
15	土木工程（交通土建工程）	83.44	82.24	79.61	84.87	82.89	85.53	85.53
16	食品科学与工程	83.33	78.79	76.52	84.85	84.85	86.36	88.64
17	能源与动力工程（流体机械及其自动控制）	82.88	81.42	78.04	84.46	84.8	85.47	83.11
18	工程管理	82.86	82.66	80.65	81.85	83.06	83.06	85.89
19	能源与动力工程（动力机械工程及自动化）	82.76	79.79	75.34	81.51	85.62	83.9	90.41
20	食品质量与安全	82.65	82.27	81.82	77.73	82.27	84.09	87.27
21	医学检验技术	82.45	81.01	80.05	84.13	82.93	83.65	82.93
22	计算机科学与技术	82.41	85.65	73.61	81.48	84.26	84.26	85.19
23	生物工程	82.2	79.55	84.09	85.23	81.82	76.14	86.36
24	软件工程	82.04	80.6	77.16	82.76	81.47	81.47	88.79

续表

排名	专业	2019年（总）	设计性综合性实验比例	重复性验证性试验比例	创新动手能力培养	实训现实情境模拟	实训课综合素质培养	实习指导
25	自动化	81.98	79.38	76.25	83.44	81.88	83.75	87.19
26	光电信息科学与工程	81.97	80.91	81.36	81.82	80.45	81.82	85.45
27	土木工程（建筑工程）	81.83	82.79	78.28	82.79	80.33	80.33	86.48
	学校均值	81.83	80.99	76.95	81.35	81.45	82.18	86.01
28	农业电气化	81.74	77.94	75	79.41	86.76	80.88	90.44
29	电气工程及其自动化（卓越）	81.71	80.49	76.83	78.05	82.93	84.15	87.8
30	高分子材料与工程	81.61	80.56	76.59	79.76	82.94	84.92	84.92
31	机械设计制造及其自动化	81.41	79.95	74.53	81.37	84.2	83.25	85.14
32	医学影像学	81.08	81	82.5	79.5	83	81	79.5
33	环境工程	81.07	82.89	76.75	79.39	77.63	81.58	88.16
34	交通工程	81.03	79.02	72.77	81.25	82.14	82.59	88.39
35	市场营销（无锡机电）	80.98	82.27	76.36	81.82	79.09	80.45	85.91
36	测控技术与仪器	80.83	80.83	74.17	80.83	81.25	82.5	85.42
37	护理学	80.8	80.36	76.79	83.04	83.48	83.48	77.68
38	通信工程	80.72	78.81	75	77.54	79.66	84.32	88.98
39	能源与动力工程（工程热物理与节能减排）	80.69	80.56	80.16	77.78	78.97	81.35	85.32
40	数学类（中外合作办学）（数学与应用数学）	80.56	81.94	77.78	84.72	79.17	77.78	81.94
41	物联网工程（无锡机电）	80.38	81.82	76.36	78.64	81.36	79.55	84.55
42	建筑环境与能源应用工程	80	80	74.17	77.92	82.08	81.67	84.17
43	医学检验	79.97	79.26	76.99	81.53	79.55	81.25	81.25
44	机械设计制造及其自动化（卓越）	79.51	76.04	72.92	77.6	81.77	82.81	85.94
45	生物医学工程	79.31	83.62	77.59	76.72	77.59	75.86	84.48
46	网络工程	79.1	77.34	77.73	78.52	79.3	79.3	82.42
47	能源与动力工程（电厂热能工程及自动化）	79.09	77.63	71.93	80.7	82.02	82.02	80.26

续表

排名	专业	2019 年（总）	设计性综合性实验比例	重复性验证性试验比例	创新动手能力培养	实训现实情境模拟	实训课综合素质培养	实习指导
48	安全工程	78.88	76.29	74.57	76.72	79.31	79.74	86.64
49	复合材料与工程	78.69	79.81	75.48	74.52	79.33	79.81	83.17
50	交通运输（汽车运用与物流工程）	78.45	75.96	71.63	78.85	77.88	80.77	85.58
51	电气工程及其自动化（无锡机电）	78.16	79.31	74.14	77.16	78.88	79.74	79.74
52	食品科学与工程（食品机械及自动化）	78.13	76.79	77.68	72.32	80.36	78.57	83.04
53	能源与动力工程（流体机械及动控制卓越）	78.07	75	76.42	78.77	79.25	77.83	81.13
54	车辆工程（卓越）	77.73	77.27	75.45	78.64	75.45	77.73	81.82
55	电子信息科学与技术	77.56	77.19	76.32	73.25	76.32	78.51	83.77
56	物联网工程	77.01	77.16	69.4	77.59	74.57	78.45	84.91
57	卫生检查与检疫	77	74	72	78	79	80	79
58	电子信息工程	76.82	74.09	75	74.55	76.36	77.27	83.64
59	无机非金属材料工程	76.58	77.7	72.97	75	74.66	76.69	82.43
60	机械设计制造及其自动化（无锡机电）	76.32	76.32	68.42	76.75	77.63	77.19	81.58
61	临床医学（全科医学）	76.28	77.63	73.03	75.88	76.97	79.17	75
62	环保设备工程	76.19	78.57	68.57	72.86	77.14	79.29	80.71
63	信息安全	75.66	75	71.05	73.68	73.68	77.19	83.33
64	新能源科学与工程	74.93	75	70.69	72.41	75.43	75.43	80.6
64	材料成型及控制工程	74.93	75.89	66.96	73.21	73.66	76.34	83.48
66	数学与应用数学	74.86	71.67	70	75	79.17	77.5	75.83
67	制药工程	74.25	77.05	73.36	69.67	71.72	75	78.69
68	信息与计算科学	72.78	71.67	65	75	73.33	73.33	78.33

理工医类 68 个专业中，26 个专业在该项指标上的得分高于全校均值，1 个专业与学校持平；其中药物制剂、农业机械化及其自动化、应用化学专业居前 3 位，数学与应用数学、制药工程、信息与计算科学居后 3 位。专业间高低相差

近16分，差异显著。

6.7 毕业设计（论文）满意度

6.7.1 文管类学院、专业比较

2019年度文管类各学院毕业生“毕业设计（论文）满意度”见表6-23。

表6-23 2019年度文管类各学院毕业生“毕业设计（论文）满意度”均分表

排名	学院	2019年（总）	指导频度	指导质量
1	教师	92.92	93.33	92.50
2	管理	91.72	91.51	91.93
3	马克思	91.67	92.42	90.91
4	文学	91.43	91.00	91.86
5	财经	90.85	90.96	90.75
6	外语	90.69	90.33	91.06
7	法学	89.31	88.89	89.72
	学校均值	88.55	87.50	87.62
8	艺术	88.14	88.10	88.19

文管类8个学院中，7个学院该项指标得分高于学校均值，其中教师学院最高，艺术学院最低，高低相差约5分。

2019年度文管类各专业毕业生“毕业设计（论文）满意度”见表6-24。

表6-24 2019年度文管类各专业毕业生“毕业设计（论文）满意度”均分表

排名	专业	2019年（总）	指导频度	指导质量
1	电子商务	97.86	97.86	97.86
2	财政学	96.77	96.77	96.77
3	市场营销	96.05	96.49	95.61
4	汉语言文学（师范）	95.00	94.62	95.38
5	财务管理	94.79	95.00	94.58
6	教育学（师范）	92.92	93.33	92.50
7	英语	92.34	92.19	92.50
8	环境设计	92.07	91.83	92.31

续表

排名	专业	2019 年（总）	指导频度	指导质量
9	金融学	92.06	92.06	92.06
10	保险	91.96	91.96	91.96
11	产品设计	91.89	91.89	91.89
11	汉语言文学	91.89	91.23	92.54
13	思想政治教育（师范）	91.67	92.42	90.91
14	信息管理与信息系统	91.45	91.23	91.67
15	工业工程	91.23	90.35	92.11
16	视觉传达设计	90.97	90.97	90.97
17	国际经济与贸易	90.73	90.52	90.95
18	工商管理	90.43	90.63	90.23
19	人力资源管理	90.40	90.18	90.63
20	物流管理	89.88	89.68	90.08
21	法学	89.31	88.89	89.72
22	统计学	89.11	88.71	89.52
23	工业设计	89.06	89.06	89.06
24	能源经济	88.60	90.44	86.76
	学校均值	88.55	87.50	87.62
25	日语	88.38	87.72	89.04
26	会计学	87.76	87.76	87.76
27	公共艺术	87.50	87.50	87.50
28	公共事业管理（医疗保险）	86.64	85.34	87.93
29	汉语国际教育	86.56	86.32	86.79
30	动画	84.82	84.82	84.82
31	美术学（师范）	84.17	84.17	84.17
32	数字媒体艺术	79.46	79.46	79.46

文管类 32 个专业中，24 个专业在该项指标上的得分高于全校均值；其中电子商务、财政学、市场营销专业居前 3 位，动画、美术学（师范）、数字媒体艺术居后 3 位。专业间高低相差约 18 分，差异显著。

6.7.2 理工医类学院、专业比较

2019 年度理工医类各学院毕业生“毕业设计（论文）满意度”见表 6-25。

表 6-25 2019 年度理工医类各学院毕业生“毕业设计（论文）满意度”均分表

排名	学院	2019 年（总）	指导频度	指导质量
1	农装	90.81	90.44	91.18
2	汽车	89.98	90.23	89.73
3	化工	89.64	89.41	89.41
4	食品	89.58	89.49	89.49
5	计算机	88.82	88.43	89.21
	学校均值	88.55	87.50	87.62
6	电气	88.52	88.36	88.68
7	药学	88.51	88.36	88.94
8	土木	88.12	88.20	88.04
9	机械	87.76	87.69	87.82
10	理学	86.99	87.12	86.86
11	材料	86.07	86.38	85.75
12	环境	86	85.67	86.33
13	无锡机电	85.78	85.78	85.78
14	能动	83.84	83.70	83.97
15	医学	79.55	79.55	79.55

理工医类 15 个学院中，5 个学院该项指标得分高于学校均值，其中农业装备工程学院最高，医学院最低，高低相差约 11 分，差异较明显。

2019 年度理工医类各专业毕业生“毕业设计（论文）满意度”见表 6-26。

表 6-26 2019 年度理工医类各专业毕业生“毕业设计（论文）满意度”均分表

排名	专业	2019 年（总）	指导频度	指导质量
1	农业电气化	93.01	91.91	94.12
2	药物制剂	92.59	92.59	92.59
3	应用化学	92.27	91.82	92.73

续表

排名	专业	2019 年（总）	指导频度	指导质量
4	食品科学与工程	92.05	91.67	92.42
5	车辆工程	91.96	92.19	91.74
6	通信工程	91.95	91.1	92.8
7	机械电子工程	91.04	90.83	91.25
8	能源与动力工程（动力机械工程及自动化）	90.92	91.78	90.07
9	农业机械化及其自动化	90.81	90.44	91.18
10	金属材料工程	90.72	90.91	90.53
11	电气工程及其自动化	90.63	90.48	90.77
11	自动化	90.63	91.25	90
13	物理学（师范）	90.36	90.63	90.1
14	交通工程	90.18	89.73	90.63
15	冶金工程	90.16	91.49	88.83
16	软件工程	89.87	89.22	90.52
17	食品科学与工程（食品机械及自动化）	89.73	89.29	90.18
18	计算机科学与技术	89.58	89.81	89.35
19	生物工程	89.2	88.64	89.77
20	药学	89.19	88.98	90.25
21	机械设计制造及其自动化（模具）	89.14	88.93	89.34
22	光电信息科学与工程	89.09	89.09	89.09
23	数学与应用数学（师范）	88.93	88.21	89.64
	学校均值	88.55	87.5	87.62
24	工程管理	88.51	88.71	88.31
25	土木工程（交通土建工程）	88.49	87.5	89.47
26	交通运输（汽车运用与物流工程）	88.46	88.94	87.98
27	食品质量与安全	88.18	88.64	87.27
28	环境工程	88.16	88.6	87.72
29	电气工程及其自动化（卓越）	88.11	87.8	88.41

续表

排名	专业	2019年（总）	指导频度	指导质量
30	信息安全	87.94	86.4	89.47
31	生物医学工程	87.93	87.07	88.79
32	能源与动力工程（工程热物理与节能减排）	87.9	86.9	88.89
33	土木工程（建筑工程）	87.5	88.11	86.89
34	数学类（中外合作办学）（数学与应用数学）	87.5	87.5	87.5
35	物联网工程	87.5	87.93	87.07
36	安全工程	87.28	87.07	87.5
37	化学工程与工艺	87.05	87.05	86.16
38	机械设计制造及其自动化	87.03	87.03	87.03
39	市场营销（无锡机电）	86.82	85.91	87.73
40	网络工程	86.33	86.33	86.33
41	物联网工程（无锡机电）	86.14	86.36	85.91
42	能源与动力工程（流体机械及其自动控制）	85.98	86.15	85.81
43	车辆工程（卓越）	85.91	85.91	85.91
44	机械设计制造及其自动化（卓越）	85.68	85.94	85.42
45	能源与动力工程（电厂热能工程及自动化）	85.53	85.96	85.09
45	机械设计制造及其自动化（无锡机电）	85.53	85.96	85.09
47	电子信息科学与技术	84.87	85.09	84.65
48	无机非金属材料工程	84.8	84.8	84.8
49	测控技术与仪器	84.79	84.58	85
50	电气工程及其自动化（无锡机电）	84.7	84.91	84.48
51	医学检验	84.38	84.66	84.09
52	制药工程	84.22	84.02	84.43
53	电子信息工程	83.86	83.18	84.55
54	建筑环境与能源应用工程	83.75	83.75	83.75

续表

排名	专业	2019 年（总）	指导频度	指导质量
55	高分子材料与工程	83.73	84.52	82.94
56	材料成型及控制工程	83.71	83.48	83.93
57	复合材料与工程	83.65	83.65	83.65
58	数学与应用数学	82.5	83.33	81.67
59	医学检验技术	81.85	81.97	81.73
60	信息与计算科学	81.25	82.5	80
61	临床医学	81.22	80.69	81.75
62	新能源科学与工程	80.82	80.17	81.47
63	环保设备工程	80.36	78.57	82.14
64	医学影像学	79	80	78
65	能源与动力工程（流体机械及其自动控制卓越）	77.59	77.83	77.36
66	卫生检查与检疫	77.5	79	76
67	护理学	76.34	76.34	76.34
68	临床医学（全科医学）	73.25	73.03	73.46

理工医类 68 个专业中，23 个专业在该项指标上的得分高于全校均值；其中农业电气化、药物制剂、应用化学专业居前 3 位、卫生检查与检疫、护理学、临床医学（全科医学）居后 3 位。专业间高低相差近 20 分，差异显著。

6.8　考试情况满意度

6.8.1　文管类学院、专业比较

2019 年度各学院毕业生“考试情况满意度”见表 6-27。

表 6-27　2019 年度文管类各学院毕业生“考试情况满意度”均分表

排名	学院	2019 年（总）	检验能力达成	内容覆盖	考试风气
1	马克思	91.41	93.18	92.42	88.64
2	管理	90.03	90.79	91.03	88.28
3	外语	88.69	89.78	89.05	87.23

续表

排名	学院	2019 年（总）	检验能力达成	内容覆盖	考试风气
4	财经	86.84	88.01	88.01	84.40
5	文学	86.71	88.14	87.29	84.71
6	艺术	85.87	87.73	86.08	83.79
7	法学	85	87.78	85.83	81.39
7	教师	85	85.83	88.33	83.33
	学校均值	84.96	85.93	85.74	82.00

文管类 8 个学院中，8 个学院该项指标得分均高于学校均值，其中马克思主义学院最高，教师学院最低，高低相差约 6 分。

2019 年文管类各专业毕业生“考试情况满意度”见表 6-28。

表 6-28　2019 年度文管类各专业毕业生“考试情况满意度”均分表

排名	专业	2019 年（总）	检验能力达成	内容覆盖	考试风气
1	市场营销	95.91	96.93	97.37	93.42
2	电子商务	95.71	95.71	97.14	94.29
3	汉语言文学（师范）	92.31	94.62	93.08	89.23
4	工业工程	92.11	94.74	92.54	89.04
4	信息管理与信息系统	92.11	93.42	92.98	89.91
6	财务管理	92.08	92.92	92.50	90.83
7	思想政治教育（师范）	91.41	93.18	92.42	88.64
8	财政学	90.32	91.13	91.94	87.90
9	英语	89.17	89.69	89.69	88.13
10	产品设计	88.96	91.89	91.22	83.78
11	国际经济与贸易	88.65	88.79	89.22	87.93
12	日语	88.01	89.91	88.16	85.96
13	人力资源管理	87.95	88.84	90.18	84.82
14	工商管理	87.50	87.89	87.50	87.11
14	工业设计	87.50	89.84	86.72	85.94
16	汉语言文学	87.28	86.84	88.16	86.84

续表

排名	专业	2019 年（总）	检验能力达成	内容覆盖	考试风气
17	视觉传达设计	87.27	90.28	86.81	84.72
18	公共艺术	86.94	89.17	88.33	83.33
19	环境设计	86.86	87.02	87.02	86.54
20	金融学	86.68	88.32	88.55	82.71
21	保险	86.61	87.50	89.29	83.04
22	物流管理	85.32	84.13	87.30	84.52
23	法学（经济法）	85.00	87.78	85.83	81.39
23	教育学（师范）	85.00	85.83	88.33	83.33
	学校均值	84.96	85.93	85.74	82.00
25	会计学	84.62	86.01	85.84	81.99
26	能源经济	84.56	86.03	85.29	82.35
27	公共事业管理（医疗保险）	83.33	84.48	81.90	83.62
27	数字媒体艺术	83.33	84.82	83.04	82.14
27	统计学	83.33	84.68	83.06	82.26
30	动画	82.14	84.82	82.14	79.46
31	美术学（师范）	81.67	82.50	80.83	81.67
32	汉语国际教育	79.25	81.60	79.25	76.89

文管类 32 个专业中，24 个专业在该项指标上的得分高于全校均值；其中市场营销、电子商务、汉语言文学（师范）专业居前 3 位，动画、美术学（师范）、汉语国际教育居后 3 位。专业间高低相差近 17 分，差异显著。

6.8.2　理工医类学院、专业比较

2019 年度理工医类各学院毕业生“考试情况满意度”见表 6-29。

表 6-29　2019 年度理工医类各学院毕业生“考试情况满意度”均分表

排名	学院	2019 年（总）	检验能力达成	内容覆盖	考试风气
1	化工	86.86	87.61	88.51	84.68
2	农装	86.27	86.76	87.50	84.56
	学校均值	84.96	85.93	85.74	82.00

续表

排名	学院	2019 年（总）	检验能力达成	内容覆盖	考试风气
3	汽车	84.84	86.14	85.42	82.97
4	土木	84.06	85.09	85.56	81.52
5	机械	84.06	85.64	85.19	81.35
6	理学	84.01	84.82	85.84	81.38
7	医学	83.96	84.31	84.15	79.07
7	药学	83.96	85.34	85.06	81.90
9	计算机	83.95	84.57	84.57	82.71
10	食品	83.88	85.14	85.33	81.16
11	电气	83.77	84.87	84.47	81.97
12	能动	82.24	83.97	84.32	78.42
13	材料	81.89	84.08	84.36	77.23
14	无锡机电	81.52	83.11	81.44	80.00
15	环境	80.67	82.33	82.83	76.83

理工医类 15 个学院中，2 个学院该项指标得分高于学校均值，其他学院均低于学校均值，其中化工学院最高，环境学院最低，高低相差约 6 分。

2019 年度理工医类各专业毕业生“考试情况满意度”见表 6-30。

表 6-30　2019 年度理工医类各专业毕业生“考试情况满意度”均分表

排名	专业	2019 年（总）	检验能力达成	内容覆盖	考试风气
1	药物制剂	91.20	92.13	90.74	90.74
2	冶金工程	89.18	92.02	90.96	84.57
3	应用化学	89.09	88.18	90.45	88.64
4	机械设计制造及其自动化（模具）	88.66	90.16	89.75	86.07
5	数学与应用数学（师范）	87.86	88.57	88.93	86.07
6	软件工程	87.36	88.79	87.5	85.78
7	物理学（师范）	87.15	88.54	90.1	82.81
8	通信工程	87.15	87.29	86.86	87.29
9	电气工程及其自动化	87.10	87.5	88.1	85.71

续表

排名	专业	2019 年（总）	检验能力达成	内容覆盖	考试风气
10	交通工程	87.05	87.5	86.61	87.05
11	计算机科学与技术	87.04	87.96	87.04	86.11
12	电气工程及其自动化（卓越）	86.79	85.98	88.41	85.98
13	机械电子工程	86.53	90.42	87.08	82.08
14	车辆工程	86.46	87.95	87.28	84.15
15	农业机械化及其自动化	86.27	86.76	87.5	84.56
16	能源与动力工程（动力机械工程及自动化）	86.07	87.67	85.96	84.59
17	食品科学与工程	85.86	88.64	89.39	79.55
18	数学类（中外合作办学）（数学与应用数学）	85.65	84.72	87.5	84.72
19	医学检验技术	85.10	85.1	86.78	83.41
	学校均值	84.96	85.93	85.74	82
20	化学工程与工艺	84.82	87.05	86.61	80.8
21	农业电气化	84.80	84.56	86.03	83.82
21	能源与动力工程（流体机械及其自动控制）	84.80	87.16	87.84	79.39
23	土木工程（交通土建工程）	84.65	86.84	85.53	81.58
24	食品科学与工程（食品机械及自动化）	84.52	85.71	85.71	82.14
25	金属材料工程	84.47	87.12	86.36	79.92
26	自动化	84.27	85.63	82.81	84.38
27	护理学	84.23	83.93	86.61	82.14
28	环境工程	84.06	83.33	85.53	83.33
29	建筑环境与能源应用工程	83.89	85.42	85.83	80.42
30	土木工程（建筑工程）	83.88	84.43	86.07	81.15
31	工程管理	83.87	84.68	85.08	81.85
32	生物医学工程	83.62	83.62	84.48	82.76
33	临床医学	83.42	86.38	84.79	79.1
34	生物工程	83.33	84.09	85.23	80.68

续表

排名	专业	2019年（总）	检验能力达成	内容覆盖	考试风气
34	机械设计制造及其自动化	83.33	83.25	84.91	81.84
36	药学	83.19	84.75	85.59	79.24
36	能源与动力工程（电厂热能工程及自动化）	83.19	83.77	84.65	81.14
38	光电信息科学与工程	83.18	83.64	83.18	82.73
39	能源与动力工程（工程热物理与节能减排技术）	83.07	85.32	84.92	78.97
39	高分子材料与工程	83.07	84.92	84.52	79.76
41	测控技术与仪器	82.78	85	83.75	79.58
42	食品质量与安全	82.58	83.18	82.73	81.82
42	医学检验	82.58	84.38	83.52	79.83
44	物联网工程（无锡机电）	82.27	85.91	82.73	78.18
45	市场营销（无锡机电）	82.12	82.27	80.91	83.18
46	医学影像学	81.67	83	82.5	79.5
47	网络工程	81.51	82.81	82.42	79.3
48	物联网工程	81.47	81.9	82.76	79.74
49	复合材料与工程	81.41	83.17	83.65	77.4
50	交通运输（汽车运用与物流工程）	81.25	82.69	84.62	76.44
51	机械设计制造及其自动化（无锡机电）	81.14	82.89	82.46	78.07
52	车辆工程（卓越）	81.06	82.27	80.45	80.45
53	电子信息科学与技术	80.99	83.77	82.02	77.19
54	能源与动力工程（流体机械及其自动控制卓越）	80.66	81.6	83.49	76.89
55	电气工程及其自动化（无锡机电）	80.60	81.47	79.74	80.6
56	卫生检查与检疫	80.00	82	83	75
57	信息安全	79.53	78.95	81.14	78.51
58	机械设计制造及其自动化（卓越）	79.34	82.29	81.77	73.96
59	安全工程	78.88	83.62	81.47	71.55
60	无机非金属材料工程	78.83	81.42	82.77	72.3

续表

排名	专业	2019 年（总）	检验能力达成	内容覆盖	考试风气
61	制药工程	78.69	79.92	79.51	76.64
62	临床医学（全科医学）	78.65	81.36	80.92	73.68
63	环保设备工程	78.09	78.57	80.71	75
64	电子信息工程	78.03	80.91	80	73.18
65	数学与应用数学	76.94	79.17	78.33	73.33
66	新能源科学与工程	76.87	79.31	78.02	73.28
67	信息与计算科学	76.11	75.83	78.33	74.17
68	材料成型及控制工程	75.89	77.23	79.02	71.43

理工医类 68 个专业中，19 个专业在该项指标上的得分高于全校均值；其中药物制剂、冶金工程、应用化学专业居前 3 位，新能源科学与工程、信息与计算科学、材料成型及控制工程居后 3 位。专业间高低相差约 15 分，差异显著。

6.9　师资队伍满意度

6.9.1　文管类学院、专业比较

2019 年度文管类各学院毕业生“师资队伍满意度”见表 6-31。

表 6-31　2019 年度文管类各学院毕业生“师资队伍满意度”均分表

排名	学院	2019 年（总）	教学能力	学术水平	敬业精神	总体实力
1	马克思	91.86	90.91	93.18	90.91	92.42
2	管理	91.79	91.15	92.11	92.82	91.09
3	外语	91.24	91.24	90.51	92.34	90.88
4	财经	90.4	90.04	90.19	91.77	89.58
5	教师	88.96	87.50	86.67	89.17	89.17
6	文学	88.54	88.14	88.57	91.43	86.00
	学校均值	87.81	86.97	87.49	88.50	86.69
7	艺术	87.39	87.55	88.28	87.45	86.26
8	法学	85.97	84.44	85.83	87.78	85.83

文管类 8 个学院中，6 个学院该项指标得分高于学校均值，其中马克思主义学院最高，法学院最低，高低相差近 6 分。

2019 年度文管类各专业毕业生“师资队伍满意度”见表 6-32。

表 6-32　2019 年度文管类各专业毕业生“师资队伍满意度”均分表

排名	专业	2019 年（总）	教学能力	学术水平	敬业精神	总体实力
1	电子商务	97. 14	97. 86	97. 14	97. 86	95. 71
2	市场营销	96. 93	96. 93	96. 49	98. 25	96. 05
3	财务管理	94. 69	94. 58	94. 58	95. 83	93. 75
4	日语	93. 86	93. 42	93. 86	95. 61	92. 54
5	汉语言文学（师范）	93. 08	92. 69	93. 08	95. 00	91. 54
6	信息管理与信息系统	92. 76	90. 35	95. 18	93. 42	92. 11
7	思想政治教育（师范）	91. 86	90. 91	93. 18	90. 91	92. 42
8	工业工程	91. 78	91. 23	91. 67	91. 67	92. 54
9	国际经济与贸易	91. 70	90. 52	91. 38	93. 53	91. 38
10	工商管理	91. 31	91. 02	91. 41	92. 19	90. 63
11	产品设计	91. 22	91. 22	90. 54	91. 89	91. 22
12	汉语言文学	91. 12	91. 23	91. 23	92. 98	89. 04
13	保险	91. 07	91. 07	91. 07	90. 18	91. 96
14	财政学	90. 32	90. 32	88. 71	93. 55	88. 71
15	金融学	90. 25	90. 19	90. 19	91. 36	89. 25
16	统计学	90. 12	90. 32	89. 52	91. 94	88. 71
17	环境设计	89. 78	89. 90	91. 83	89. 42	87. 98
18	人力资源管理	89. 51	89. 29	88. 84	91. 07	88. 84
19	英语	89. 38	89. 69	88. 13	90. 00	89. 69
20	物流管理	89. 19	88. 10	89. 68	90. 87	88. 10
21	工业设计	89. 06	90. 63	89. 06	89. 06	87. 50
22	会计学	88. 99	88. 29	88. 99	90. 21	88. 46
23	教育学（师范）	88. 96	87. 50	86. 67	89. 17	89. 17
24	公共艺术	88. 96	89. 17	90. 83	88. 33	87. 50

续表

排名	专业	2019 年（总）	教学能力	学术水平	敬业精神	总体实力
25	视觉传达设计	88.19	88.19	89.58	89.58	85.42
	学校均值	87.81	86.97	87.49	88.50	86.69
26	能源经济	86.76	86.76	86.76	88.97	84.56
27	法学	85.97	84.44	85.83	87.78	85.83
28	公共事业管理（医疗保险）	84.48	83.62	85.34	86.21	82.76
29	美术学（师范）	83.75	83.33	85.00	80.83	85.83
30	数字媒体艺术	83.26	83.04	82.14	86.61	81.25
31	动画	81.25	81.25	83.04	80.36	80.36
32	汉语国际教育	80.19	79.25	80.19	85.38	75.94

文管类 32 个专业中，25 个专业在该项指标上的得分高于全校均值；其中电子商务、市场营销、财务管理专业居前 3 位，数字媒体艺术、动画、汉语国际教育居后 3 位。专业间高低相差近 17 分，差异显著。

6.9.2　理工医类学院、专业比较

2019 年度理工医类各学院毕业生“师资队伍满意度”见表 6-33。

表 6-33　2019 年度理工医类各学院毕业生“师资队伍满意度”均分表

排名	学院	2019 年（总）	教学能力	学术水平	敬业精神	总体实力
1	农装	93.57	92.65	94.85	91.91	94.85
2	化工	90.09	90.32	90.77	91.22	88.96
3	机械	88.03	87.50	87.88	89.36	87.37
4	电气	88.01	88.03	87.76	88.42	87.83
	学校均值	87.81	86.97	87.49	88.50	86.69
5	汽车	87.23	86.78	86.93	87.79	87.43
5	食品	87.23	86.78	87.32	88.22	87.14
7	理学	87.18	86.10	87.63	88.39	86.61
8	计算机	86.88	86.21	87.57	88.36	85.36
9	药学	86.85	85.92	87.64	88.07	85.78
10	土木	85.83	85.40	85.40	87.11	85.40

续表

排名	学院	2019 年（总）	教学能力	学术水平	敬业精神	总体实力
11	材料	85.65	85.41	85.47	87.01	84.71
12	医学	85.64	85.26	86.18	86.18	84.94
13	能动	83.97	83.15	83.42	85.41	83.90
14	环境	83.92	83.00	83.67	86.00	83.00
15	无锡机电	83.53	83.78	83.56	85.11	81.67

理工医类 15 个学院中，4 个学院该项指标得分高于学校均值，其中农业装备工程学院最高，无锡机电最低，高低相差约 10 分，差异较明显。

2019 年度理工医类各专业毕业生“师资队伍满意度”见表 6-34。

表 6-34　2019 年度理工医类各专业毕业生“师资队伍满意度”均分表

排名	专业	2019 年（总）	教学能力	学术水平	敬业精神	总体实力
1	农业机械化及其自动化	93.57	92.65	94.85	91.91	94.85
2	药物制剂	93.52	91.67	94.44	94.44	93.52
3	应用化学	93.3	93.18	93.64	94.55	91.82
4	食品科学与工程	91.86	90.91	92.42	92.42	91.67
5	计算机科学与技术	90.97	90.74	89.35	92.59	91.2
6	机械电子工程	90.73	90.83	90.42	91.25	90.42
7	自动化	90.55	90	90.31	91.56	90.31
8	物理学（师范）	90.49	90.63	91.67	91.67	88.02
9	数学与应用数学（师范）	90.45	89.29	90	91.79	90.71
10	农业电气化	90.26	92.65	88.24	90.44	89.71
11	机械设计制造及其自动化（模具）	90.06	88.11	90.16	91.8	90.16
12	冶金工程	89.76	89.89	89.89	90.43	88.83
13	电气工程及其自动化	89.73	89.58	89.29	90.77	89.29
14	电气工程及其自动化（卓越）	89.63	89.63	88.41	89.63	90.85
15	车辆工程	89.56	89.06	89.29	89.51	90.4
16	生物医学工程	89.44	89.66	89.66	90.52	87.93
17	通信工程	89.41	89.83	90.68	89.83	87.29
18	软件工程	89.33	89.66	89.66	90.95	87.07

续表

排名	专业	2019 年（总）	教学能力	学术水平	敬业精神	总体实力
19	金属材料工程	89.2	88.26	89.77	89.39	89.39
20	能源与动力工程（动力机械工程及自动化）	88.96	89.38	88.36	89.73	88.36
21	测控技术与仪器	88.54	87.5	86.67	90.83	89.17
22	数学类（中外合作办学）（数学与应用数学）	88.19	87.5	90.28	88.89	86.11
23	光电信息科学与工程	87.84	88.64	89.09	87.27	86.36
	学校均值	87.81	86.97	87.49	88.5	86.69
24	交通工程	87.5	86.61	87.5	89.29	86.61
25	医学检验技术	87.02	86.54	87.98	87.5	86.06
26	药学	86.97	86.86	87.71	87.29	86.02
27	化学工程与工艺	86.94	87.5	87.95	87.95	86.16
28	医学检验	86.86	85.23	87.78	87.78	86.65
29	临床医学	86.81	86.51	87.04	87.17	86.51
30	卫生检查与检疫	86.75	84	88	90	85
31	护理学	86.5	86.16	86.61	88.39	84.82
32	食品质量与安全	86.48	85.91	87.73	88.18	85.45
33	能源与动力工程（电厂热能工程及自动化）	86.29	85.53	86.4	88.16	85.09
33	工程管理	86.29	86.69	84.68	88.31	85.48
35	市场营销（无锡机电）	86.25	86.36	85.91	88.64	84.09
36	土木工程（建筑工程）	86.07	85.66	86.48	86.48	85.66
36	机械设计制造及其自动化（卓越）	86.07	85.94	85.94	87.5	84.9
38	机械设计制造及其自动化	86.03	85.38	86.08	87.97	84.67
39	高分子材料与工程	86.01	85.71	84.92	88.1	85.32
40	物联网工程	85.34	83.62	85.78	87.93	84.05
41	生物工程	85.23	85.23	84.09	86.36	85.23
42	能源与动力工程（工程热物理与节能减排技术）	85.22	85.71	84.13	85.32	85.71

续表

排名	专业	2019年（总）	教学能力	学术水平	敬业精神	总体实力
43	交通运输（汽车运用与物流工程）	84.98	84.62	84.62	85.58	85.1
44	能源与动力工程（流体机械及其自动控制）	84.97	84.46	83.45	86.49	85.47
45	安全工程	84.91	84.48	83.62	86.64	84.91
46	建筑环境与能源应用工程	84.9	83.75	85.83	86.67	83.33
47	食品科学与工程（食品机械及自动化）	84.82	84.82	83.04	84.82	86.61
48	能源与动力工程（流体机械及其自动控制卓越）	84.79	82.55	84.91	85.85	85.85
49	物联网工程（无锡机电）	84.77	84.55	84.55	86.82	83.18
50	土木工程（交通土建工程）	84.7	82.89	84.87	86.18	84.87
51	环境工程	84.65	85.09	84.65	86.4	82.46
52	信息安全	83.99	81.58	85.96	85.09	83.33
53	复合材料与工程	83.53	83.65	82.69	85.1	82.69
54	电子信息科学与技术	83.44	82.89	82.02	83.33	85.53
55	无机非金属材料工程	83.36	83.11	83.78	85.81	80.74
56	电气工程及其自动化（无锡机电）	83.19	83.62	83.62	83.19	82.33
57	电子信息工程	83.07	83.18	85.91	82.27	80.91
58	网络工程	82.81	82.42	84.38	84.38	80.08
59	临床医学（全科医学）	82.73	83.55	82.68	82.24	82.46
60	材料成型及控制工程	82.59	82.59	82.14	83.48	82.14
61	车辆工程（卓越）	82.05	80.91	81.82	82.27	83.18
62	医学影像学	81.38	81.5	83	81.5	79.5
63	环保设备工程	81.07	77.14	82.14	84.29	80.71
64	制药工程	80.84	79.92	81.56	83.2	78.69
65	信息与计算科学	80.63	78.33	82.5	80.83	80.83
66	数学与应用数学	80.21	78.33	79.17	82.5	80.83
67	机械设计制造及其自动化（无锡机电）	80.04	80.7	80.26	82.02	77.19
68	新能源科学与工程	77.37	76.29	75.86	79.74	77.59

理工医类 68 个专业中，23 个专业在该项指标上的得分高于全校均值；其中农业机械化及其自动化、药物制剂、应用化学专业居前 3 位，数学与应用数学、机械设计制造及其自动化（无锡机电）、新能源科学与工程居后 3 位。专业间高低相差约 16 分，差异显著。

6.10　管理服务满意度

6.10.1　文管类学院、专业比较

2019 年度文管类各学院毕业生“管理服务满意度”见表 6-35。

表 6-35　2019 年度文管类各学院毕业生“管理服务满意度”均分表

排名	学院	2019 年（总）	服务态度	信息公开	就业指导
1	管理	90.07	90.85	89.71	89.65
2	马克思	89.65	90.15	88.64	90.15
3	外语	87.1	87.41	87.41	86.50
4	财经	86.75	87.70	86.33	86.13
5	教师	85.56	85.00	85.00	84.17
	学校均值	84.43	84.52	83.95	83.61
6	文学	83.95	83.71	83.00	85.14
7	艺术	82.39	82.60	82.51	82.05
8	法学	81.48	81.67	80.28	82.50

文管类 8 个学院中，5 个学院该项指标得分高于学校均值，其中管理学院最高，法学院最低，高低相差近 9 分，差异较明显。

2019 年度文管类各专业毕业生“管理服务满意度”见表 6-36。

表 6-36　2019 年度文管类各专业毕业生“管理服务满意度”均分表

排名	专业	2019 年（总）	服务态度	信息公开	就业指导
1	市场营销	95.91	96.93	94.74	96.05
2	电子商务	95.24	96.43	94.29	95.00
3	财务管理	92.08	91.67	92.50	92.08
4	信息管理与信息系统	91.37	92.98	89.91	91.23

续表

排名	专业	2019 年（总）	服务态度	信息公开	就业指导
5	工业工程	91.23	92.11	91.67	89.91
6	思想政治教育（师范）	89.65	90.15	88.64	90.15
7	保险	89.29	91.07	87.50	89.29
8	汉语言文学（师范）	89.23	88.85	87.69	91.15
9	国际经济与贸易	89.22	90.09	89.22	88.36
10	工商管理	89.19	89.45	88.67	89.45
11	日语	88.74	89.47	89.47	87.28
12	人力资源管理	88.24	88.39	88.84	87.50
13	财政学	87.37	87.10	86.29	88.71
14	物流管理	87.17	86.90	88.10	86.51
15	金融学	86.99	87.15	86.92	86.45
16	汉语言文学	85.96	85.96	85.96	85.96
17	英语	85.94	85.94	85.94	85.94
18	统计学	85.75	87.10	87.10	83.06
19	教育学（师范）	85.56	85.00	85.00	84.17
20	工业设计	84.90	85.94	85.16	83.59
21	视觉传达设计	84.72	84.72	84.03	85.42
	学校均值	84.43	84.52	83.95	83.61
22	环境设计	84.29	84.13	85.58	83.17
23	会计学	84.15	85.49	83.57	83.39
24	产品设计	83.78	83.78	82.43	85.14
25	公共艺术	83.33	82.50	83.33	84.17
26	能源经济	81.62	86.03	78.68	80.15
27	法学（经济法）	81.48	81.67	80.28	82.50
28	数字媒体艺术	79.46	83.93	80.36	74.11
29	公共事业管理（医疗保险）	79.31	81.90	77.59	78.45
30	动画	79.17	78.57	81.25	77.68
31	美术学（师范）	76.67	75.00	75.00	80.00
32	汉语言国际教育	75.31	75.00	74.06	76.89

文管类 32 个专业中，21 个专业在该项指标上的得分高于全校均值；其中市场营销、电子商务、财务管理专业居前 3 位，动画、美术学（师范）、汉语言国际教育居后 3 位。专业间高低相差近 21 分，差异显著。

6.10.2 理工医类学院、专业比较

2019 年度理工医类各学院毕业生“管理服务满意度”见表 6-37。

表 6-37 2019 年度理工医类各学院毕业生“管理服务满意度”均分表

排名	学院	2019 年（总）	服务态度	信息公开	就业指导
1	化工	88.36	89.19	89.41	87.16
2	农装	86.76	88.24	86.76	85.29
3	电气	85.39	86.12	84.80	85.26
4	土木	85.35	86.18	85.40	84.47
5	食品学	84.72	85.33	84.78	84.24
6	汽车	84.7	85.20	84.41	84.48
6	机械	84.7	85.13	84.42	84.55
	学校均值	84.43	84.52	83.95	83.61
8	计算机	83.81	84.79	83.93	82.71
9	理学	83.38	84.18	84.18	81.76
10	药学	82.85	83.48	82.76	82.33
11	材料	81.84	82.05	81.77	81.70
12	能动	81.35	81.37	82.19	80.48
13	环境	81.06	79.17	82.17	81.83
14	医学	80.48	81.03	80.11	80.31
15	无锡机电	80.07	80.78	80.44	79.00

理工医类 15 个学院中，7 个学院该项指标得分高于学校均值，其中化工学院最高，无锡机电最低，高低相差约 8 分，差异较明显。

2019 年度理工类毕业生“管理服务满意度”见表 6-38。

表 6-38　2019 年度理工医类各专业毕业生“管理服务满意度”均分表

排名	专业	2019 年（总）	服务态度	信息公开	就业指导
1	应用化学	90.45	90.91	91.36	89.09
2	药物制剂	90.43	90.74	90.74	89.81
3	农业电气化	89.22	89.71	88.97	88.97
4	食品科学与工程	88.89	89.39	89.39	87.88
5	软件工程	88.79	89.66	87.93	88.79
6	冶金工程	88.30	89.89	87.77	87.23
7	计算机科学与技术	88.27	89.35	87.96	87.50
8	生物医学工程	87.64	87.07	87.93	87.93
9	机械设计制造及其自动化（模具）	87.57	87.70	88.11	86.89
10	车辆工程	87.50	89.29	86.16	87.05
11	数学与应用数学（师范）	87.02	88.57	87.50	85.00
12	电气工程及其自动化	87.00	88.39	86.61	86.01
13	机械电子工程	86.94	85.42	86.67	88.75
14	农业机械化及其自动化	86.76	88.24	86.76	85.29
15	化学工程与工艺	86.31	87.50	87.50	85.27
16	自动化	86.25	86.56	84.69	87.50
17	能源与动力工程（动力机械工程及自动化）	85.73	85.27	85.96	85.96
18	食品科学与工程（食品机械及自动化）	85.71	86.61	86.61	83.93
19	土木工程（建筑工程）	85.52	86.89	85.25	84.43
20	通信工程	85.45	88.56	84.32	83.47
21	工程管理	85.35	84.27	85.89	85.89
22	交通工程	85.12	84.82	85.71	84.82
23	土木工程（交通土建工程）	85.09	88.16	84.87	82.24
24	电气工程及其自动化（卓越）	84.96	86.59	84.15	84.15
25	能源与动力工程（流体机械及其自动控制）	84.91	84.46	87.16	83.11
26	生物工程	84.47	82.95	85.23	85.23

续表

排名	专业	2019 年（总）	服务态度	信息公开	就业指导
27	测控技术与仪器	84.44	85.83	83.33	84.17
	学校均值	84.43	84.52	83.95	83.61
28	光电信息科学与技术	84.39	85.00	83.64	84.55
29	药学	84.04	85.59	83.05	83.47
30	物理学（师范）	83.85	84.90	84.38	82.29
31	数学系（中外合作办学）（数学与应用数学）	83.80	84.72	81.94	84.72
32	市场营销（无锡机电）	83.33	84.55	83.18	82.27
33	临床医学	83.16	82.80	82.41	84.26
34	环境工程	83.04	82.02	83.33	83.77
34	能源与动力工程（电厂热能工程及自动化）	83.04	83.33	83.33	82.46
36	机械设计制造及其自动化（卓越）	82.99	83.85	81.77	83.33
37	金属材料工程	82.95	81.44	84.47	82.95
38	电子信息科学与技术	82.89	82.89	82.46	83.33
39	机械设计制造及其自动化	82.86	83.73	83.25	81.60
40	能源与动力工程（工程热物理与节能减排技术）	82.67	82.94	84.13	80.95
41	高分子材料与工程	82.14	82.14	82.14	82.14
42	复合材料与工程	82.05	84.13	81.25	80.77
43	交通运输（汽车运用与物流工程）	81.89	82.69	82.21	80.77
44	食品质量与安全	81.82	83.18	80.91	81.82
44	物联网工程（无锡机电）	81.82	83.18	81.82	80.45
46	安全工程	81.75	79.74	83.19	82.33
47	物联网工程	81.61	83.19	81.03	80.60
48	电子信息工程	81.06	82.27	80.91	80.00
49	医学检验	80.97	82.39	80.40	80.11
50	医学检验技术	80.93	82.69	81.25	78.85

续表

排名	专业	2019年（总）	服务态度	信息公开	就业指导
51	能源与动力工程（流体机械及其自动控制）（卓越）	80.82	81.13	81.13	80.19
52	护理学	80.06	80.36	80.36	79.46
53	建筑环境与能源应用工程	80.00	80.42	80.42	79.17
54	车辆工程（卓越）	79.85	79.55	79.55	80.45
55	信息安全	79.82	78.95	81.14	79.39
56	材料成型及控制工程	79.76	79.46	78.13	81.70
57	医学影像学	79.67	79.00	79.50	80.50
58	网络工程	79.56	79.69	81.64	77.34
59	卫生检查与检疫	79.33	83.00	78.00	77.00
60	电气工程及其自动化（无锡机电）	79.31	78.45	81.03	78.45
61	数学与应用数学	78.89	79.17	80.83	76.67
62	信息与计算科学	78.33	77.50	80.83	76.67
63	无机非金属材料工程	77.93	78.04	78.38	77.36
64	环保设备工程	76.67	73.57	78.57	77.86
65	临床医学（全科医学）	76.10	76.32	75.66	76.32
66	机械设计制造及其自动化（无锡机电）	76.02	77.19	75.88	75.00
67	新能源科学与工程	75.57	75.00	75.43	76.29
68	制药工程	75.00	75.00	75.41	74.59

理工医类68个专业在该项指标上的得分，27个专业高于全校均值；应用化学、药物制剂、农业电气化专业居前3位，机械设计制造及其自动化（无锡机电）、新能源科学与工程、制药工程居后3位。专业间高低相差约15分，差异显著。

6.11 专业总体满意度

6.11.1 文管类学院、专业比较

2019年度文管类各学院毕业生“专业总体满意度”见表6-39。

表 6-39　2019 年度文管类各学院毕业生“专业总体满意度”均分表

排名	学院	2019 年（总）	专业态度	就业去向	推荐情况
1	管理学院	84.79	87.20	83.55	83.61
2	财经学院	82.32	84.91	82.22	79.78
3	马克思主义学院	82.07	81.82	85.61	78.79
4	艺术学院	80.95	84.98	80.49	77.38
5	法学院	80.83	84.72	81.11	76.67
6	外国语学院	80.66	82.85	79.56	79.56
7	文学院	79.62	82.57	82.00	74.29
	学校均值	79.41	81.12	81.49	76.09
8	教师教育学院	78.61	78.33	90.83	70.00

文管类 8 个学院该项指标得分，7 个学院高于学校均值，其中管理学院最高，教师教育学院最低，高低相差约 6 分。专业态度满意度方面，管理学院最高，教师学院最低；就业去向满意度方面，教师学院最高，外国语学院最低；推荐情况满意度方面，管理学院最高，教育学院最低。

2019 年度文管类各专业毕业生“专业总体满意度”见表 6-40。

表 6-40　2019 年度文管类各专业毕业生“专业总体满意度”均分表

排名	专业	2019 年（总）	专业态度	就业去向	推荐情况
1	电子商务	93.33	92.86	92.86	94.29
2	市场营销	89.91	92.54	89.04	88.16
3	汉语言文学（师范）	89.62	89.62	95.00	84.23
4	工业工程	89.04	91.23	88.60	87.28
5	信息管理与信息系统	88.89	92.11	86.40	88.16
6	财务管理	87.50	88.75	89.17	84.58
7	金融学	84.74	86.21	86.21	81.54
8	国际经济与贸易	84.63	88.36	86.21	79.31
9	产品设计	83.11	87.84	83.11	78.38
10	人力资源	82.44	84.82	82.14	80.36
11	视觉传达设计	82.41	86.11	81.94	79.17

续表

排名	专业	2019 年（总）	专业态度	就业去向	推荐情况
12	会计学	82.28	83.22	83.92	79.72
13	思想政治教育（师范）	82.07	81.82	85.61	78.79
14	工业设计	82.03	85.94	84.38	75.78
15	环境设计	81.89	85.10	80.77	79.81
16	英语	81.77	82.19	81.88	81.25
17	工商管理	81.51	83.98	79.69	80.86
18	财政学	81.45	88.71	77.42	78.23
19	保险学	80.95	81.25	80.36	81.25
20	法学	80.83	84.72	81.11	76.67
21	公共艺术	80.28	85.83	75.00	80.00
22	美术学（师范）	79.72	86.67	80.00	72.50
23	物流管理	79.63	82.14	77.78	78.97
	学校均值	79.41	81.12	81.49	76.09
24	数字媒体艺术	79.17	82.14	79.46	75.89
25	日语	79.09	83.77	76.32	77.19
26	汉语言文学	78.80	83.33	78.95	74.12
27	教育学（师范）	78.61	78.33	90.83	70.00
28	动画	77.08	78.57	77.68	75.00
29	统计学	76.34	82.26	71.77	75.00
30	公共事业管理（医疗保险）	70.98	75.00	69.83	68.10
31	能源经济	69.12	77.21	58.82	71.32
32	汉语国际教育	68.24	73.11	69.34	62.26

文管类 32 个专业中，23 个专业在该项指标上的得分高于全校均值；其中电子商务、市场营销、汉语言文学（师范）专业居前 3 位，公共事业管理（医疗保险）、能源经济、汉语国际教育居后 3 位。专业间高低相差约 25 分，差异显著。

6.11.2 理工医类学院、专业比较

2019 年度理工医类各学院毕业生“专业总体满意度”见表 6-41。

表 6-41　2019 年度理工医类各学院毕业生"专业总体满意度"均分表

排名	学院	2019 年（总）	专业态度	就业去向	推荐情况
1	汽车与交通工程学院	81.87	82.76	83.55	79.31
2	理学院	81.25	82.40	85.08	76.28
3	化学化工学院	80.41	82.21	81.76	77.70
4	电气信息工程学院	80.33	80.92	82.37	77.70
5	土木工程与力学学院	80.12	80.43	81.99	77.95
6	农业装备工程学院	79.90	82.35	82.35	75.00
7	机械工程学院	79.85	80.83	80.90	77.82
8	药学院	79.65	80.32	83.33	75.72
9	医学院	79.58	79.87	87.22	71.65
	学校均值	79.41	81.12	81.49	76.09
10	计算机科学与通信工程学院	77.88	79.71	78.79	75.14
11	食品与生物工程学院	76.75	78.99	78.80	72.46
12	能源与动力工程学院	75.98	76.78	78.15	73.01
13	无锡机电学院	75.19	77.44	75.67	72.44
14	材料科学与工程学院	74.32	75.63	75.98	71.37
15	环境与安全工程学院	73.50	75.50	75.50	69.50

理工医类 15 个学院中，9 个学院该项指标得分高于学校均值，其中汽车学院最高，环境与安全工程学院最低，高低相差约 8 分，差异较明显。

2019 年度理工医类各专业毕业生"专业总体满意度"见表 6-42。

表 6-42　2019 年度理工医类各专业毕业生"专业总体满意度"均分表

排名	专业	2019 年（总）	专业态度	就业去向	推荐情况
1	数学与应用数学（师范）	89.05	90.36	93.21	83.57
2	药物制剂	88.12	88.89	89.35	86.11
3	车辆工程	86.68	88.17	87.72	84.15
4	电气工程及其自动化	86.01	87.20	86.61	84.23
5	临床医学	84.74	85.85	91.01	77.38

续表

排名	专业	2019年（总）	专业态度	就业去向	推荐情况
6	机械设计及其自动化（模具）	84.56	86.48	83.20	84.02
7	计算机科学与技术	84.41	87.50	86.11	79.63
8	电气工程及其自动化（卓越）	83.94	82.32	87.80	81.71
9	软件工程	83.62	83.19	87.93	79.74
10	应用化学	82.58	84.55	85.00	78.18
11	土木工程（建筑工程）	82.24	81.56	84.84	80.33
12	自动化	81.98	81.88	84.06	80.00
13	土木工程（交通土建工程）	81.58	82.89	84.21	77.63
14	机械电子工程	81.39	83.33	82.50	78.33
15	车辆工程（卓越）	80.91	80.00	85.00	77.73
16	能源与动力工程（动力机械及其自动化）	80.48	79.45	81.51	80.48
17	能源与动力工程（工程热物理与节能减排技术）	80.29	80.95	82.94	76.98
18	药学	80.23	82.63	82.63	76.69
19	医学检验	79.92	80.11	85.80	73.86
20	农业电气化	79.90	78.68	80.88	80.15
21	农业机械化及其自动化	79.90	82.35	82.35	75.00
22	物理学（师范）	79.86	82.81	85.42	71.35
23	能源与动力工程（流体机械及其自动控制）	79.73	78.72	82.77	77.70
	学校均值	79.41	81.12	81.49	76.09
24	通信工程	79.38	81.78	80.51	75.85
25	食品科学与工程	79.29	82.58	78.79	76.52
26	数学类（中外合作办学）（数学与应用数学）	79.17	75.00	81.94	80.56
27	医学影像学	79.17	80.50	86.00	71.00
28	光电信息科学工程	79.09	78.64	82.27	76.36
29	机械设计及其自动化（卓越）	78.99	78.65	81.25	77.08
30	临床医学（全科医学）	78.87	76.10	90.13	70.39

续表

排名	专业	2019 年（总）	专业态度	就业去向	推荐情况
31	交通工程	78.72	82.59	82.59	70.98
32	食品质量与安全	78.64	80.91	80.45	74.55
33	金属材料工程	78.54	78.79	81.06	75.76
34	高分子材料与工程	78.31	80.95	78.97	75.00
35	化学工程与艺术	78.27	79.91	78.57	77.23
36	机械设计制造及其自动化	78.14	79.25	79.95	75.24
37	测控技术与仪器	77.92	79.17	77.08	77.50
38	交通运输（汽车运用与物流工程）	77.88	78.85	76.92	77.88
39	冶金工程	77.84	79.79	77.66	76.06
40	医学检验技术	77.16	77.88	85.10	68.51
41	工程管理	77.15	77.82	77.82	75.81
42	电气工程及其自动化（无锡机电）	77.01	78.45	79.31	73.28
43	市场营销（无锡机电）	76.97	80.91	75.45	74.55
44	电子信息科学与技术	76.32	75.88	80.70	72.37
45	生物医学工程	76.15	78.45	77.59	72.41
46	能源与动力工程（流体机械及其自动控制卓越）	76.10	76.89	79.25	72.17
47	能源与动力工程（电厂热能工程及其自动化）	75.44	75.44	76.75	74.12
48	环境工程	75.00	78.07	75.88	71.05
49	建筑环境与能源应用工程	74.86	76.67	75.83	72.08
50	生物工程	74.62	77.27	77.27	69.32
51	网络工程	74.35	75.00	75.00	73.05
52	信息安全	74.27	76.75	72.81	73.25
53	数学与应用数学	74.17	74.17	74.17	74.17
54	信息与计算科学	73.61	75.83	78.33	66.67
55	机械设计制造及其自动化（无锡机电）	73.54	74.56	77.19	68.86
56	物联网工程（无锡机电）	73.18	75.91	70.45	73.18

续表

排名	专业	2019 年（总）	专业态度	就业去向	推荐情况
57	电子信息工程	73.18	76.82	74.55	68.18
58	安全工程	72.99	75.43	76.29	67.24
59	复合材料及工程	72.12	75.96	70.67	69.71
60	物联网工程	71.98	75.00	71.12	69.83
61	环保设备工程	71.90	71.43	73.57	70.71
62	食品科学与工程（食品机械及其自动化）	71.73	72.32	76.79	66.07
63	卫生检验与检疫	71.67	76.00	77.00	62.00
64	制药工程	71.58	70.49	78.69	65.57
65	护理学	71.43	71.88	80.36	62.05
66	材料成型及控制工程	70.39	68.75	74.55	67.86
67	无机非金属材料工程	69.48	70.61	72.64	65.20
68	新能源科学与工程	68.10	71.12	69.83	63.36

理工医类 68 个专业中，23 个专业该项得分高于全校平均值。其中数学与应用数学（师范）、药物制剂、车辆工程专业居前 3 位；材料成型及控制工程、无机非金属材料工程、新能源科学与工程居专业后 3 位。

6.12　影响专业满意度的因素及分析

2019 年度全校各学院毕业生对影响满意度因素的看法见表 6-43。

表 6-43　2019 年度全校各学院毕业生对影响满意度因素的看法统计表

单位/项目	对本专业最满意的因素									专业最突出的问题							
	A 师资力量雄厚	B 学习机会多	C 考试测评到位	D 职业技能提升度高	E 图书资料丰厚	F 教学设备完善	G 学习氛围好	H 实践实习机会多	I 奖助学金资源丰富	A 培养目标定位不准确	B 缺乏个性化培养	C 硬件不能满足要求	D 教师队伍实力有限	E 教材于教学内容陈旧	F 选修课数量不足、课程安排冲突	G 案例教学不足	H 实践实习机会少
学校	3672	3040	1943	2795	2817	2050	2634	2467	1099	1394	3171	1206	486	1135	959	1536	2399
艺术	156	156	81	142	137	60	118	106	50	83	132	117	46	51	61	69	108
财经	340	268	195	260	280	190	276	184	110	93	265	74	36	71	90	145	262
法学	42	52	27	30	50	31	49	32	20	16	52	15	14	18	15	36	45
管理	315	252	165	206	215	152	199	205	99	88	211	60	30	119	59	110	181
教师教育	15	12	6	16	9	4	13	12	5	20	14	6	5	3	5	9	9
马克思	20	23	15	15	17	10	24	15	5	3	19	6	2	8	12	6	10
外语	92	67	51	61	61	56	73	31	22	44	72	14	12	24	13	22	91
文学	93	68	69	83	120	62	96	55	33	40	85	37	48	24	43	52	91
材料	239	174	130	171	190	131	135	158	61	84	210	98	26	88	40	95	168
电气	261	216	125	208	198	158	199	174	81	100	225	85	27	87	70	86	176
化工	81	70	30	51	52	55	56	44	22	26	62	20	6	16	21	19	51
环境	76	63	45	77	71	52	66	80	22	33	88	34	12	43	30	43	68
机械	286	214	132	223	213	166	155	208	89	69	230	66	14	61	73	104	136
计算机	221	191	129	162	178	108	163	103	52	93	176	86	16	86	42	92	199

续表

单位/项目	对本专业最满意的因素									专业最突出的问题							
	A 师资力量雄厚	B 学习机会多	C 考试测评到位	D 职业技能提升度高	E 图书资料丰厚	F 教学设备完善	G 学习氛围好	H 实践实习机会多	I 奖助学金资源丰富	A 培养目标定位不准确	B 缺乏个性化培养	C 硬件不能满足要求	D 教师队伍实力有限	E 教材于教学内容陈旧	F 选修课数量不足、课程安排冲突	G 案例教学不足	H 实践实习机会少
理学院	124	107	65	97	103	76	88	70	27	67	113	29	18	30	21	59	83
能动	236	202	103	133	118	73	145	166	78	125	206	101	32	78	55	106	115
农装	31	18	7	17	13	15	10	20	11	8	21	9	0	5	7	9	12
汽车	260	191	125	187	174	129	182	156	82	91	198	69	19	84	51	85	153
食品	85	63	31	45	59	51	63	54	25	42	85	32	6	31	21	45	60
土木	102	109	69	85	69	50	62	88	29	49	89	32	13	30	22	47	51
无锡机电	115	126	76	135	62	77	70	147	35	60	141	46	34	33	58	64	58
药学	110	91	64	93	94	69	93	69	34	39	85	44	10	30	30	46	70
医学	372	307	203	298	334	275	299	290	107	121	392	127	60	115	120	187	202

2019 年度全校各学院毕业生希望本学院今后进一步改进的地方见表 6-44。

表 6-44　2019 年度全校各学院毕业生希望本学院今后进一步改进的地方统计表

单位/项目	A 师资水平	B 教学内容	C 教学模式	D 考核测评方式	E 师生交流	F 硬件设备	G 图书等教育资源
学校	0. 073	0. 151	0. 236	0. 134	0. 163	0. 123	0. 121
财经	0. 071	0. 141	0. 253	0. 145	0. 157	0. 097	0. 136
法学	0. 085	0. 148	0. 242	0. 130	0. 166	0. 103	0. 126
管理	0. 086	0. 148	0. 243	0. 143	0. 152	0. 111	0. 119
教师教育	0. 097	0. 208	0. 208	0. 125	0. 153	0. 097	0. 111
马克思	0. 079	0. 175	0. 302	0. 095	0. 111	0. 127	0. 111
外语	0. 076	0. 185	0. 271	0. 111	0. 134	0. 086	0. 137
文学	0. 125	0. 143	0. 189	0. 107	0. 158	0. 097	0. 181
艺术	0. 106	0. 164	0. 195	0. 101	0. 111	0. 192	0. 130
材料	0. 055	0. 157	0. 233	0. 126	0. 159	0. 163	0. 106
电气	0. 045	0. 148	0. 234	0. 156	0. 162	0. 131	0. 124
化工	0. 078	0. 128	0. 215	0. 114	0. 187	0. 128	0. 151
环境	0. 063	0. 153	0. 227	0. 123	0. 162	0. 148	0. 123
机械	0. 053	0. 131	0. 226	0. 162	0. 191	0. 124	0. 113
计算机	0. 057	0. 172	0. 249	0. 110	0. 153	0. 159	0. 100
理学院	0. 089	0. 157	0. 234	0. 157	0. 173	0. 082	0. 108
能动	0. 079	0. 167	0. 225	0. 145	0. 143	0. 129	0. 112
农装	0. 050	0. 150	0. 225	0. 150	0. 188	0. 125	0. 113
汽车	0. 059	0. 166	0. 269	0. 139	0. 146	0. 123	0. 098
食品	0. 047	0. 159	0. 243	0. 137	0. 159	0. 128	0. 128
土木	0. 125	0. 175	0. 214	0. 109	0. 184	0. 106	0. 086
无锡机电	0. 091	0. 155	0. 228	0. 123	0. 142	0. 102	0. 160
药学	0. 047	0. 136	0. 228	0. 123	0. 173	0. 152	0. 141
医学	0. 072	0. 125	0. 248	0. 139	0. 213	0. 089	0. 114

学生希望学校今后加以改进的地方，全校得分均值依次为：教学模式占

23.6%、师生交流占16.3%、教学内容占15.1%、考核测评方式占13.4%、硬件设备占12.3%、图书等教育资源占12.1%、师资水平占7.3%。在“师资水平”方面，文学院、土木学院毕业生期待最大；在“教育内容”方面，教师教育学院、外语学院毕业生期盼最大；在“教学模式”方面，马克思主义学院、外语学院、汽车学院毕业生期待最大；在“考核测评”方面，机械学院、理学院、电气学院毕业生期待最大；在“师生交流”方面，医学院、机械学院毕业生期待最大；在“硬件设备”方面，艺术学院、材料学院毕业生期待最大；在“图书等教育资源”方面，文学院、无锡机电学院、化工学院期待最大。

6.13 研究发现

（一）数据覆盖面广代表性强

因2019年问卷调查准备工作起步早，全校有毕业生的学院、专业均组织学生参与测评。全校当年应届毕业的专业（含方向）共有100个，涉及学院23个。毕业生人数5743人，实际参与问卷调查5656人，参与率约为98.49%，有效率100%。应届毕业生参与覆盖面广，数据具有代表性。

（二）各学院、专业满意度起伏较大

各学院与2018年比，文管类排名变化最大的是财经学院，由2018年的第7名变为第3名，总均分增加了近7分；教师教育学院由2018年的第1名变为第6名，总均分降低了2.36分；理工医类学院中，医学院由2018年第5名变为第9名，下降约0.2分；化学化工学院提升最快，由2018年的第8名上升为第2名，分值提高4分多。专业与2018年比，文管类提升幅度最大的是电子商务，比2018年提升了12.85分，其次是工业工程，提升了9.46分。理工医类专业提升最快的是农业电气化，比2018年提升了9.39分；其次是机械电子工程，提升了6.06分。但相应的也有专业大幅下降。

（三）学院、专业间高低差距仍很显著

在文管类8个学院总体满意度中，管理学院最高，法学院最低，最高与最低相差5.5分。32个专业，电子商务、市场营销、信息管理与信息系统位列前三，能源经济、公共事业管理（医疗保险）、汉语国际教育排在最后。专业最高与最低相差20.11分，差异显著。

在理工医类15个学院总体满意度中，农业装备工程学院最高，环境与安全工程学院最低，最高与最低相差 6.68 分。专业中，药物制剂、数学与应用数学（师范）、应用化学三个专业排列前三，材料成型及控制工程、信息与计算科学、新能源科学与工程排列后三。最高与最低相差 15.99 分，差异显著。

（四）学生的期待值得各专业关注

从全校本届毕业生对母校的期盼来看，23.6%的学生希望教学模式得到改变，16.3%的学生期盼师生交流得到改变，15.1%的学生期盼教学内容得到改变，13.4%的学生期盼考核测评方式有所改变，12.3%的学生期盼硬件设备得到改变，还有 12.1%和 7.3%的学生分别期盼图书等教育资源、师资水平得到改变。在"师资水平"方面，文学、土木学院毕业生期待最大；在"教育内容"方面，教师教育学院、外语学院毕业生期盼最大；在"教学模式"方面，马克思主义学院、外语学院、汽车学院毕业生期待最大；在"考核测评"方面，机械学院、理学院、电气学院毕业生期待最大；在"师生交流"方面，医学院、机械学院毕业生期待最大；在"硬件设备"方面，艺术学院、材料学院毕业生期待最多；在"图书等教育资源"方面，文学院、无锡机电学院、化工学院毕业生期待最大。

第7章 × 测评结果的年度比较及实践应用

7.1 满意度测评结果的年度比较

7.1.1 总满意度年度比较

(1) 全校总满意度年度比较

如图 7-1 所示，全校总满意度 2017 年至 2019 年呈现逐年上升趋势。尤其是 2019 年比 2017 年得分高了 4.5 分，说明学生对专业教学满意度逐年上升。

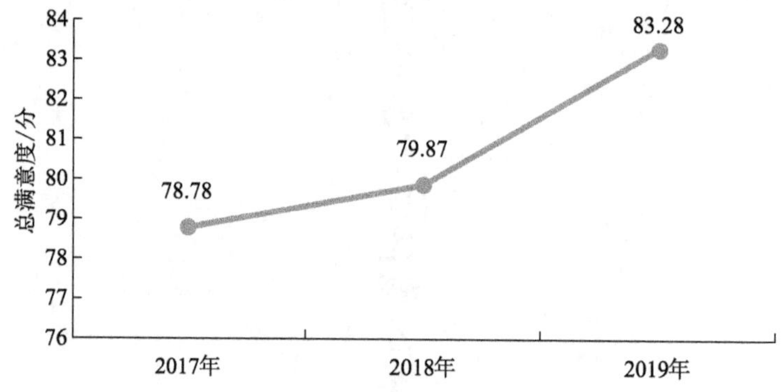

图 7-1 全校总满意度年度比较

(2) 文管类各学院总满意度年度比较

文管类各学院 2017 年至 2019 年专业教学总满意度，多数呈逐年递升趋势，有 2 个学院得分起伏较大，见图 7-2。

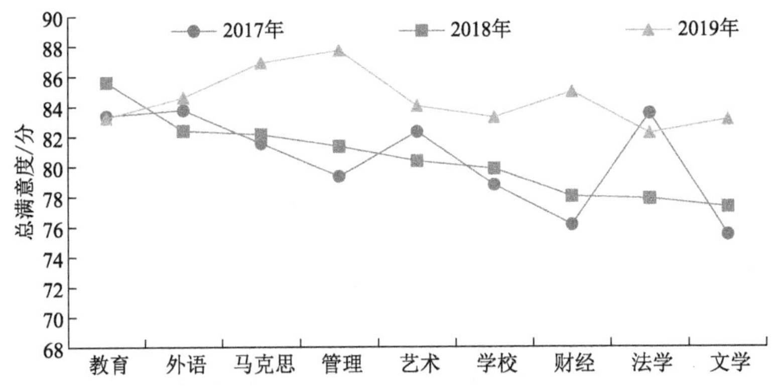

图 7-2　文管类各学院总满意度年度比较

（3）理工医类各学院总满意度年度比较

理工医类各学院这三年的总满意度，同样是多数学院呈逐年递升趋势，只有 2 个学院三年总满意度得分变化不大，见图 7-3。

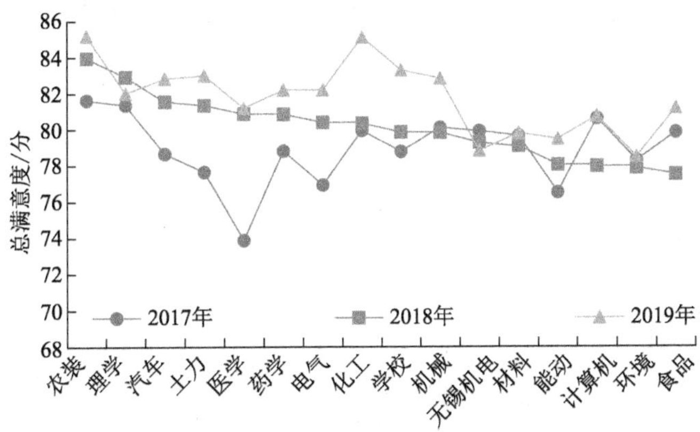

图 7-3　理工医类各学院总满意度年度比较

7.1.2　各主要指标年度变化情况

7.1.2.1　目标定位满意度年度变化情况

（1）全校目标定位满意度年度比较

从这三年全校目标定位满意度得分情况来看，2017 年与 2018 年比较接近，2019 年明显高于前两年，见图 7-4。说明该校专业目标定位在持续改进。

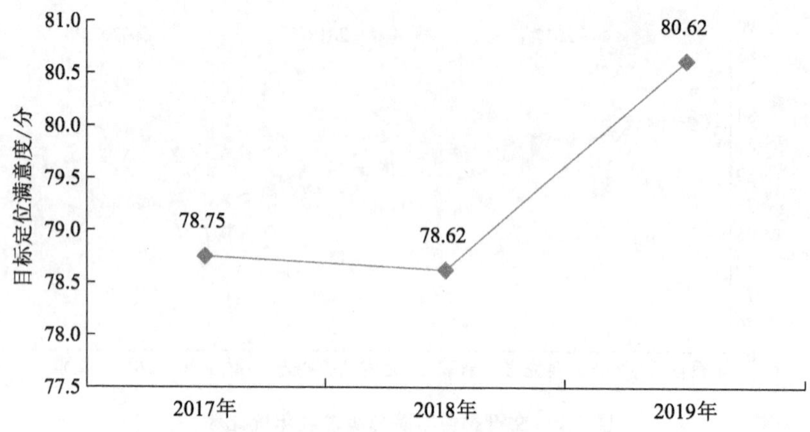

图 7-4　全校目标定位满意度年度比较

（2）文管类学院目标定位满意度年度比较

文管类各学院这三年目标定位满意度得分变化情况不一，其中 3 个学院逐年递升；其他学院得分起伏不定，见图 7-5。说明文管类有些学院专业目标定位还需持续改进。

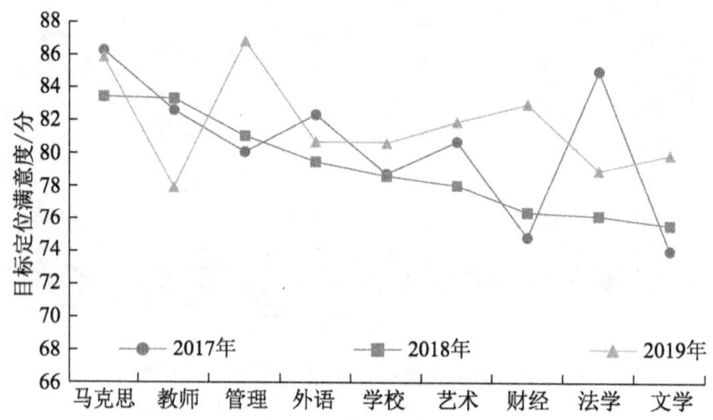

图 7-5　文管类各学院目标定位满意度年度比较

（3）理工医类学院目标定位满意度年度比较

理工医类各学院这三年目标定位满意度得分也是高低变化不一，6 个学院逐年递升；其他学院得分每年起伏不定，见图 7-6。说明该校理工医类各学院专业目标定位良莠不齐，还需进一步研究，加以改进。

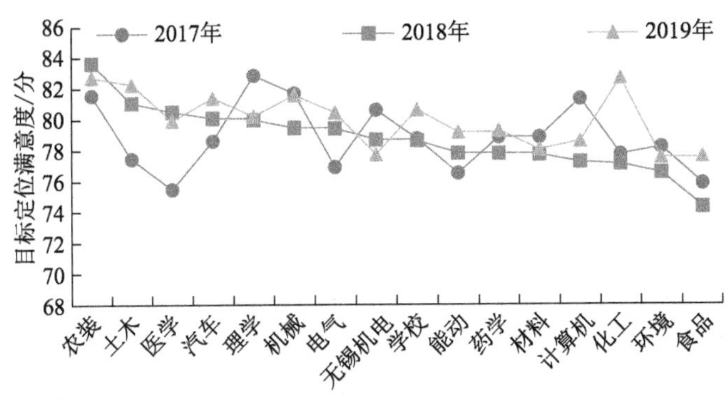

图 7-6 理工医类各学院目标定位满意度年度比较

7.1.2.2 课程设置满意度年度变化情况

（1）全校课程设置满意度年度比较

三年全校课程设置满意度得分逐年增高（见图 7-7），由此来看，该校的专业课程设置是逐年趋向更加合理。

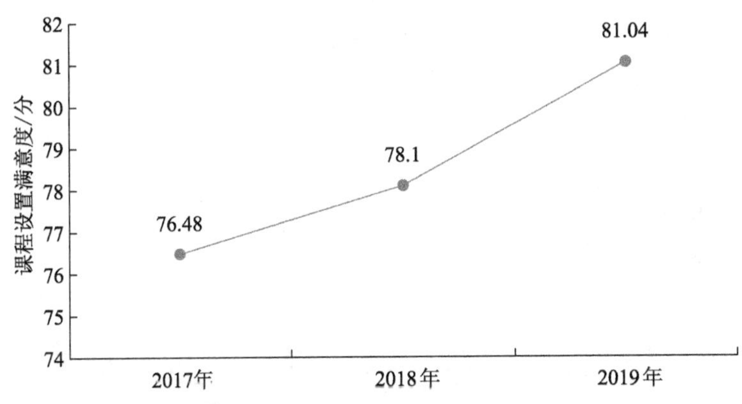

图 7-7 全校课程设置满意度年度比较

（2）文管类学院课程设置满意度年度比较

三年间，文管类各学院课程设置满意度得分变化呈现两种类型：比如教师、外语、法学、艺术学院三年得分接近；还有管理、马克思、财经、文学院 2017 年与 2018 年得分接近，而 2019 年得分高于前两年（见图 7-8）。这表明文管类各学院专业课程设置科学性尚显不足，需要进一步完善。

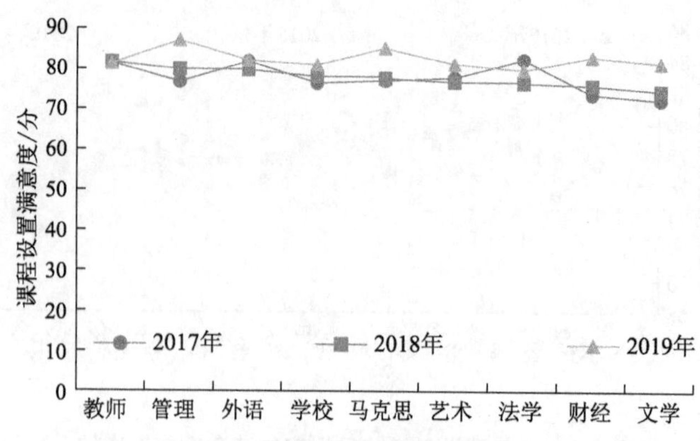

图 7-8 文管类各学院课程设置满意度年度比较

（3）理工医类学院课程设置满意度年度比较

如图 7-9 所示，这三年，理工医类各学院课程设置满意度得分变化呈现三种类型：比如理学院等 3 个学院三年得分接近；医学院等 8 个学院呈逐年升高趋势。说明多数学院专业课程设置在逐步完善。

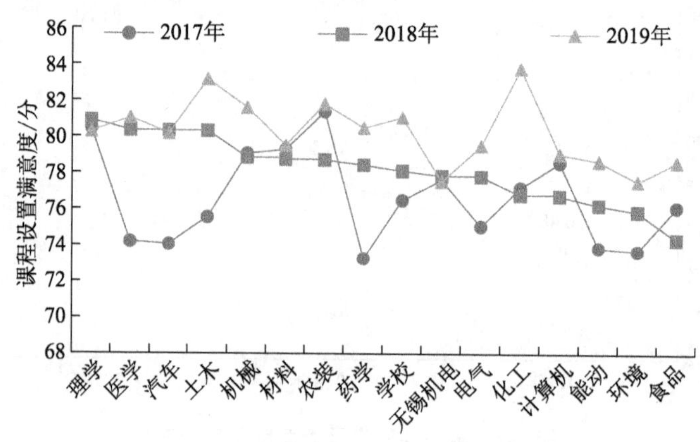

图 7-9 理工医类各学院课程设置满意度年度比较

7.1.2.3 理论教学满意度年度变化情况

（1）全校理论教学满意度年度比较

如图 7-10 所示，这三年全校理论教学满意度呈现逐年上升趋势，且 2019 年显著高于 2017 年。

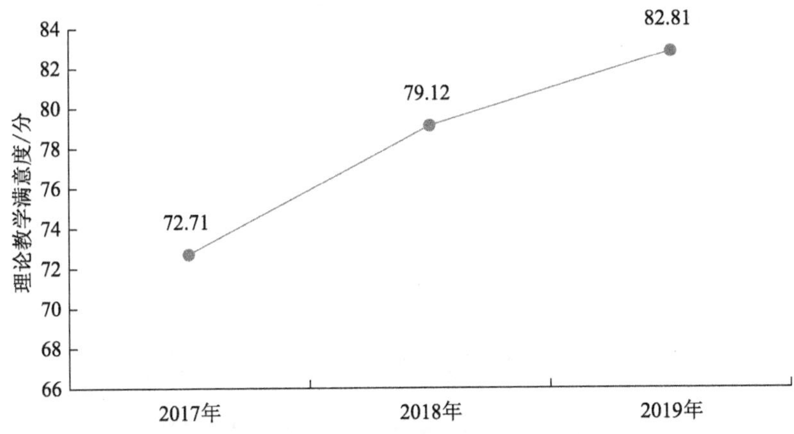

图 7-10 全校理论教学满意度年度比较

（2）文管类学院理论教学满意度年度比较

如图 7-11 所示，三年来，文管类各学院理论教学满意度基本上呈现逐年上升趋势，说明该校课堂教学质量越来越好。

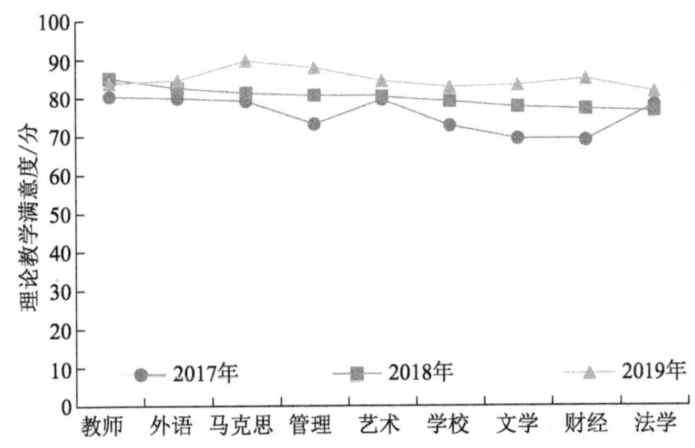

图 7-11 文管类各学院理论教学满意度年度比较

（3）理工医类学院理论教学满意度年度比较

如图 7-12 所示，三年来，理工医类多数学院 2018 年与 2019 年的理论教学满意度基本接近，2017 年略低，符合正向发展趋势。说明该校理工医类学院各专业课堂教学质量稳定提升。

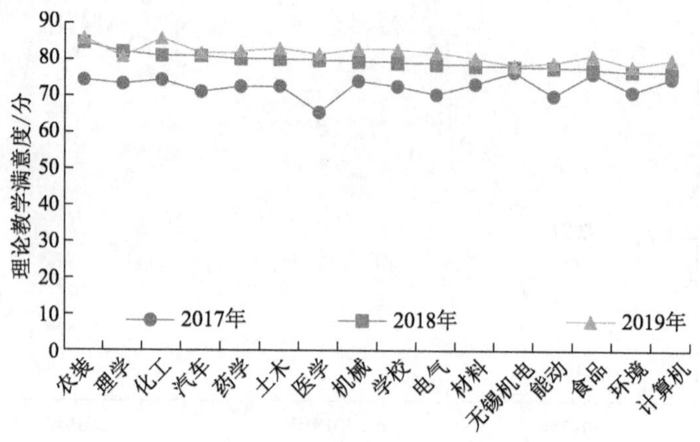

图 7-12　理工医类各学院理论教学满意度年度比较

7.1.2.4　实践教学满意度年度变化情况

（1）全校实践教学满意度年度比较

如图 7-13 所示，这三年全校实践教学满意度呈现逐年上升趋势，且 2019 年明显好于 2017 年。

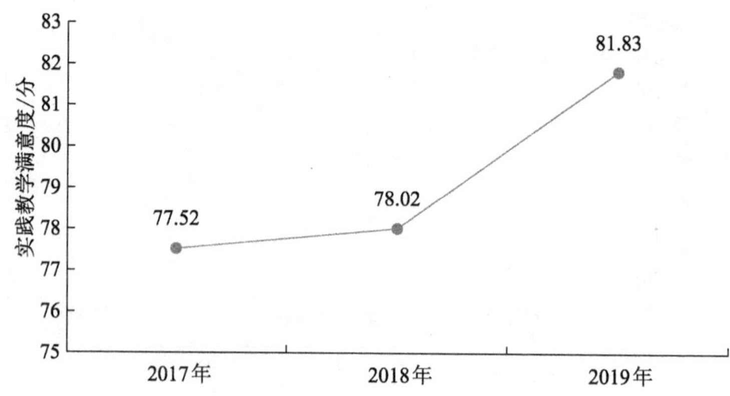

图 7-13　全校实践教学满意度年度比较

（2）文管类学院实践教学满意度年度比较

如图 7-14 所示，这三年文管类学院实践教学满意度得分差异不大，有 1 个学院 2018 年略高于 2017 年、2019 年。说明该校文管类学院专业实践教学还需加大改进力度。

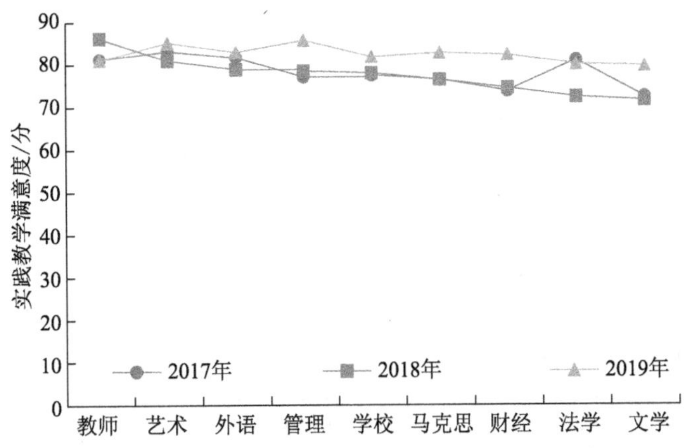

图 7-14　文管类各学院实践教学满意度年度比较

（3）理工医类学院实践教学满意度年度比较

如图 7-15 所示，这三年理工医类学院实践教学满意度得分变化情况如下：无锡机电学院三年得分接近，说明实践教学改进不大；数个学院 2019 年得分高于其他年份，说明这些学院对实践教学越来越重视。

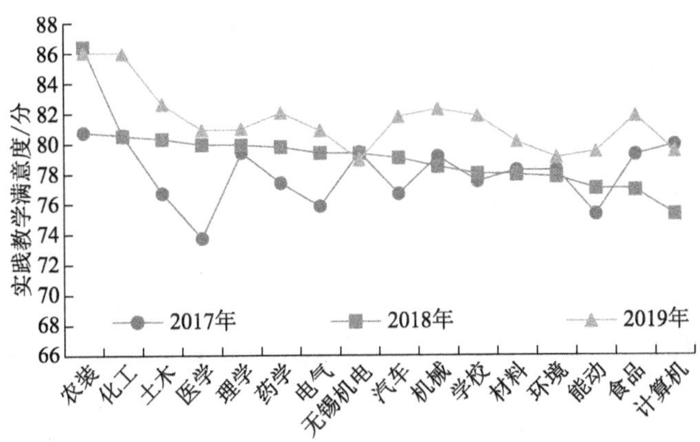

图 7-15　理工医类各学院实践教学满意度年度比较

7.1.2.5　毕业设计（论文）满意度年度变化情况

（1）全校毕业设计（论文）满意度年度比较

如图 7-16 所示，这三年全校毕业设计（论文）满意度，2019 年最高，2018 年最低。说明该校各专业毕业设计（论文）质量管理不稳定，还需进一步提高质量。

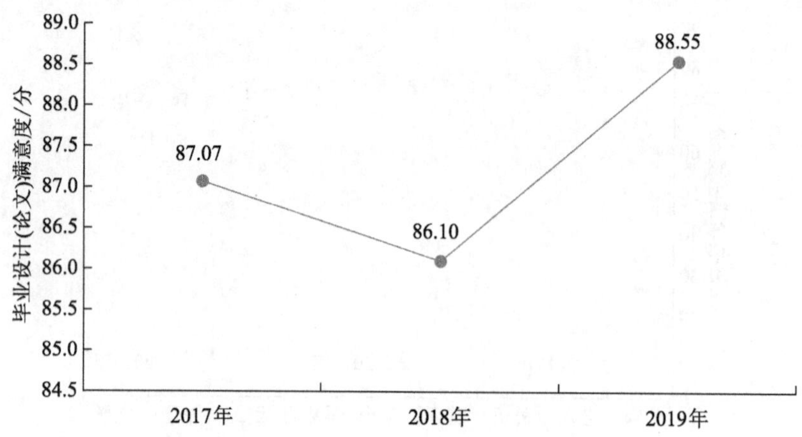

图 7-16　全校毕业设计（论文）满意度年度比较

（2）文管类学院毕业设计（论文）满意度年度比较

如图 7-17 所示，这三年文管类各学院毕业设计（论文）满意度得分情况变化不一：1 个学院变化不大；有个学院 2017 年最高，2018 年最低；2 个学院逐年升高；4 个学院是 2019 年最高，2018 年最低。说明各学院毕业论文质量不稳定，需加大改进力度。

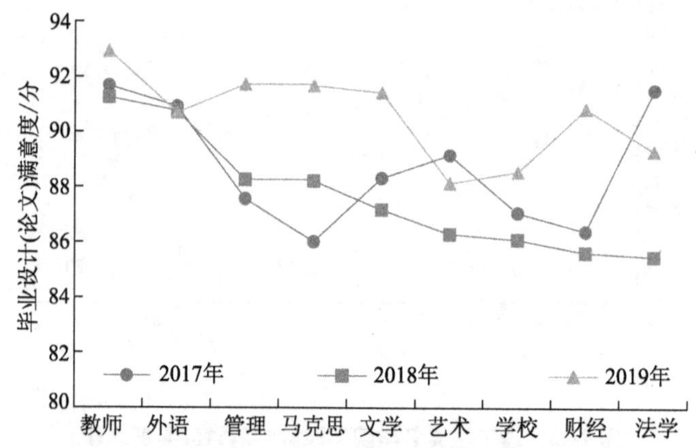

图 7-17　文管类各学院毕业设计（论文）满意度年度比较

（3）理工医类学院毕业设计（论文）满意度年度比较

如图 7-18 所示，这三年理工医类各学院毕业设计（论文）满意度得分情况变化不一：4 个学院得分逐年降低；5 个学院 2019 年得分略高，2018 年得分略低；1 个学院 2017 年得分略高，2018 年较低；只有 3 个学院得分是逐年升高。

说明理工医类多数学院毕业设计质量不稳定，需要关注。

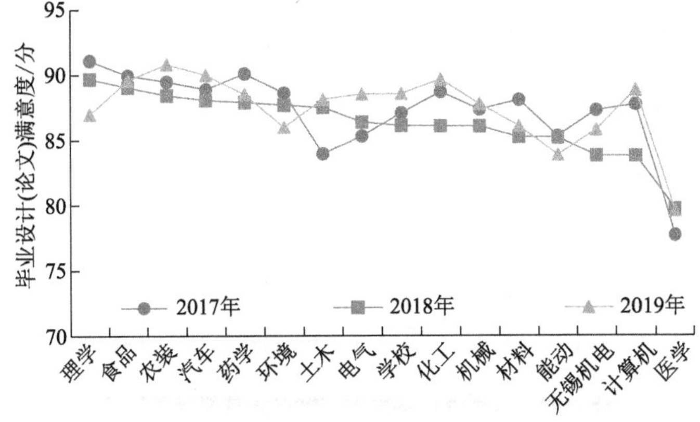

图 7-18　理工医类各学院毕业设计（论文）满意度年度比较

7.1.2.6　考试情况满意度年度变化情况

（1）全校考试情况满意度年度比较

如图 7-19 所示，这三年全校考试情况满意度呈现逐年上升趋势，且 2019 年显著好于 2017 年。说明该校各学院考试情况越来越好。

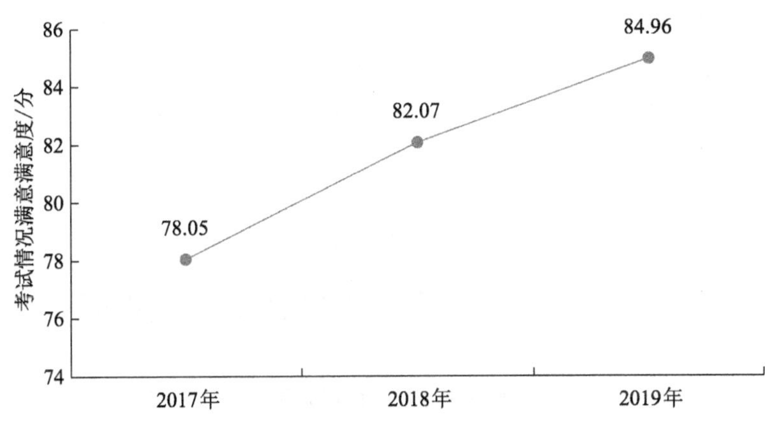

图 7-19　全校考试情况满意度年度比较

（2）文管类学院考试情况满意度年度比较

如图 7-20 所示，这三年文管类多数学院考试情况满意度呈现逐年上升趋势，只有 1 个学院 2018 年略低，但三年得分变化不大。

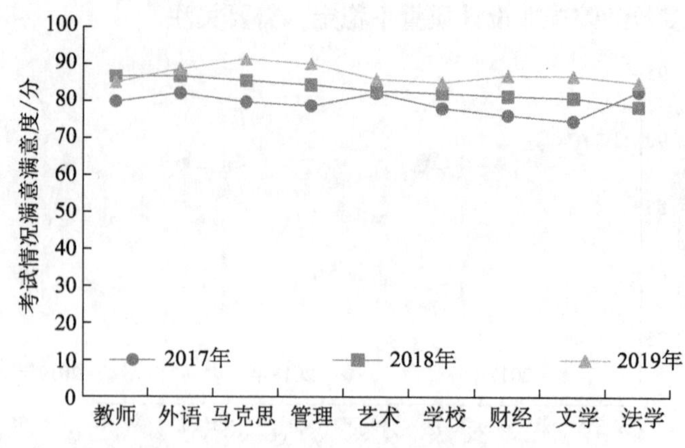

图 7-20　文管类各学院考试情况满意度年度比较

(3) 理工医类学院考试情况满意度年度比较

如图 7-21 所示，这三年理工医类多数学院考试情况满意度呈现逐年上升趋势，但 2019 年得分优势不明显；而农装学院、理学院 2018 年得分高于 2019 年。说明各学院的考试管理还需持续改进。

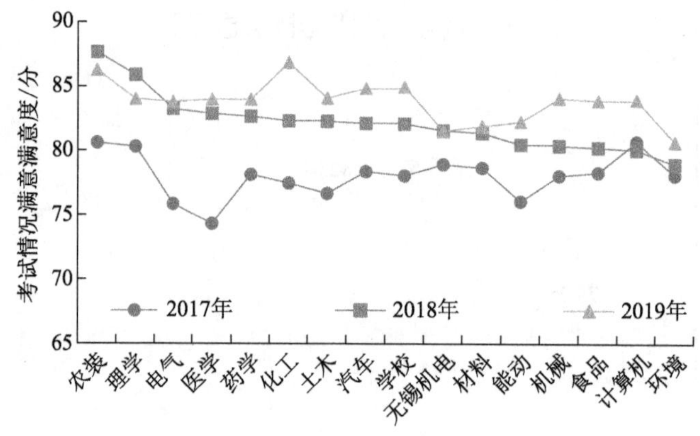

图 7-21　理工医类各学院考试情况满意度年度比较

7.1.2.7　师资队伍满意度年度变化情况

(1) 全校师资队伍满意度年度比较

如图 7-22 所示，这三年全校师资队伍满意度，2019 年最高，2018 年最低。说明该校各专业师资队伍建设情况不稳定，还需进一步重视高素质队伍建设。

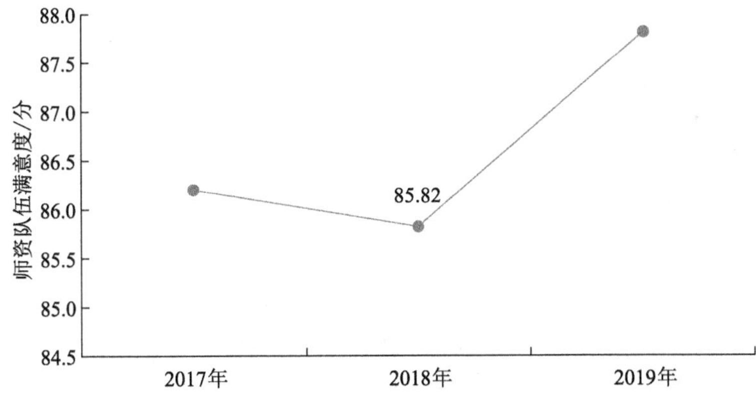

图 7-22　全校师资队伍满意度年度比较

（2）文管类学院师资队伍满意度年度比较

如图 7-23 所示，这三年文管类各学院师资队伍满意度得分情况变化不一：3 个学院得分逐年略有增高；3 个学院得分是 2017 年最好，2018 年最低；1 个学院逐年降低。总的来说，多数文管类学院师资队伍满意度得分起伏不定。

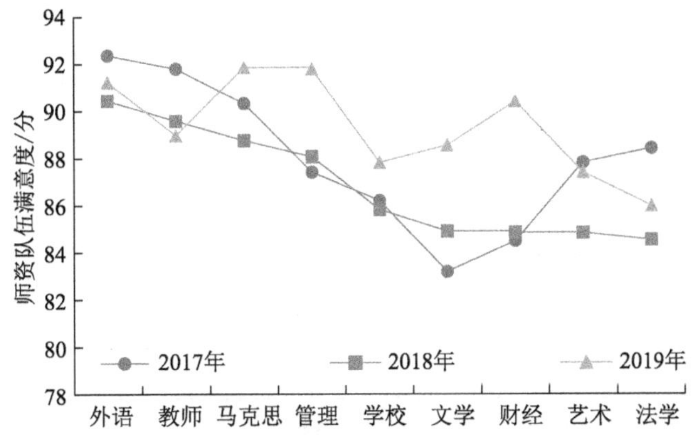

图 7-23　文管类各学院师资队伍满意度年度比较

（3）理工医类学院师资队伍满意度年度比较

如图 7-24 所示，这三年理工医类各学院师资队伍满意度得分情况变化不一：2 个学院得分逐年略有增高；1 个学院得分是 2017 年最高，2018 年略低；2 个学院逐年略有降低；4 个学院变化不大。但总的来说，理工医类多数学院资队伍满意度得分起伏不定，说明师资队伍建设需要改进的地方还比较多。

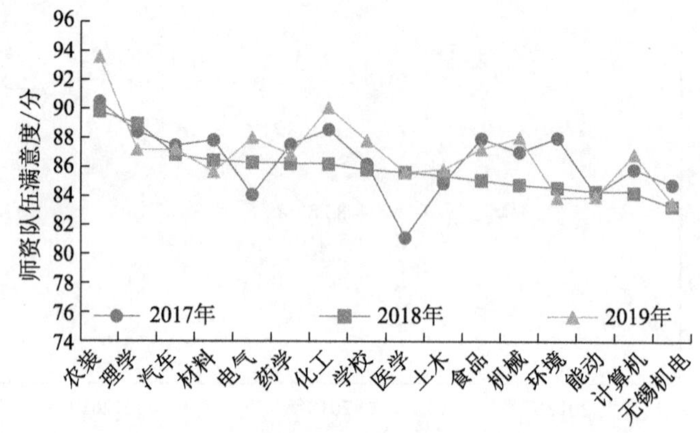

图 7-24　理工医类各学院师资队伍满意度年度比较

7.1.2.8　管理服务满意度年度变化情况

（1）全校管理服务满意度年度比较

如图 7-25 所示，这三年全校管理服务满意度呈现逐年上升趋势。说明该校管理服务情况越来越好。

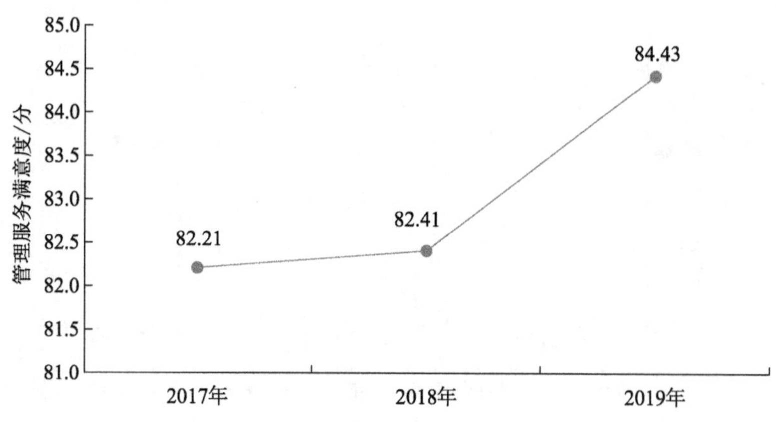

图 7-25　全校管理服务满意度年度比较

（2）文管类学院管理服务满意度年度比较

如图 7-26 所示，这三年文管类各学院管理服务满意度得分情况变化不一：5 个学院得分逐年略有增高；2 个学院得分 2017 年最好，2018 年略低；1 个学院得分 2018 年最高，2017 年最低。总的来说，多数学院管理服务满意度得分逐年升高，少数起伏不定，说明文管类学院管理服务质量还需继续努力改进。

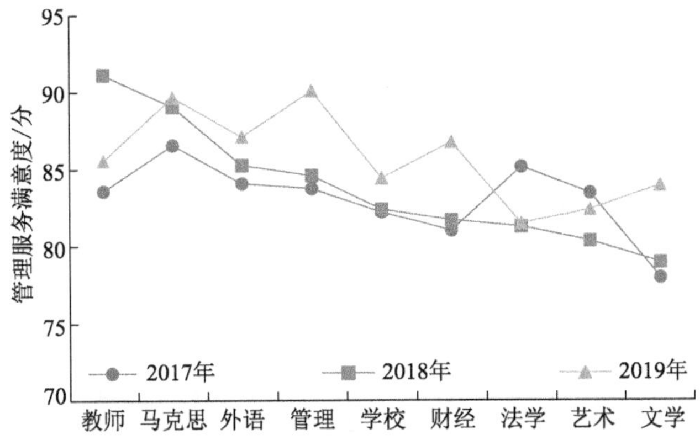

图 7-26　文管类各学院管理服务满意度年度比较

（3）理工医类学院管理服务满意度年度比较

如图 7-27 所示，这三年理工医类各学院管理服务满意度得分情况变化如下：5 个学院逐年升高；5 个学院变化不大；4 个学院 2019 年略高，2018 年最低；1 个学院 2018 年好于 2019 年、2017 年。说明理工医类多数学院管理服务质量比较稳定，但各学院管理服务质量提升空间很大。

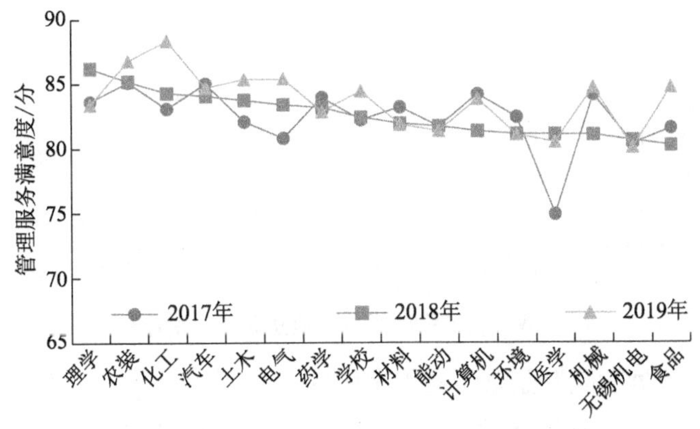

图 7-27　理工医类各学院管理服务满意度年度比较

7.1.2.9　专业总印象年度变化情况

（1）全校专业总印象年度比较

如图 7-28 所示，这三年全校专业总印象呈现逐年上升趋势。说明毕业生对所学专业总体印象越来越好。

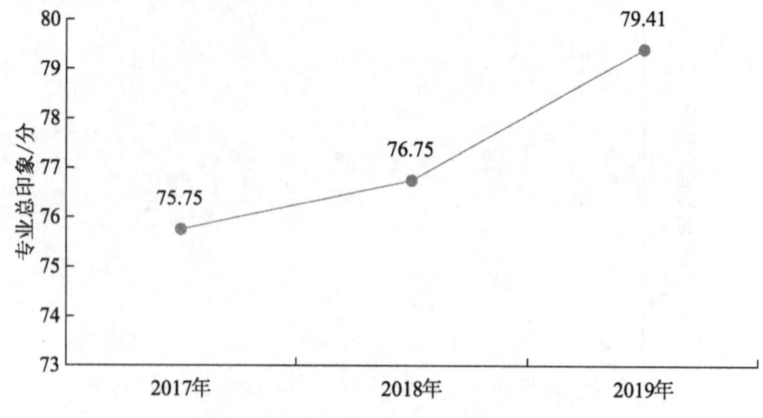

图 7-28 全校专业总印象年度比较

（2）文管类学院专业总印象年度比较

如图 7-29 所示，这三年文管类各学院专业总体印象得分情况变化不一：其中 4 个学院呈现逐年递升趋势；另外数个学院每年得分高低起伏不定。说明文管类各学院专业总印象有待提升。

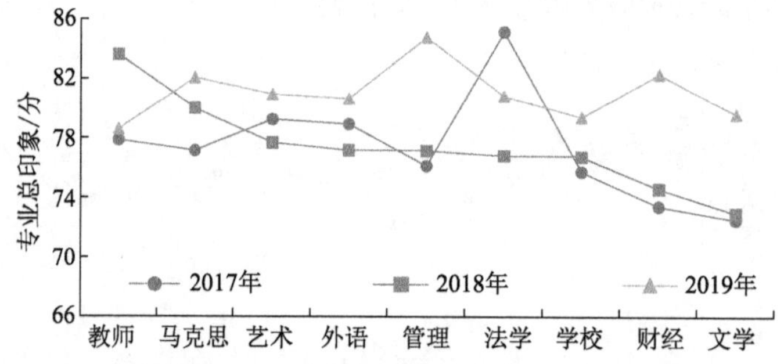

图 7-29 文管类各学院专业总印象年度比较

（3）理工医类学院专业总印象年度比较

如图 7-30 所示，这三年理工医类各学院专业总体印象得分情况变化不一：其中多数学院呈现逐年递升趋势，少数学院每年得分高低起伏不定。说明理工医类多数学院专业总印象持续好转，少数学院专业总体印象还需努力提升。

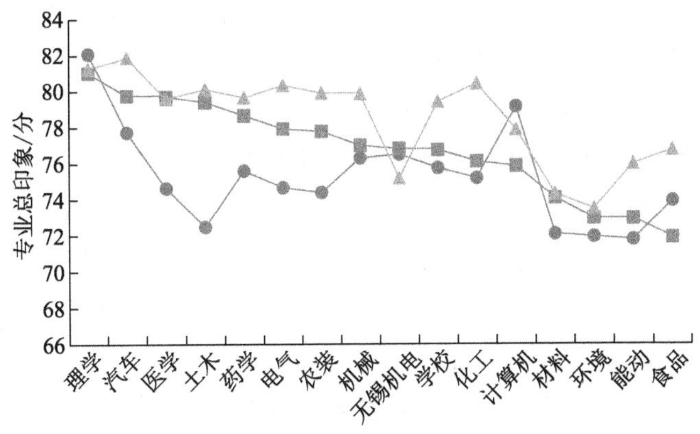

图 7-30　理工医类各学院专业总印象年度比较

通过专业满意度纵向比较，我们可以看出，无论是总满意度，还是各主要指标满意度，全校总体得分多数指标呈现逐年递升趋势，但不少学院各指标得分每年上下波动，具体原因需要在教学实践中进行深入探究。

7.2　测评结果的实践应用

大学生专业教学满意度测评是评价高等学校教学质量的一个重要工具，也是一种从学生视角来看高校教学质量的方法。本研究从教与学两个方面对学生专业教学满意度进行调查，发现 2017—2019 年大学生对专业教学的总体满意度从 78.78 分提高到 83.28 分，累计提高了 4.5 分，这表明专业教学满意度的调查研究结果的应用是有效的，学生对学校的专业教学满意度在不断提升。但另一方面，学生对部分测评项目的满意度依然偏低，反映出专业教学在这些方面还有待改进。学生专业教学满意度测评既是一种自我反思教学质量的方法，同时也能使教师了解到整个专业教学效果，知道学生学到了什么及学生不满意的方面是什么。这些测评结果还可以帮助教师和院系改进教学、课程内容和课程结构，同时为各层面的教学评价提供依据。

课题组所研究的高校是一所工科特色较为明显的综合型高校，工程教育专业的本科人才培养占学校的主流。因此，学校以“工程教育专业认证”为推手，大力推进学校工程教育改革，全面促进和加强相关专业建设，努力建立符合社会经济发展需要的工程人才培养框架，切实提高毕业生就业竞争力和适应就业市场国际化需求，有效实现与国际高等工程教育接轨。为此，本课题组根据工程教育专业认证“学为中心”“持续改进”“成果导向”理念，结合学校工程教育建设与改革的实际需要，开展专业教学满意度测评，推动学校专业认证及专业建设与改革，进一步完善本科人才培养质量保障体系。

7.2.1 贯彻 OBE 理念，支持专业教育教学改革

专业教学满意度调查遵循 OBE 理念，倡导学习成果导向，坚持“学为中心”。通过了解学生对专业教学满意度情况，为学校实施课程教学改革、完善课程体系提供了聚焦中心，可以以此来直接推动专业教育教学改革，提升各专业影响力、社会认可度与知名度。

7.2.1.1 深化“以学为中心”教育理念，推动成果导向的反向教学设计

大学生专业教学满意度测评项目设计始终遵循 OBE 工程教育理念，将学校人才培养效果与培养目标的达成度，学校办学定位、人才培养目标与国家和区域经济社会发展需求的适应度，教师和教学资源条件的保障度，教学和质量保障体系运行的有效度，学生和社会用人单位的满意度等融入指标体系与调查问卷。根据专业教学满意度测评结果，学校、学院、专业秉持“学为中心”的理念，以学习成果为导向，反向开展教学设计。具体而言，在教学设计中，由需求决定培养目标，再由培养目标决定毕业要求，然后由毕业要求决定课程体系与课程目标，最后由课程目标决定课程教学内容与教学方式，形成人才培养方案矩阵。“以学生为中心”的教学设计摒弃灌输式教学方法，倡导启发式、问题式、研讨式等灵活多样的教学方式方法，为高校课堂教学的授课方式、教学内容及教学环境的改变等都提供了新的改革思路。

在反向教学设计的教育理念推动下，该校组织各教学单位深入开展教学研究与探索，围绕学校办学定位，打造人才培养特色，着力建设具有本校影响力的人才培养模式与体系。“产教深融的工程型人才培养模式”“纵横有道的创新创业型人才培养体系”等教学研究成果，获得国家教学成果奖 2 项，成为国内高校人才培养模式的典范。改革创新适应“四新”人才培养要求的“专业+微专业”的人才培养模式、“新工科”“新农科”融合发展的人才培养体系等，获得高校同行的充分肯定，成为该校教学改革的新名片，逐步建成以新工科为引领、新工科新农科融合的人才培养特色发展之路。

7.2.1.2 加强理论与实践课程融合，促进实践教学体系革新

传统教育模式下，存在高校过度注重学生理论知识体系构建的现象，理论课程与实践环节严重脱节，造成学生工程实践能力普遍不强。长期的理论灌输

造成学生普遍缺乏将理论应用于实践的能力，大多数学生因毕业设计等事项无法真正保证规定的实践时间，这些因素都严重影响了学生工程实践能力的形成。

在大学生专业教学满意度测评中，我们发现该校学生对实践教学满意度呈逐年略微升高趋势，说明各学院、各专业对实践教学越来越重视，但实践教学仍有进一步改进和提升的地方。为此，该校以专业教学满意度测评为抓手，持续改进实践教学体系和实施路径，全面提升实践教学水平。

学校不断加大对教学实践环节的改革力度，搭建多层次多类别创新实践教学平台，切实改进实践教学体系。通过提高本科生实践教学经费、强化工程实训基地建设、设立创新实践基金、加大实验室投入等途径，改善实践教学条件，逐步形成循序渐进、层次分明、特色明显、开放高效的实践教学体系。近年来，学校获批国家级实践教学平台 2 个；新增省级实践教学平台建设项目 2 个；获批省首批重点产业学院建设点 1 个；完成省级实验教学示范中心建设 4 个；省优秀毕业设计（论文）获奖总数和获奖等次连续三年位列全省头部。

7.2.1.3　深入推进创新创业教育，促进学生创新创业意识与能力达成

学校根据大学生专业教学满意度测评结果，进一步完善“双路径四平台创新创业教育体系”，出台《进一步推进创新创业教育工作的实施意见》及创新学分、学科竞赛等配套制度及实施细则。深入推进“一院一赛”制，并将创新创业课程学分和实践学分纳入培养计划，实现双创教育全面覆盖。

学校还成立创新创业学院，每年招收 100 名学员进行“开放式、项目制、实践性”的精英式培养。该学院开设创新创业课程，设立创新创业奖学金，配齐“校内外导师+朋辈导师”的“2+1”结构师资，实施“师导生创”的指导模式。学校通过举办“创客素质拓展训练营”“创新创业公开课”“创客主题沙龙”等活动，打造多样化、系列化的第二课堂，构建“多元化”创新创业实践实训体系。并依托学生社团大学生创业联盟，开展“十佳创业团队”“十佳创新创业之星”评选、“创新创业成果展”“就业创业知识竞赛”等系列创新创业实践活动；依托届次化的大学生创业精英挑战赛，储备优秀创新创业项目，提升创新创业项目质量，强化学生创新创业能力；依托大学生创新创业基地，为在校生和毕业 5 年以内的校友的创业项目提供全方位孵化服务，并拓展基地外延，与当地政府、产业园区等签订战略合作协议，校地、校企联动共促学生发展。

7.2.2 重视学生参与，支持教学质量保障体系建设

7.2.2.1 进一步彰显以人为本的人才培养理念

大学生专业教学满意度测评坚持以人为本的教育发展观，强调“学为中心”“目标导向”和“持续改进”。重视对培养效果和培养目标的达成度，专业定位对社会需求的适应度，师资及教学资源对人才培养的支撑度，人才培养质量保障体系运行的有效度，学生和用人单位对人才培养的满意度等方面测评，促进学校在制定专业人才培养方案时，就必须结合学校定位、社会行业需求、学生个体发展需要，明确培养目标和毕业能力要求，合理设置课程体系；在课程教学设计时，考虑学生的需求、接受能力及学生个体间的差异等相关因素，合理安排教学内容和教学方式；在教学过程中，加快转变教师的角色，从单纯的知识传授者转变为知识的传播者和引导者，引导学生由被动接受转变为主动参与，激发学生主动思考、积极探索、敢于动手、勇于创新的学习热情，真正实现对学生专业综合素质与能力的培养。大学生专业教学满意度测评广泛应用于该校教育部首批“三全育人”综合改革试点项目，学科专业优化，人才培养质量标准修订，质量保障体系完善等内部治理活动。一切从有利学生成长着想，一切从有利于达成培养目标出发，在加强学生评估与反馈、优化学生学习体验、改进教学、增强学生获得感等方面施以行动，体现出院校评估的学生中心价值取向，以人为本人才培养理念已深入该校教育教学各类改革实践中，成为引领推动教育教学变革的根本遵循。

7.2.2.2 进一步完善教学质量评价体系

通过大学生专业教学满意度测评，推动该校教学评价方式多元化。大学生专业教学满意度测评是学生对教学与学习行为的预期、感知、获得感、满意度等进行价值判断的过程，将测评信息转变为教学评价数据，以此进行数据分析与应用，是一种院系内部以数据循证为手段的新型评价方式，也是未来教育评价发展趋势。一年一度的大学专业教学满意度测评，一方面丰富了学校教学评价内涵。该校重视学生与用人单位满意度测评、第三方评价、教育教学状态数据监测等教育教学评价工作，这些工作亦已成为学校教学评价的重要手段与方式，逐步建立以学生和教师共同发展为教学评价基点，集学生评教、同行评教、督导评教、教师自评、相关利益者满意度测评等教育数据常态监测为一体的多网融合教学评价新局面；另一方面促进了学校教学评价数据化建设，充分利用信息技术，提高了教育评价的科学性、专业性与客观性。通过采集大学生专业教学满意度调查数

据，结合学校各类教学评价数据及本科教学质量状态数据库等，构建多维度、多层次、多功能教学评价数据中心。从宏观上可分析教学投入与教学产出，涵盖师生比、教授上课比例、教学经费、学生竞赛等影响教学质量因素，遵循“补弱促强”的原则，优化资源配置，调整改进策略，达成教育目标。从微观上可分析学生学习的积极性、投入度和获得感，教师教学内容深度与广度、教学方法与手段的适切性等教与学的行为和效果，进行形成性评价，形成描述性、诊断性报告，实现“教学评改”一体化。以大学生专业教学满意度为抓手，建设全方位、全周期的教学评价数据库及常态监测平台与机制，为学校外部评价和内部教育教学改革提供决策咨询依据，有效促进人才培养质量提升。

7.2.2.3　进一步优化教学质量持续改进机制

通过大学生专业教学满意度的测评与实践，不断强化过程性评价、形成性评价与增值评价，实施多元评价，开展交叉验证分析，增强评价对象的获得感和成就感，推动师生和学校的持续改进，促使师生全面发展、个性发展和学校分类发展与特色发展。项目组所在学校充分运用学生评教、同行评教、专业教学满意度、校友及用人单位满意度等评价方式，对教学目标与定位科学性、课程体系的合理性、教学环节有效性、教学资源支撑性及专业教学目标达成效果进行多主体多样化评价，及时将评价结果反馈至内部目标与运行系统及外部社会需求系统。为此，学校制定《本科教学质量评价与持续改进工作实施办法》《关于进一步完善面向产出的本科教学评价与持续改进“五项机制”的实施意见》，构建“四级链动”教学质量持续改进与考核体系，更加主动地完善面向产出的本科教学评价机制，更加积极地实施以课程为主体的教学供给侧改革，更加有效地形成“评价—改进—再评价—再改进”的本科教学质量持续提升态势，为全面推进立德树人，高水平创建一流本科教育，培养德智体美劳全面发展的社会主义事业建设者和接班人提供坚实支撑。

7.2.2.4　进一步推动大学教学评价文化建设

大学生专业教学满意度测评与实践项目在设计理念上坚持以人为本、遵循教育发展基本规律，在目标定位上坚持超越监管与问责传统评价逻辑，规避权利与利益冲突，由管理转向服务，由封闭对立转向理解与交流，实现教学相长，以此推动学校教学评价理念转变，实施“有温度”的教学评价，形成师生共同追求卓越的评价文化。具体而言，专业教学满意度测评与实践项目构建初期，课题组积极开展调查研究，在价值取向、原则、标准、方法、影响因素等方面广泛吸纳师生意见与建议，让更多利益相关者参与，支持公开讨论、反思性批判，做出质量提升与改进的评估文化承诺，树立卓越教学的价值观，充分体现测评项目平等开放性和民主包容性。同时，专业教学满意度测评与实践项目属于一种隐性评估方式，倡导绿色评估，推崇动态生成性。在不干扰正常教与学秩序的前提下，通过问卷调查，反映学生的学习经验及对专业教学满意度，形成“第一手”数据，充分利用人工智能、大数据等现代信息技术，实施周期性常态化监测，把握教学活动历时性与动态性等特征，保持对教学动态的足够敏感，持续跟踪与反思大学人才培养标准与专业教学能力“最深处”“最本质”的问题。最后，专业教学满意度测评与实践项目推动建立常态监测及质量发布与反馈等制度文化，利用不同的途径将测评结果传播给不同的受众。项目实施学校校长在年度教学工作推进会上分享测评数据，重点突出成功与改进之处。为探讨测评结果科学有效性，该校在接下来的时间里，召开若干师生参与相关的专题讨论会，分析数据，分享信息，充分激发被评者的主动性与发展性，构建学生—教师—管理者之间有效的信任关系，形成师生共商、共建、共享、协同成长的校园文化。专业教学满意度测评与实践顺应新时代教育教学评价发展要求，已超越权利与利益冲突，将学生、老师与管理者等利益相关者的现实需求融入其中，成为师生互动、平等对话的有效窗口，促使学校教学评价与改进体系更加兼容并蓄、公正透明，推进大学评估文化更加文明、更加健康。

参考文献

一、英文文献

[1] Solnet D. Introducing employee social identification to customer satisfaction research [J]. Journal of Service Theory & Practice, 2006, 16 (6).

[2] Garver M S. Using data mining for customer satisfaction research [J]. Marketing Research, 2002, 14 (1).

[3] Chiu S I, Cheng C C, Yen T M, etal. Preliminary research on customer satisfaction models in Taiwan: A case study from the automobile industry [J]. Expert Systems with Applications, 2011, 38 (8).

[4] Taves M J, Cokwin R G, Haas J E, etal. Role Conception and Vocational Success and Satisfaction [J]. Nursing Research, 1965, 14 (1).

[5] Pacheco L P. Satisfaction guaranteed: a marketing research approach to measuring customer satisfaction and identifying competitive opportunities [J]. Journal of Business & Industrial Marketing, 1989, 4 (2).

[6] Droste T. Research and customer satisfaction top agenda [J]. Hospitals, 1989, 63 (1).

[7] Band W. Customer satisfaction research can improve decision making [J]. Marketing News, 1990 (3).

[8] Luo Z Q, Fang Z G. An analysis of common research models of customer satisfaction and their strengths and weaknesses [J]. Journal of Guizhou College of Finance and Economics, 2002 (1).

[9] Gengler C E, Leszczyc P. Using customer satisfaction research for relationship marketing: A direct marketing approach [J]. Journal of Direct Marketing, 1997 (4).

[10] Lu C, Berchoux C, Marek M W, etal. Service quality and customer satis-

faction: qualitative research implications for Luxury Hotels [J]. International Journal of Culture Tourism and Hospitality Research, 2015, 9 (2).

[11] Allen. Customer satisfaction research management [M]. WI: ASQ Press, 2004.

[12] Zhu G, Yang Z. The actualities and prospects of csi research [J]. Journal of Zhejiang Vocational and Technical Institute of Transportation, 2003 (2).

二、中文文献

[1] Claes Fornell，刘金兰，康键. 瑞典顾客满意度晴雨表 [J]. 管理学报，2005 (3).

[2] 爱德华·弗里曼. 利益相关者理论 [M]. 北京：知识产权出版社，2013.

[3] 安富海，王鉴. 近年来我国课程与教学论研究的回顾与展望 [J]. 教育研究，2016，37 (1).

[4] 安桂花，李苗，师玉生. 大学生时间管理倾向与自我学习满意度的关系研究 [J]. 健康研究，2013，33 (1).

[5] 安世遨. 大学"一流课堂"：内涵特质、评价维度与建构生成 [J]. 现代教育管理，2021 (9).

[6] 鲍威. 高校学生院校满意度的测量及其影响因素分析 [J]. 教育发展研究，2014，34 (3).

[7] 别敦荣. "双循环"视角下中国高等教育普及化发展的意义 [J]. 中国高教研究，2021 (5).

[8] 别敦荣. 新一轮普通高校本科教育教学审核评估方案的特点、特色和亮点 [J]. 中国高教研究，2021 (3).

[9] 蔡立丰，梁洪坤. 高校学生满意度的调查研究——以广东地区高校为例 [J]. 湖北社会科学，2013 (8).

[10] 蔡曙光. 大学生校园生活满意度调查报告 [J]. 中国青年政治学院学报，2006 (5).

[11] 曹建磊，吕部，王婷婷. 新冠疫情背景下大学生网络学习满意度影响因素探究——以"钉钉"为例 [J]. 石家庄学院学报，2020，22 (4).

[12] 曹礼和. 顾客满意度理论模型与测评体系研究 [J]. 湖北经济学院学报, 2007 (7).

[13] 曹一红, 刘苹苹. 关于高等教育评估文化自觉与评估自信的思考 [J]. 黑龙江高教研究, 2017 (5).

[14] 曾家延. 学生参与评估模型研究的回顾与评论 [J]. 比较教育研究, 2015, 37 (7).

[15] 曾淑文, 肖华业. 大学生自我学习与成长满意度研究——以广西中医药大学为例 [J]. 知音励志, 2016 (3).

[16] 曾文婕, 刘成珍. 评估何以促进学习——论学习为本评估的文化哲学原理 [J]. 高等教育研究, 2017, 38 (5).

[17] 常建华, 张秀再. 基于 OBE 理念的实践教学体系构建与实践——以电子信息工程专业为例 [J]. 中国大学教学, 2021 (21).

[18] 常桐善. 院校研究的特征与实践价值 [J]. 高教发展与评估, 2019, 35 (1).

[19] 常桐善. 院校研究的组织资源及其管理 [J]. 高等教育研究, 2020, 41 (3).

[20] 常亚平, 侯晓丽, 刘艳阳. 中国高校大学生求学满意度测评体系和评价模型研究 [J]. 高等教育研究, 2007 (9).

[21] 陈宝生. 建设高质量教育体系 加快建成教育强国 [J]. 上海教育, 2021 (3).

[22] 陈凤菊. 顾客满意度测评研究综述 [J]. 商业时代, 2008 (6).

[23] 陈富, 孙雁娥. 师范生学习满意度的影响因素及其改进策略——来自实证研究的启示 [J]. 教师教育学报, 2020, 7 (2).

[24] 陈洪涛. 大学生满意度指数在大学评估中的应用探索 [J]. 经济与社会发展, 2005 (8).

[25] 陈惠惠. 大学生在线课程学习满意度的影响因素探析 [D]. 南京: 南京师范大学, 2017.

[26] 陈丽娜, 张建新. 大学生一般生活满意度及其与自尊的关系 [J]. 中国心理卫生杂志, 2004 (4).

[27] 陈亮, 杨娟. 新时代高等教育高质量发展的逻辑构架与实践路径 [J]. 中国电化教育, 2021 (9).

［28］陈陆. 美国高校本科生学习成果评估及启示［D］. 沈阳：沈阳师范大学，2021.

［29］陈廷柱，等. 高等教育评价体系创新（笔会）［J］. 苏州大学学报（教育科学版），2021，9（2）.

［30］陈晓翠，王璐，徐思蒙，等. 基于服务质量的顾客满意度文献综述［J］. 中国管理信息化，2016，19（11）.

［31］陈学敏. 加强大学学习指导，深化高校质量革命［J］. 中国大学教学，2021（7）.

［32］陈勇，何彦秋. 新中国成立以来高师实践教学的发展历程、问题聚焦与未来展望.［J］. 中国教育科学（中英文），2020，3（4）.

［33］程天君，张铭凯，秦玉友，等. 深化新时代教育评价改革的思考与方向［J］. 中国电化教育，2021（7）.

［34］仇立. 消费便利性感知、互联网顾客满意度与忠诚度：虚拟消费情境下消费者个体差异的调节效应［J］. 商业经济研究，2020（3）.

［35］楚永生. 利益相关者理论最新发展理论综述［J］. 聊城大学学报（哲学社会科学版），2004（2）.

［36］崔藏金. 我国学科教学论研究七十年回顾与展望［J］. 宁夏师范学院学报，2020，41（11）.

［37］戴健雨，葛新斌. 特殊学生家长融合教育满意度影响因素的模型建构与阐释——基于扎根理论的视角［J］. 中国特殊教育，2021（2）.

［38］丁沁南. 选择重要还是培养重要——本科生专业自主选择、专业承诺与专业满意度关系探究［J］. 教育发展研究，2019，39（23）.

［39］董晓飞，李西泽. 近年来国内需要理论研究述评［J］. 华北电力大学学报（社会科学版），2012（3）.

［40］董云川. 高等教育普及化语境下的评价反思［J］. 江苏高教，2021（4）.

［41］杜荷花，曾宇. 从组织行为学视角分析大学生学习满意度影响因素及其结构模型［J］. 商，2015（37）.

［42］樊明成. 我国大学生专业满意度调查分析［J］. 教育学术月刊，2011（10）.

［43］樊明成. 我国大学新生专业满意度的影响因素［J］. 现代教育管理，2012（1）.

［44］范春梅，尹亚敏. 以学生满意度为核心的实践教学体系构建研究［J］.

教育教学论坛，2020（19）.

［45］范晓，刘仲全，周丽永. 大学生自我学习与成长满意度测评量表设计［J］. 重庆高教研究，2017，5（2）.

［46］付华军，刘欣. 应用型大学个性化教育：理念、取向与制度设计［J］. 教育学术月刊，2021（6）.

［47］付俊文，赵红. 利益相关者理论综述［J］. 首都经济贸易大学学报，2006（2）.

［48］高群，张林英. 高校学生满意度指数模型及实证研究［J］. 黑龙江高教研究，2011（11）.

［49］耿秀丽，薄振一，张永政. 基于概率语义信息公理的顾客满意度测评［J］. 计算机集成制造系统，2020，26（7）.

［50］龚放. 笔谈：高等教育质量与评价高层论坛（二）［J］. 大学教育科学，2012（5）.

［51］龚放. 聚焦本科教育质量：重视“学生满意度”调查［J］. 江苏高教，2012（1）.

［52］顾娇妮. 指向改进的英国学校督导研究［D］. 上海：上海师范大学，2020.

［53］顾明辉，席亮，岑詠霆. 产品设计的顾客满意度测评模糊技术［J］. 工业工程与管理，2003（2）.

［54］关力. 麦克利兰和阿特金森及其成就需要理论［J］. 管理现代化，1988（1）.

［55］关蕊. 课程与教学论功能的相关分析［J］. 哈尔滨职业技术学院学报，2021（4）.

［56］郭芳芳，贾婉婷. 美国本科教育中学生评价历史的主题变迁［J］. 江苏高教，2021（4）.

［57］郭玲霞，苏英，封建民，等. 基于 Logistic 回归模型的大学生专业满意度影响因素研究［J］. 高教学刊，2019（10）.

［58］郭明莉，郦瞻. 国内外客户满意度研究综述［J］. 北方经贸，2019（5）.

［59］郭喜. 部省合建高校高质量发展的系统审思与行动框架［J］. 国家教育行政学院学报，2021（5）.

[60] 过旻钰，严祯鹰，李洁，等. 关于大学生专业满意度量表的研究——基于江苏大学毕业生对专业教学满意度测评问卷 [J]. 新商务周刊，2018 (4).

[61] 韩玉志. 美国大学生满意度调查方法评介 [J]. 比较教育研究，2006 (6).

[62] 郝广龙，郭峰. 学习质量取向的美国本科教学改革 [J]. 高教发展与评估，2021，37 (3).

[63] 何大义，刘建生. 构建中国顾客满意度指数（CCSI）的设想 [J]. 标准科学，2000 (10).

[64] 何丹阳，尤海燕. 不同批次大学生生活满意度影响因素的调查研究 [J]. 经济师，2007 (10).

[65] 何克抗，李晓庆. 新时代教育技术学科发展面临的机遇与挑战——兼论教育部撤销部分高校“教育技术”本科专业的反思 [J]. 现代远程教育研究，2019，31 (3).

[66] 何文秋. 对大学生学习满意度的调查与思考 [J]. 学校党建与思想教育，2013，11 (25).

[67] 何源. 大学生满意度测度模型及其实证研究 [J]. 高教探索，2011 (2).

[68] 洪彩真，潘懋元，史秋衡. 高等教育服务质量与学生满意度研究 [J]. 高等教育研究，2009，30 (3).

[69] 侯小兵. 认同与建构：学科教学论教师的专业身份研究 [D]. 重庆：西南大学，2013.

[70] 胡保利. 普通本科高校教学质量省级监测服务体系的构建与实施——基于河北省的实践 [J]. 河北大学学报（哲学社会科学版），2021，46 (5).

[71] 胡家祥. 马斯洛需要层次论的多维解读 [J]. 哲学研究，2015 (8).

[72] 胡兰. 顾客满意度测评技术的逆向研究 [J]. 时代金融（中旬），2014 (20).

[73] 胡伟，张茂聪. 基于改进学校办学成果的评价——兼论 OECD 的教师评价政策 [J]. 中国高教研究，2015 (4).

[74] 胡元林. 地方本科高校学生学习满意度影响因素研究——基于学生自我学习效能的视角 [J]. 高教探索，2018 (3).

[75] 胡元琳，林天伦. 学科课程与教学论教师专业发展：现实困境与突围路径 [J]. 教育发展研究，2019，38 (9).

[76] 胡仲勋，沈红. 本科生群体类型：基于学习成果的判别与特征 [J]. 教

育研究，2021，42（8）.

［77］黄福涛. 新阶段高等教育面临的挑战及其对策［J］. 清华大学教育研究，2021，42（1）.

［78］黄海涛，常桐善. 美国高校学生学习成果评估的组织架构及其职能［J］. 高等教育研究，2014，35（3）.

［79］黄天慧，牛新春. 本科生满意度、绩点和深度学习体验关系探究——基于一所研究型大学的实证研究［J］. 高教探索，2017（9）.

［80］黄桐城，武邦涛，姚晔. 顾客满意度多层次模糊测评模型及其应用［J］. 系统工程理论方法应用，2002（4）.

［81］黄雨恒，郭菲，史静寰. 大学生满意度调查能告诉我们什么［J］. 北京大学教育评论，2016，14（4）.

［82］黄雨恒，周溪亭，史静寰. 我国本科课程教学质量怎么样？——基于"中国大学生"学习与发展追踪研究"的十年探索［J］. 华东师范大学学报（教育科学版），2021，39（1）.

［83］吉标，徐继存. 我国课程与教学论专业研究生培养 30 年：历史、现状与思考［J］. 中国高教研究，2012（10）.

［84］吉标. 改革开放 40 年我国课程与教学论学术交流的历程、问题与应对［J］. 课程. 教材. 教法，2018，38（7）.

［85］吉标. 新中国成立 70 年课程与教学论学科前辈学者群像［J］. 中国教育科学（中英文），2019，2（3）.

［86］吉文昌，赖长春，刘玥. 教育满意度的指标构建与策略研究［J］. 中国教育学刊，2014（12）.

［87］贾灵充. 高校学生工作绩效满意度测评的范式依据与实践选择［J］. 太原城市职业技术学院学报，2014（11）.

［88］贾若莹，赵雨馨，李九妹等. 大学生专业满意度与学业拖延的关系学业自我效能感中介作用［J］. 校园心理，2018，16（5）.

［89］贾士昱，刘建平，叶宝娟. 正念对大学生生活满意度的影响：自尊和心理弹性的链式中介作用［J］. 中国临床心理学杂志，2018，26（1）.

［90］贾文华. 师范学院大学生专业学习满意度调查［J］. 宁波大学学报（教育科学版），2010，32（2）.

［91］江净帆，田振华. 重构理论与实践的融通机制——师范生"四年一贯

递进式”校外实践教学研究［J］. 教育发展研究，2019，39（21）.

［92］蒋剑辉. “学在杭州”——在杭大学生满意度调查报告［J］. 浙江统计，2003（10）.

［93］蒋杨永，何朝阳. 基于贝叶斯网络的独立学院学生满意度评价实证分析［J］. 复旦教育论坛，2012，10（6）.

［94］焦磊，谢安邦. 自评估文化：高等教育质量持续提升的内核［J］. 研究生教育研究，2013（3）.

［95］焦磊. 荷兰高等教育的“评估文化”［J］. 大学（研究与评价），2009（3）.

［96］金心红，龙安邦. 教学论视野下高校“金课”的实现路径［J］. 当代教育与文化，2021，13（2）.

［97］靳葛. 本科人才培养满意度影响因素分析下的培养模式研究［J］. 科学管理研究，2020，38（4）.

［98］靳潇. 大学生学习激情对学习坚持性的影响：学习满意度的中介作用［J］. 消费导刊，2019（3）.

［99］孔苏. 高校工作服务教学满意度调查的问卷设计与管理策略［J］. 柳州职业技术学院学报，2019（5）.

［100］雷家彬，邱钰倩. 高校分类管理目标、方法、框架与使用［J］. 现代教育管理，2020（8）.

［101］雷育胜，房俊东，王坤钟. 高校就业服务学生满意度指数模型研究［J］. 河南社会科学，2012，20（9）.

［102］李灿，杨瑶. 大学生学习性投入对学习收获满意度的影响分析［J］. 湖南商学院学报，2015，22（2）.

［103］李德全. 论高校“以‘顾客’为关注焦点”的满意度测评机制［J］. 渝西学院学报（社会科学版），2005（2）.

［104］李定仁，刘要武. 当代国外教学理论发展的主要趋势［J］. 外国教育动态，1990（6）.

［105］李国珍. 大学课程学习的满意度研究——以武汉市高校 2500 名高校大学生的调查为例［J］. 高等教育研究学报，2014，37（1）.

［106］李海龙. 高等教育内涵式发展的挑战与突破［J］. 江苏高教，2021（9）.

［107］李静. 2011 年英国大学生满意度调查分析及启示［J］. 长沙民政职业

技术学院学报，2012，19（2）.

［108］李康弟，康保超，陈春莲，等. 大学生学习满意度的研究现状、内涵及要素结构［J］. 领导科学论坛，2014（23）.

［109］李康弟，孙书洋，陈春莲，等. 中、美关于大学生学习满意度研究的比较论述［J］. 新课程研究（中旬刊），2015（3）.

［110］李珂. 高校大学生求学满意度调查［J］. 煤炭高等教育，2007（3）.

［111］李丽，徐海龙，白东清，等. 关于大学生专业满意度的调查分析［J］. 课程教育研究，2015（5）.

［112］李明. 美国高校工程教育质量保障探究：历史、逻辑与方略［J］. 高等工程教育研究，2021（5）.

［113］李明磊，黄欢，黄雨恒，等. 硕士生培养过程关键要素实证研究——基于中国研究生满意度调查［J］. 研究生教育研究，2021（1）.

［114］李倩，钟胜. 面向管理改进的服务企业顾客满意度模型［J］. 商业经济与管理，2005（4）.

［115］李淑芬. 大学生专业满意的内涵及测量［J］. 江西社会科学，2013，33（11）.

［116］李淑娜，郭洪波. 工科院校大学生学习满意度测评模型研究［J］. 山东商业职业技术学院学报，2014，14（4）.

［117］李硕豪，李文平. 基于结构方程模型的高等教育学生满意度研究——以甘肃省 13 所本专科院校为例［J］. 教育发展研究，2014，34（7）.

［118］李惟盛，刘明菲. 混合式教学改革对大学生学习满意度影响的实证研究［J］. 人力资源管理，2017（5）.

［119］李卫祥. 地方高校农科大学生就读专业满意度的调查研究［J］. 教育现代化，2020，7（51）.

［120］李先国. 顾客满意理论及其发展趋势研究综述［J］. 经济学动态，2010（1）.

［121］李娴. 大学生对高校教学满意度的影响因素分析——以海南省 9 所高校英语教学为例［J］. 调研世界，2019（2）.

［122］李湘萍. 大学生校园住宿环境满意度的实证研究［J］. 复旦教育论坛，2017，15（5）.

［123］李晓楠. 美国高校学生事务从业者专业标准研究［D］. 武汉：中国地

质大学，2019.

［124］李晓玉，杨丽．中国教学理论话语自主建构中的困境及可能性路径［J］．湖北社会科学，2020（9）.

［125］李璇律．社会文化观视角下的教师评估素养发展探析［J］．中国考试，2021（9）.

［126］李雪玉．大学生学习满意度调查研究——以广西大学为例［J］．亚太教育，2015（8）.

［127］李亚东．我国高等教育外部质量保障组织体系顶层设计［D］．上海：华东师范大学，2013.

［128］李莹莹，张宏梅，张海洲．疫情期间大学生网络学习满意度模型建构与实证检验——基于上海市 15 所高校的调查［J］．开放教育研究，2020，26（4）.

［129］李永刚．高校教师职称评审中实施学术代表作评价制的挑战与构想［J］．大学教育科学，2021（2）.

［130］李永香．麦克利兰成就需要理论对“富二代”大学生思想政治教育激励的启示［J］．开封教育学院学报，2012，32（2）.

［131］李勇．顾客满意度指数模型及其测评方法研究［D］．北京：中国矿业大学．2008.

［132］李玉倩．基于结构方程模型的高等教育学生满意度研究［J］．高教探索，2017（2）.

［133］李振祥，文静．高职院校学生满意度及吸引力提升的实证研究［J］．教育研究，2012，33（8）.

［134］李志义，赵卫兵．我国工程教育认证的最新进展［J］．高等工程教育研究，2021（5）.

［135］李竹．法国高等教育质量保障机构研究［D］．成都：四川外国语大学，2020.

［136］李子联．高等教育质量满意度：差异与解释［J］．深圳大学学报（人文社会科学版），2021，38（3）.

［137］梁三才，吴海梅，杨玉娇，等．大学生正念、心理弹性在神经质和生活满意度关系中的中介作用［J］．中国心理卫生，2016，30（12）.

［138］梁为，张惠敏，陈浩，戴俊雄．基于学习者满意度的混合式教学研究［J］．现代教育技术，2020，30（10）.

[139] 梁燕，金勇进. 顾客满意度模型的样本量研究 [J]. 统计研究，2007 (7).

[140] 梁燕. 顾客满意度研究述评 [J]. 北京工商大学学报（社会科学版），2007 (2).

[141] 廖思傲. 来华非洲留学生高校教育服务满意度研究——以 D 大学为例 [D]. 杭州：浙江师范大学，2020.

[142] 林斌，晏均均，毛宇飞. 大学生学习态度、学业成绩的影响研究——以学习满意度为视角 [J]. 学理论，2012 (24).

[143] 林飞宇，李晓轩. 中美高校学生满意度测量方法的比较研究 [J]. 华中师范大学学报（人文社会科学版），2006 (51).

[144] 林琳. 我国本科教学审核评估标准的价值取向研究 [D]. 哈尔滨：哈尔滨师范大学，2020.

[145] 林书兵，陈思琪，张学波. 从数据素养到数据智慧：教学决策的实践脉络与绩效追问 [J]. 中国电化教育，2021 (9).

[146] 刘海燕. 欧洲高等教育政策视域下"以学生为中心学习"改革新动向 [J]. 比较教育研究，2021，43 (7).

[147] 刘寒梅. 大学生专业满意度及其与专业承诺的关系研究 [D]. 武汉：长江大学，2014.

[148] 刘慧，路正南. 基于 PLS 路径建模技术的中国高等教育学生满意度测评研究 [J]. 高教探索，2012 (2).

[149] 刘剑虹. 习近平以人民为中心教育发展观的生成逻辑基本内涵和时代意蕴 [J]. 高等教育研究，2020，41 (4).

[150] 刘俊学，李正辉，王增新，等. 大学生求学满意度实证研究——某高校学生个体特征对满意度单项要素的影响分析 [J]. 现代大学教育，2006 (2).

[151] 刘凯，张传庆. 中外高等教育满意度研究述评 [J]. 高教发展与评估，2013，29 (2).

[152] 刘丽娜，房绍坤，郝曙光，等. 地方本科院校教育质量学生满意度及影响因素研究——基于 Y 大学 CCSS 的调查数据分析 [J]. 高等工程教育研究，2016 (4).

[153] 刘梅珍. 教学论范畴的文化表征及其启示 [J]. 教育研究与实验，2020 (5).

［154］刘声涛，傅冠华，廖敏．高校学生学习成果评估变革与发展趋势——基于美国公立院校本科教育自愿问责系统［J］．大学教育科学，2021（2）．

［155］刘婷婕，吕旺盛，许亮文，等．杭州市高教园区大学生对环境的满意度分析［J］．中国学校卫生，2006（8）．

［156］刘武，杨雪．论高等教育评估中的顾客满意度测量［J］．公共管理学报，2005（4）．

［157］刘新燕，刘雁妮，杨智等．顾客满意度指数（CSI）模型述评［J］．当代财经，2003（6）．

［158］刘馨，刘莉茜，彭玉玲．顾客满意与“互联网+实体行业”协同发展分析［J］．现代企业，2020（1）．

［159］刘鑫逸．大学生家庭教养方式和生活满意度的关系：心理弹性的中介作用［D］．长春：吉林大学，2019．

［160］刘星浩．基于结构方程模型的河北科技大学学生满意度研究［D］．石家庄：河北科技大学，2019．

［161］刘选会，钟定国，行金玲．大学生专业满意度、学习投入度与学习效果的关系研究［J］．高教探索，2017（2）．

［162］刘选会，钟定国．大学生专业实习满意度调查与分析［J］．高教探索，2018（1）．

［163］刘彦华，朱丽娜．教师期望理论研究述评［J］．沈阳师范大学学报（社会科学版），2006，30（6）．

［164］刘宇．顾客满意度测评方法的研究［J］．数量经济技术经济研究，2001，18（2）．

［165］刘振天．现代高等教育评价体系建设：成效、经验及完善之路［J］．社会科学战线，2021（3）．

［166］刘忠轶，于洪鉴．高校学生评教的实证研究［J］．中国大学教学，2021（8）．

［167］卢凤，许定远，刘电芝，等．青年夫妻冲突应对方式性别差异的扎根理论分析［J］．中国临床心理学杂志，2021，29（1）．

［168］卢黎歌，郭玉杰．新时代教育工作目标的生成逻辑［J］．湖北大学学报（哲学社会科学版），2021，48（4）．

［169］卢晓中．论大学办学自主权视域下的大学评价［J］．江苏高教，

2021（6）.

［170］卢致杰，覃正，欧海鹰，等. 基于灰色关联的顾客满意度评测分析［J］. 软科学，2004（4）.

［171］罗铭杰，周芷如，刘劲宇. 大学生对辅导员工作的满意度调查——基于广东10所高校的现状研究［J］. 岭南师范学院学报，2017，38（5）.

［172］罗英，徐文彬. 论教师应用教学理论的困境及其突破——基于规则的视角［J］. 教育科学研究，2020（9）.

［173］罗正清，方志刚. 常用客户满意度研究模型及其优缺点分析［J］. 贵州财经学院学报，2002（6）.

［174］吕建强. 英国的全国学生调查（NSS）概况及其启示［J］. 湖南中学物理・教育前沿，2010（9）.

［175］吕黎江，吴剑. 高校教师评价体系改革探析［J］. 浙江社会科学，2021（7）.

［176］吕林海，龚放. 中美研究型大学本科生学习经历满意度的比较研究——基于SERU调查的实证分析［J］. 清华大学教育研究，2016，37（2）.

［177］吕林海，汪霞. 我国研究型大学通识课程实施的学生满意度调研［J］. 江苏高教，2012（3）.

［178］吕锐，吴坚. 优化高等教育质量保障体系［J］. 中国高等教育，2021（10）.

［179］马莉萍，曹宇莲. 同步在线教学中的课堂互动与课程满意度研究——以北京大学教育博士项目为例［J］. 现代教育技术，2020，30（8）.

［180］马英，洪晓楠. 大学生对辅导员工作满意度的现状与提升——基于全国57所高校30000份问卷的分析［J］. 江西社会科学，2016，36（11）.

［181］玛塔・佩莱格里尼，朱利亚诺・维瓦内，谢晨. 证据驱动的教育政策在欧洲的发展：举措与挑战［J］. 华东师范大学学报（教育科学版），2021，39（3）.

［182］毛刚，周跃良，何文涛. 教育大数据背景下教学评价理论发展的路向［J］. 电化教育研究，2020，41（10）.

［183］孟祥红，齐恬雨，张丹. 从课程支撑到能力整合：工程教育专业认证“毕业要求”指标研究［J］. 高等工程教育研究，2021（5）.

［184］莫玉婉. 英国研究型大学如何在职称晋升中评价教学——基于伦敦大学学院《学术职业框架》的考察［J］. 比较教育研究，2021，43（9）.

［185］牟智佳，刘珊珊，陈明选．循证教学评价：数智化时代下高校教师教学评价的新取向［J］．中国电化教育，2021（9）．

［186］穆兰兰，魏红．大学生自我报告的学习结果和学校满意度的关系研究［J］．复旦教育论坛，2015，13（2）．

［187］宁德鹏，葛宝山．我国创业政策满意度对创业意向影响的研究——以创业激情为中介的大样本实证考察［J］．华中科技大学学报（社会科学版），2017，31（3）．

［188］欧阳河．学生评价高等职业教育服务质量实证研究——以湖南高专2008届毕业生满意度调查为例［J］．中国职业技术教育，2009（15）．

［189］潘炳如．创新创业教育政策满意度分析［J］．中国高等教育，2017（12）．

［190］庞晓婧，吴萌．基于提高图书馆工作满意度的期望理论研究［J］．图书馆学刊，2011，33（8）．

［191］逄伟．大学生专业满意度，学习倦怠及社会支持与手机上网的关系研究［J］．智库时代，2019（28）．

［192］裴飞，汤万金，咸奎桐．顾客满意度研究与应用综述［J］．世界标准化与质量管理，2006（10）．

［193］彭文波，樊春燕．大学生专业满意度的测量、现状及影响因素［J］．教育评论，2015（9）．

［194］齐艳杰．高校质量文化建设现状与改进策略——基于“高等教育第三方评估”个案调研［J］．中国高教研究，2016（3）．

［195］秦惠民，李登．学生参与大学治理的理论逻辑与实践路径［J］．高等教育研究，2021，42（3）．

［196］秦琴．粤港澳大湾区高等教育质量保障体系构建研究——基于区域高等教育一体化视角［J］．大学教育科学，2021（4）．

［197］邱均平，韩小林，周子番．大数据时代我国评价科学的研究进展与分析［J］．情报理论与实践，2021，44（9）．

［198］邱水平．对新时代中国高等教育内涵式发展的几点思考［J］．中国高等教育，2020（19）．

［199］邱文教，赵光，雷威，等．高校学生对慕课认知情况与满意度的实证研究［J］．中国大学教学，2017（8）．

[200] 邱雅萍，单柏尧. 大学生学习满意度影响因素之研究——双因子理论观点 [J]. 万能商学学报，2009 (14).

[201] 屈廖健，邵剑耀. 大学教师情绪劳动与工作满意度、职业倦怠的关系——基于21世纪以来国内外实证研究的元分析 [J]. 重庆高教研究，2020，9 (6).

[202] 任初明，席帅. 高等教育大众化地方高校公众满意度缘何走低 [J]. 教育学术月刊，2020 (2).

[203] 任海云. 利益相关者理论研究现状综述 [J]. 商业研究，2007 (2).

[204] 任恒. 独立学院学生对学校满意度实证研究——以西安地区某独立学院为例 [D]. 西安：西安工业大学，2010.

[205] 任美霞. 中小型企业顾客满意度测评体系设计 [J]. 山东省农业管理干部学院学报，2016. 33 (1).

[206] 任平，希尔伯特·迈尔. 德国普通教学论的嬗变、危机与展望——基于经典教学论流派的述评 [J]. 课程. 教材. 教法，2020，40 (8).

[207] 尚春雅. 大学生学习投入与学习满意度评价指标体系初探 [J]. 教育教学论坛，2020 (7).

[208] 邵民智. 基于不确定信息和可信性理论的顾客满意度测评方法 [J]. 上海工程技术大学学报，2015，29 (2).

[209] 邵雪梅. 本科高校教学满意度提升路径的研究 [J]. 电脑知识与技术，2020，16 (29).

[210] 沈忠华，邬大光. 大学生在线学习成效及满意度的影响因素探究——基于结构方程模型的实证分析 [J]. 教育发展研究，2020，40 (11).

[211] 沈忠华. 师范生实践教学标准构建与质量评价研究 [J]. 湖南师范大学教育科学学报，2019，18 (3).

[212] 盛荣杰，于艾. 态度理论研究在高等教育中的应用价值 [J]. 黑龙江高教研究，2007 (11).

[213] 施晓秋. 以教研教改促进专业内涵式发展与人才培养 [J]. 高等工程教育研究，2021 (2).

[214] 石军霞. 高校学生满意度调查研究——以苏州大学本科生为例 [D]. 苏州：苏州大学，2008.

[215] 史秋衡，文静. 大学生学习满意度测评逻辑模型的构建 [J]. 大学教

育科学，2013（4）.

［216］舒忠梅，徐晓东. 学习分析视域下的大学生满意度教育数据挖掘及分析［J］. 电化教育研究，2014，35（5）.

［217］佀秋玉，费明胜. 我国高校大学生满意度测评指标体系研究［J］. 五邑大学学报（社会科学版），2016，18（2）.

［218］宋丹，曾剑雄. 第二课堂、学习满意度与大学生核心竞争力关系的实证研究［J］. 大学教育科学，2018（5）.

［219］宋佳. 英国质量改进导向的院校评估理念与实践：以苏格兰为例［J］. 高教探索，2021（2）.

［220］宋先道，李涛. 顾客满意度指数（CSI）研究现状分析及改进措施［J］. 武汉理工大学学报，2002（5）.

［221］眭依凡. 大学内涵式发展：关于高质量高等教育体系建设路径选择的思考［J］. 江苏高教，2021（10）.

［222］孙红蕊.《大规模学习评估的前景——认清阻碍 开创新机》（节选）英译汉实践报告［D］. 西安：西北大学，2021.

［223］孙普，何慧星. 马斯洛需要层次理论对大学生思想政治教育的启示［J］. 江苏教育学院学报（社会科学），2011，27（2）.

［224］孙启芝. 大学公共体育课教学学生满意度测评内容设计与评价方法［D］. 长沙：湖南大学，2014.

［225］孙友然，杨淼，江歌. 基于结构方程的高校实践教学满意度模型构建研究［J］. 高教探索，2016（1）.

［226］覃红霞，李政，周建华. 不同学科在线教学满意度及持续使用意愿——基于技术接受模型（TAM）的实证分析［J］. 教育研究，2020，41（11）.

［227］谭旭运，董洪杰，张跃，王俊秀. 获得感的概念内涵、结构及其对生活满意度的影响［J］. 社会学研究，2020，35（5）.

［228］唐点权. 关于大学生对当前高校教学管理现状满意度的调查［J］. 现代教育科学，2002（5）.

［229］唐清云. 大学生眼中的学校管理——对某高校本科生的调查［J］. 理工高教研究，2003（5）.

［230］陶德清. 学习态度的理论与研究［M］. 广州：广东人民出版社，2001.

[231] 田喜洲，王晓漫. 在校大学生满意度调查与分析 [J]. 高教探索，2007 (5).

[232] 汪利，高娜. 本科课程教学质量评价指标的构建——基于学生体验的视角 [J]. 高等工程教育研究，2021 (2).

[233] 汪雅霜，杨晓江. 高水平大学学生满意度的实证研究——基于“国家大学生学习情况调查”数据分析 [J]. 国家教育行政学院学报，2015 (2).

[234] 王保华，熊余，姚玉，等. 基于深度学习的学生教学评价情感分析 [J]. 电化教育研究，2021，42 (4).

[235] 王本陆. 课程与教学论研究的基本问题和当前热点 [J]. 开放学习研究，2021，26 (5).

[236] 王超. 加拿大安大略省职前教师教育质量监测体系研究 [D]. 金华：浙江师范大学，2020.

[237] 王传毅，李福林，程哲. “申请-考核”制入学的博士生培养质量更高吗？——基于“研究生满意度调查”[J]. 高校教育管理，2021，15 (1).

[238] 王芳. 基于分层线性模型的大学生教学满意度影响因素分析 [J]. 复旦教育论坛，2018，16 (1).

[239] 王冀生. 教育评估的实质是一种文化 [J]. 高教发展与评估，2015，31 (2).

[240] 王家云，王瑛. 学科教学论课程建设的困境分析及对策探讨 [J]. 中国大学教学，2013 (6).

[241] 王嘉毅，程岭. 西方教学论发展之路及启示 [J]. 课程. 教材. 教法，2015，35 (3).

[242] 王鉴，李泽林. 探寻课程与教学论研究的“知识地图”[J]. 教育研究，2019，40 (1).

[243] 王菁，颜军，孙富惠. 大学生专业满意度与就业态度相关性实证研究分析——以非师范类思想政治教育专业学生为例 [J]. 国家教育行政学院学报，2013 (6).

[244] 王丽，李洪雷，宁国良. 基于满意度的高校后勤食堂服务创新研究——以南京医科大学康达学院为例 [J]. 价值工程，2019，38 (9).

[245] 王丽霞，龚少英，袁新，等. 大学生网络学习满意度及其影响因素的研究 [C]. 全国心理学学术会议，2013.

[246] 王利伟. 基于学生满意度视角的本科教学质量现状研究 [J]. 太原城市职业技术学院学报，2019 (12).

[247] 王亮，郭丛斌. 教育博士专业学位研究生培养质量满意度研究——基于某综合性高校教育博士研究生就读体验调查的实证分析 [J]. 学位与研究生教育，2020 (4).

[248] 王平，钱贵江，赵一强. 高等学校学生工作学生满意度研究 [J]. 苏州大学学报（哲学社会科学版），2004 (2).

[249] 王仕杰. 国外教学论发展的人本走向 [J]. 黄冈师范学院学报，2020，40 (5).

[250] 王霜，殷国富，何忠秀. 基于 Kano 模型的用户需求指标体系研究 [J]. 包装工程，2006 (4).

[251] 王思聪，王梦笛. 地方院校大学生学习动机和学习满意度关系研究：自我效能感的中介作用 [J]. 科学大众（科学教育），2019 (10).

[252] 王松丽，李琼. 师范类专业认证的循证评估：基于学习结果的视角 [J]. 教师教育研究，2020，32 (6).

[253] 王葳，王婷，解佳琦等. 大学生学生学习满意度现状及其影响因素分析——以某大学管理学院为例 [J]. 赤子，2019 (1).

[254] 王小蓝. 大学生学习满意度的特点研究 [D]. 沈阳：沈阳师范大学，2010.

[255] 王晓华. 顾客满意度提升探讨 [J]. 合作经济与科技，2019 (6).

[256] 王晓阳，王璐瑶. 大学组织文化的评估与建设：一个“回声”模型的构建 [J]. 现代教育管理，2020 (7).

[257] 王孝莹，王新月. 基于期望与感知的毕业生就业满意度分析——以山东省济南市高校为例 [J]. 人口与经济，2016 (6).

[258] 王艳. 国内外顾客满意度指数研究现状 [J]. 统计与咨询，2006 (5).

[259] 王艳丽，陈跃，范锐. 大学生学习投入对满意度影响的实证研究 [J]. 社科纵横，2016，31 (4).

[260] 王永林. 我国高职教育评估的价值取向研究 [D]. 上海：上海交通大学，2014.

[261] 王永清，严浩仁. 顾客满意度的测评 [J]. 经济管理，2000 (8).

[262] 王宇中，时松和. “大学生生活满意度评定量表（CSLSS）”的编制

[J]．中国行为医学科学，2003（2）．

[263] 王玉涛，马书燕，刘平，等．影响林学类专业大学生学习满意度调查分析[J]．沈阳农业大学学报（社会科学版），2018，20（3）．

[264] 王芸．基于结构方程的会计学专业满意度研究——以江西省部分高校为例[J]．财会通讯，2017（13）．

[265] 王运武，杨曼．从高校学生课堂教学满意度透视课堂教学创新性变革[J]．现代远程教育研究，2016（6）．

[266] 王智超，朱太龙．高等教育高质量发展的价值逻辑探寻[J]．中国电化教育，2021（9）．

[267] 魏海苓，张静，徐梦琪，等．大学城学生文化需求的满意度及影响因素分析——基于广州大学城的实证研究[J]．复旦教育论坛，2013，11（6）．

[268] 文静，史秋衡．大学生学习满意度的要素与结构探析[J]．宏观质量研究，2013，1（3）．

[269] 文静．大学生学习满意度：高等教育质量评判的原点[J]．教育研究，2015，36（1）．

[270] 文静．大学生学习满意度的提升路径及优化方略[J]．国家教育行政学院学报，2019（8）．

[271] 文静．大学生学习满意度的院校特征评价[J]．中国高等教育，2015（Z1）．

[272] 文静．大学生学习满意度实证研究[M]．教育科学出版社，2015．

[273] 文静．逻辑模型框架下大学生学习满意度评价的理论与实践[J]．中国高等教育评论，2016（6）．

[274] 文静．美国大学生学习满意度测评：理论与机制[J]．高教探索，2016（11）．

[275] 文静．我国大学生学习满意度的类型特征与提升空间[J]．决策与信息，2016（8）．

[276] 文雯，陈丽，白羽，等．北京地区来华留学生就读经验和满意度国际比较研究[J]．北京社会科学，2013（2）．

[277] 邬大光．探索高等教育普及化的“大国道路”[J]．中国高教研究，2021（2）．

[278] 吴春英．基于层次算法的客户满意度算法的研究[J]．四川理工学院

学报（自科版），2007（1）.

［279］吴迪，翟辛谊，姜媛，等. 预防医学本科生专业满意度量表编制及其信度效度研究［J］. 现代预防医学，2015，42（20）.

［280］吴晗冰，储祖旺.“卓越工程师教育培养计划”下大学生的学习满意度调查研究——以中国地质大学（武汉）为例［J］. 中国地质教育，2013，22（2）.

［281］吴亮，陈丽，苏谦. 基于蓝墨云班课移动平台的翻转课堂教学满意度研究［J］. 电子科技大学学报（社会科学版），2018，20（2）.

［282］吴秋凤，李洪侠，沈杨. 基于 OBE 视角的高等工程类专业教学改革研究［J］. 教育探索，2016（5）.

［283］吴薇，罗俊艳. 独立学院中外合作办学项目学生满意度分析［J］. 高等工程教育研究，2016（1）.

［284］吴薇，姚蕊. 本科生在线课堂师生互动的满意度及其影响因素［J］. 大学教育科学，2020（4）.

［285］吴晓玲. 论课程与教学的深度整合［J］. 教育发展研究，2014，33（24）.

［286］吴运来. 马斯洛的需求层次理论与大学生就业激励［J］. 高等农业教育，2011（1）.

［287］武桐，季晓宇，李璐，张玲. 高校大学生校园快递服务满意度分析——以南京林业大学为例［J］. 物流工程与管理，2020，42（10）.

［288］武正营，汪霞. 英国大学生调查（NSS）及对我国的启示［J］. 现代教育科学：高教研究，2012（9）.

［289］夏小华. 地方高校学生工作服务质量与学生满意度测评研究——以皖北五所高校为样本［J］. 中国青年研究，2013（2）.

［290］咸大伟. 大学生时间管理倾向及其与学习满意度相关的调查研究［J］. 湖北函授大学学报，2015，28（15）.

［291］肖敏，宁昕，李奕洁. 博士生培养环境满意度对其学习收获的影响——基于某高校 1350 份博士生满意度调查的分析［J］. 研究生教育研究，2021（2）.

［292］肖维，张萍. 研究生满意度与教育质量的偏差分析［J］. 研究生教育研究，2020（1）.

［293］肖香龙. 研究生人才培养中导学关系满意度分析及提升研究［J］. 中国高教研究，2020（10）.

［294］肖轶楠，李佳．高校实践教学学生满意度影响因素研究［J］．吉首大学学报（社会科学版），2018，39（S1）．

［295］谢家平，徐碚．顾客满意的价值创新创新策略［J］．企业管理，2004（4）．

［296］谢静，韩双淼．一流学科建设的理性认知与行动策略——基于一流学科建设方案的考察［J］．大学教育科学，2021（3）．

［297］谢晓宇．美国高校学生学习结果评估：内涵、实施与挑战［J］．外国教育研究，2021，48（5）．

［298］辛勇，张富洪．大学生一般生活满意度及相关研究［J］．黑龙江高教研究，2007（2）．

［299］邢磊，邓明茜，高捷．教学行为与学生满意度的关系研究——以某“985工程”高校本科课程为例［J］．复旦教育论坛，2017，15（2）．

［300］邢小冬．马斯洛需要层次理论在高中思想政治课教学中的运用［D］．济南：山东师范大学，2012（20）．

［301］熊百妹，宋思根．国内顾客满意度测评研究评述［J］．统计与决策，2010（20）．

［302］熊春荣．美国高等教育评估的文化特质及启示［D］．哈尔滨：黑龙江大学，2011．

［303］熊凤．大学生学习满意度评价指标及量表设计［J］．教书育人：高教论坛，2017（3）．

［304］熊凤．质量背景下工科大学生学习满意度特征分析［J］．煤炭高等教育，2017，35（2）．

［305］熊光慈．高等教育评估中的偏差研究［D］．天津：天津大学，2006．

［306］熊和平．课程与教学的关系——七十年的回顾与展望［J］．高等教育研究，2019，40（6）．

［307］徐峰．欧洲评估文化建设经验述评［J］．科技进步与对策，2013，30（19）．

［308］徐高明，吴惠．中国高等教育大众化进程及特征［J］．高教发展与评估，2020，36（6）．

［309］徐杰华．课堂教学服务质量学生满意度研究［J］．商业文化：学术版，2010（9）．

［310］徐芃，徐暾海，田树革．大学生学习状况满意度的相关分析［J］．教育与职业，2009（33）．

［311］徐千惠．大学生学习满意度调查研究——以杭州师范大学为例［D］．杭州：杭州师范大学，2015．

［312］徐卫良，黄忠林．以学生满意度为依据改进高等学校教学工作［J］．上海电机学院学报，2005（4）．

［313］徐晓辉，赵国强，刘敏．大学生满意度测评量表构建［J］．高教发展与评估，2010，26（6）．

［314］徐晓青，赵蔚，刘红霞．大学生在线学习满意度影响因素研究［J］．中国远程教育，2017（5）．

［315］徐蕴．近十年国际高等教育政策研究的回顾与启示［J］．黑龙江高教研究，2021，39（9）．

［316］许芳杰．美国教师教育专业认证评估的证据文化及其对我国的启示［J］．教师教育研究，2021，33（4）．

［317］许寅．顾客满意度测评的综合评判方法研究［J］．今日南国（理论创新版），2008（3）．

［318］闫向连．麦克利兰成就动机理论在成人高等教育中的应用［J］．中国成人教育，2011（19）．

［319］严紫微，韩雪，李肖霞．大学生对“尔雅通识教育网络课程”学习满意度调查研究——以西北民族大学为例［J］．才智，2020（21）．

［320］杨彩菊．高等职业教育学生学习质量评估研究［D］．天津：天津大学，2014．

［321］杨定芳．大学生对高校图书馆满意度调查分析［J］．图书馆，2009（5）．

［322］杨洁．大学生学习满意度的现状及影响因素分析——以南方某师范学院为例［J］．重庆高教研究，2016，4（6）．

［323］杨兰芳，陈万明．基于结构方程的高校学生满意度实证研究——以江苏省八所高校本科生为例［J］．复旦教育论坛，2012，10（6）．

［324］杨磊磊．大数据视角下非结构化文本数据的顾客满意度研究［D］．北京：首都经济贸易大学，2017．

［325］杨萌萌．顾客满意度研究综述［J］．学理论，2008（18）．

［326］杨清明，税国洪，李志，等．重庆高校学生“满意度”的调查［J］．

探索，2003（1）.

［327］杨晓明，姜灵芝. 高等学校大学生满意度测评及实证分析——以中国某高校为例［J］. 北京科技大学学报（社会科学版），2010，26（2）.

［328］杨晓明，金龙，张艳. 英国大学生满意度调查及其启示［J］. 北京科技大学学报（社会科学版），2008（1）.

［329］杨晓平，王孙禺. 北京高校留学教育环境的实证研究：基于国际学生就读满意度的视角［J］. 清华大学教育研究，2018，39（3）.

［330］杨院. 高职院校学生满意度及其影响因素实证研究——以“国家职业教育改革创新示范区”为例［J］. 国家教育行政学院学报，2016（1）.

［331］杨中超. 大学对学生发展的影响：基于国外大样本元分析的证据［J］. 外国教育研究，2021，48（3）.

［332］姚远，丁德智. 中医院校学生工作学生满意度测评指标体系初探——以湖北中医药大学为例［J］. 当代继续教育，2014，32（3）.

［333］叶波. 反思智能时代教学论研究的人文情结［J］. 中国教育科学（中英文），2021，4（2）.

［334］叶晓力. 美国大学协会本科 STEM 教育计划：理论框架与系统网络［J］. 高教探索，2021（9）.

［335］易兰华. 我国高校学生满意度测评研究述评［J］. 江西科技师范学院学报，2009（2）.

［336］易鹏，王永友. 统筹课程思政与思政课程的逻辑起点和实践指向［J］. 中国电化教育，2021（4）.

［337］殷旅江，王江华，喻飞，等. 高校学生学习满意度测评体系构建与实证分析［J］. 教育教学论坛，2015（2）.

［338］尹超，和学新. 论教学论的学科意识［J］. 教育理论与实践，2021，41（7）.

［339］尤海燕，俞丽敏. 不同批次大学生满意度调查分析［J］. 宁波工程学院学报，2005（4）.

［340］于发友，陈时见，王兆璟，等. 笔谈：新时代教育评价改革的逻辑向路与范式转换［J］. 现代大学教育，2021，37（1）.

［341］于萍，尹江霞，白建锋. 独立院校大学生学习满意度的调查分析［J］. 教育，2016（3）.

[342] 于永海. 顾客满意度测评与影响因素研究 [J]. 中外企业家, 2019 (14).

[343] 余桂红. 英国研究生教学质量评估的政策前瞻与启示 [J]. 学位与研究生教育, 2021 (3).

[344] 俞佳君. 以学习为中心的高校教学评价研究 [D]. 武汉: 华中师范大学, 2015.

[345] 喻平. 学科核心素养导向的教学理论嬗变 [J]. 教育发展研究, 2020, 40 (Z2).

[346] 元静, 胡咏梅. 工作时间越长, 中小学教师的付出回报合理性满意度越低吗? [J]. 教育科学研究, 2019 (9).

[347] 袁昆明. 在校大学生对高校服务满意度调查研究 [D]. 南昌: 江西财经大学, 2010.

[348] 张蓓, 林家宝. 大学教学满意度影响因素实证分析——基于学生期望与学生感知质量的视角 [J]. 复旦教育论坛, 2014, 12 (4).

[349] 张传燧. 当代课程与教学论学科发展的理论基础审思 [J]. 湖南师范大学教育科学学报, 2012, 11 (2).

[350] 张春梅. 大学生网络学习满意度与学业情绪, 自我效能感的关系研究 [J]. 青岛职业技术学院学报, 2016, 29 (5).

[351] 张丹, 王鹃, 袁金平, 等. 技术赋能教学模式变革与实践 [J]. 中国电化教育, 2021 (4).

[352] 张东. 科学教育专业本科生专业满意度的调查 [J]. 重庆师范大学学报 (自然科学版), 2014, 31 (6).

[353] 张泓, 田辉. 双一流建设高校本科教学满意度实证研究——以南京理工大学为例 [J]. 南京理工大学学报 (社会科学版), 2021, 34 (1).

[354] 张洪亚, 郭广生. 实践教学与科研对理工科大学生学习收获影响的系统动力学仿真研究 [J]. 中国大学教学, 2020 (7).

[355] 张继平. 学科评估服务 "双一流" 建设: 元评估的现实困境与路径选择 [J]. 现代教育管理, 2020 (12).

[356] 张建育, 李丹. 大学生的专业认同及其与成就动机, 学习满意度关系 [J]. 中国健康心理学杂志, 2016, 24 (4).

[357] 张晋, 王嘉毅. 高等教育高质量发展的时代内涵与实践路径 [J]. 中

国高教研究，2021（9）.

［358］张静波．顾客满意度测评研究及实例分析［D］．长春：吉林大学，2007.

［359］张力．中外大学生满意度测评比较研究［D］．武汉：华中农业大学，2009.

［360］张莉，王妍，阿呷热哈莫．美国高校学业指导综合改革及启示——以佐治亚州立大学为例［J］．教育发展研究，2021，41（5）.

［361］张明辉，莫宏敏，欧祖军．基于聚类分析的大学生学习满意度研究——以吉首大学为例［J］．南昌教育学院学报，2016，31（5）.

［362］张男星，黄海军，孙继红，等．大学师生双重视角下的本科教育多维省略——全国高等教育满意度调查的实证分析［J］．中国高教研究，2019（7）.

［363］张平，陈迪．20世纪80年代以来国内外政府部门顾客满意度研究述评［J］．广东行政学院学报，2009，21（5）.

［364］张萍，宋文利，沈雁华，等．专业学习投入对学业收获的影响：专业满意度的中介作用——以冰雪体育大学生为例［J］．冰雪运动，2020，42（1）.

［365］张倩，祁慧博．大学生对校外培训的满意度及其影响因素研究［J］．科教导刊，2017（28）.

［366］张松，常桐善，刘志民．院校研究视角下美国高等教育数据库建设现状及启示［J］．高等工程教育研究，2018（3）.

［367］张新安，田澎，张列平．顾客满意度测评模型［J］．系统管理学报，2002，11（3）.

［368］张兴，陈健，刘俊学．新建本科院校转型期本、专科学生求学满意度差异分析［J］．现代大学教育，2009（4）.

［369］张宇．专业满意度对大学新生适应性的影响研究［J］．中国成人教育，2010（9）.

［370］张长海．档案学专业本科生专业满意度实证研究：现状与影响因素［J］．档案学通讯，2015（4）.

［371］张芝花，潘晓春，王淑芬．大学生对英语多媒体教学过程满意度的研究［J］．山西财经大学学报，2011，33（S1）.

［372］张志杰，黄希庭，崔丽弦．大学生时间管理倾向与学习满意度：递增效度的分析［J］．西南大学学报（社会科学版），2004（4）.

[373] 张志乔. 高职学生专业认同度与就业满意度关系探讨 [J]. 中国高教研究，2012 (6).

[374] 赵丹，郗霏，孙晓楠，等. 师生角色互换教学方式对大学生学习满意度影响的探究 [J]. 继续医学教育，2018，32 (5).

[375] 赵富强，刘金兰，彭悦. PLS 算法的顾客满意度指数模型 [J]. 北京理工大学学报（社会科学版），2012，14 (1).

[376] 赵锦山. 城乡生源地、高校层次与大学生职业获得研究——基于17所高校2768名大学毕业生的实证 [J]. 广西师范大学学报（哲学社会科学版），2015，51 (5).

[377] 赵炬明，高筱卉. 关注学习效果：建设全校统一的教学质量保障体系——美国"以学生为中心"的本科教学改革研究之五 [J]. 高等工程教育研究，2019 (3).

[378] 赵军，吴兴燚，刘婷，等. 基于满意度视阈的专业硕士研究生学情实证调查 [J]. 学位与研究生教育，2020 (12).

[379] 赵军. 基于学生满意度的高校本科教学质量调查研究——以湖北三所高校为例 [J]. 教育研究与实验，2010 (1).

[380] 赵立莹，赵忆桐. 在线教学效果评价及质量保障体系建设 [J]. 高等工程教育研究，2021 (2).

[381] 赵卫平. 基于专业应用能力视界的大学生学习满意度调查分析 [J]. 鸡西大学学报（综合版），2016，16 (10).

[382] 赵文平. 论解释取向的教学论研究——基于哲学解释学的视域 [J]. 当代教育科学，2021 (6).

[383] 赵延昇，许晓. 基于"CS-IF"矩阵的顾客满意度测评指标体系研究 [J]. 运筹与管理，2008 (1).

[384] 者湘漪，唐建海，张眉. 大学生混合式教学学习满意度问卷的信效度分析 [J]. 教育教学论坛，2020 (36).

[385] 郑培军. 说服教育的"态度改变理论" [J]. 军队政工理论研究，2001 (4).

[386] 郑谦，胡月英，赵伟峰，等. 应用型高校实践教学的学生满意度提升路径 [J]. 宁波大学学报（教育科学版），2016，38 (6).

[387] 郑雅君，熊庆年. "高校学生满意度"再认识 [J]. 江苏高教，

2016（4）.

［388］郑智聪. 我国研究生教育质量评估制度研究［D］. 南京：南京师范大学，2020.

［389］钟秉林，周海涛，夏欢欢. 中外高等教育合作办学机构和项目的学生满意度分析［J］. 中国高教研究，2012（9）.

［390］钟勇为，缪英洁. 新中国高等教育质量保障政策范式变趋与思考——基于 1949-2019 年政策文本的分析［J］. 教育发展研究，2020，40（7）.

［391］周丐晓，刘恩山. 从美国 ACOP 课堂教学质量评估系统看对有效教学的追求［J］. 外国教育研究，2020，47（5）.

［392］周浩波，李凌霄. 高校教师工作满意度影响因素研究——基于 48 篇文献的 Nvivo 质性分析［J］. 现代教育管理，2019（11）.

［393］周合兵，陈先哲. 新时代学科评估价值导向与学科建设逻辑转向——基于 X 大学三个学科的案例研究［J］. 教育发展研究，2021，41（7）.

［394］周惠玉，梁圆圆，刘晓明. 大学生生活满意度对网络成瘾的影响：社会支持和自尊的多重中介作用［J］. 中国临床心理学杂志，2020，28（5）.

［395］周仕德. 我国课程与教学论整合的本土化研究探微：1999-2012——基于对整合以来著作镜像的文本分析［J］. 湖南师范大学教育科学学报，2014，13（1）.

［396］周伟忠，沈杰. 中国顾客满意理论研究述评［J］. 江苏商论，2010（6）.

［397］周显鹏，俞佳君，黄翠萍. 成果导向教育的理论渊源与发展应用［J］. 高教发展与评估，2021，37（3）.

［398］周印东，李全生，徐可. 基于 PLS-SEM 的高校创业教育学生满意度模型研究［J］. 心理与行为研究，2018，16（3）.

［399］朱德全，杨磊. 教学论发展 70 年：实践样态与逻辑路向［J］. 教育研究，2019，40（9）.

［400］朱国锋，杨赞. 顾客满意度指数研究的现状及展望［J］. 浙江交通职业技术学院学报，2003（2）.

［401］朱军文，邵玲芝. 高等教育评价中的案例指标及其标准化［J］. 高等教育研究，2021，42（1）.

［402］朱连才，王宁，杜亚涛. 大学生在线学习满意度及其影响因素与提升策略研究［J］. 国家教育行政学院学报，2020（5）.

［403］朱文珍，曾志艳，陈绵水．高校奖助学金政策学生满意度影响因素研究［J］．心理学探新，2013，33（6）．

［404］朱艳，张恒龙，张基涛．大学生对辅导员满意度网络测评工具的实证研究——以上海大学为例［J］．高校辅导员，2010（3）．

［405］祝军，杨平．大学生基层就业项目：参与意愿和满意度［J］．北京大学教育评论，2015，13（2）．

［406］庄腾腾，姚继军．“新工科”背景下我国理工科本科生专业课教学满意度的影响因素研究［J］．高校教育管理，2020，14（4）．

［407］壮国桢，石伟平．高职教育“行动导向”教学体系研究［J］．高等教育研究，2009，30（6）．

［408］宗晓华，余秀兰，谢鑫．追求有温度的指标：新时代本科教育质量评价的德育之维［J］．江苏高教，2021（10）．

［409］邹茂扬，朱烨．大规模在线教学的学习满意度研究［J］．计算机教育，2020（11）．